★E. 172
E.a.1

I0046216

par gerard de Rayneval.

370

INSTITUTIONS

AU

DROIT PUBLIC

D'ALLEMAGNE.

BIBLIOTHEQUE ROYALE

LEIPSIC et ZULLICHAU

AUX DEPENS DE LA MAISON DES ORPHELINS
ET DE FROMMANN.

1766.

1736

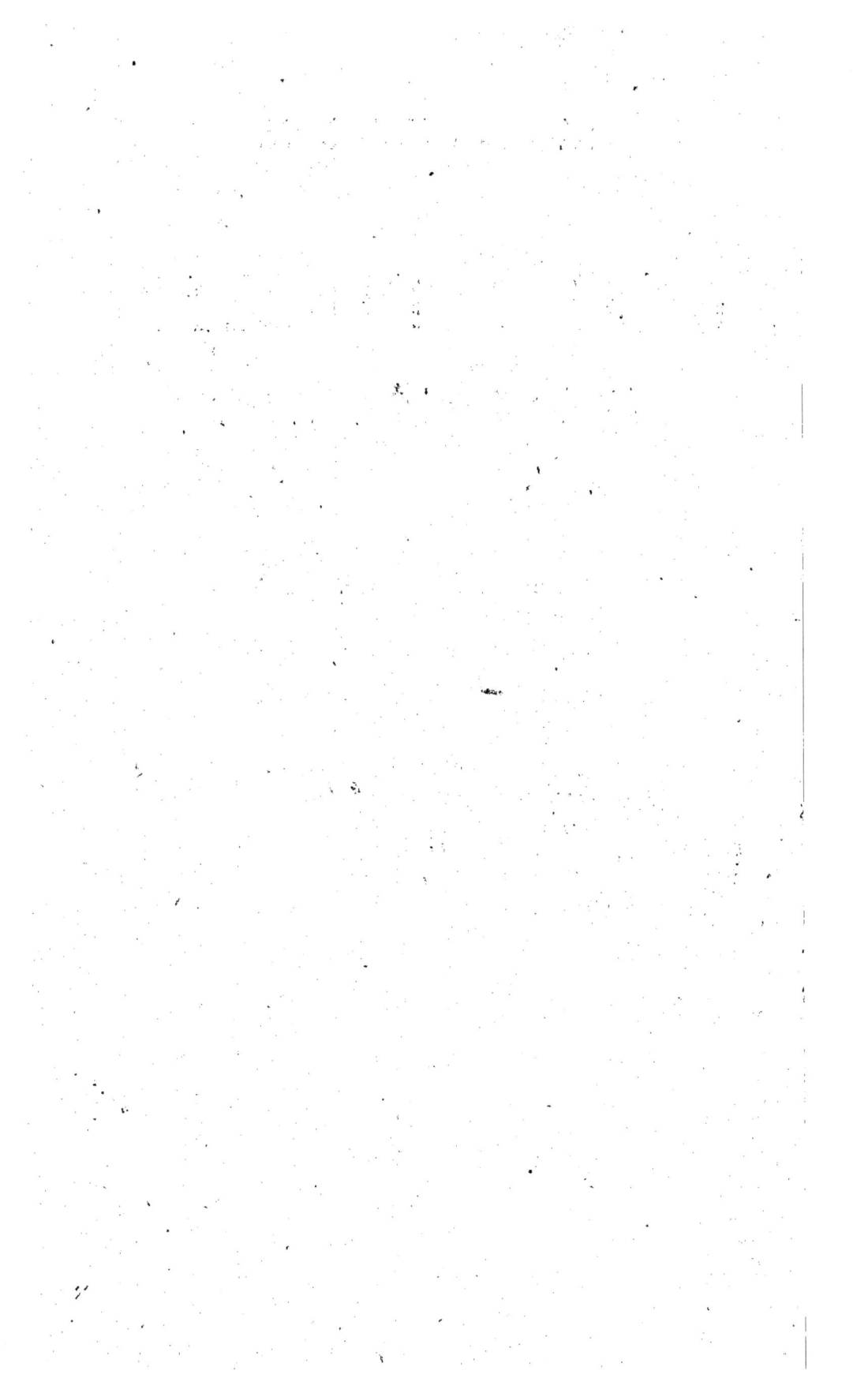

TABLE

Contenant une indication des matiéres, suivant l'ordre des livres & des chapitres.

a 2   D'où

CHAP. III.

Des Récès de l'Empire.

CHAP. IV.

De la Paix publique - profane.

CHAP. V.

De la Paix de religion.

CHAP. VI.

Du traité de Westphalie & de ceux qui l'ont suivi.

A rt-

CHAP. VII.

De la Capitulation Impériale.

CHAP. VIII.

Des loix publiques ecclésiastiques d'Allemagne.

CHAP. IX.

Des loix non - écrites, ou de l'observance de l'Empire.

Moyens

CHAP. X.

Des Limites de l'Empire.

CHAP. XI.

De la division de l'Empire en Cercles.

CHAP.

CHAP. XII.

De la forme du Gouvernement de l'Allemagne.

LIVRE II.

De l'Empereur & des Vicaires.

CHAP. I.

De l'élection de l'Empereur.

Jure

C H A P. II.

Du Couronnement de l'Empereur & des Ornemens Impériaux.

C H A P. III.

Des titres, des armes & de la résidence de l'Empereur.

C H A P. IV.

Du Roi des Romains.

CHAP.

CHAP. V.
De l'Impératrice.

CHAP. VI.
Des Archi-Officiers.

CHAP. VII.
Des Vicaires de l'Empire.

a 5   *Autres*

LIVRE III.

Des Etats de l'Empire.

CHAP. I.

Des Etats de l'Empire en général.

CHAP. II.

Des Electeurs.

Du

CHAP. III.

Des Princes de l'Empire.

CHAP. IV.

Des Comtes & des Barons.

Etat du Collége des Princes.

CHAP. V.

Des Villes impériales.

                                                    Du

CHAP. VI.

De la Noblesse immédiate.

LIVRE

LIVRE IV.

Des droits de Majesté exercés par l'Empereur & les Etats de l'Empire; & de ceux reservés à l'Empereur seul.

CHAP. I.

De la diète de l'Empire.

CHAP. II.

CHAP. II.

De la puissance législative de l'Empereur & de l'Empire.

CHAP. III.

Du droit de guerre, de paix, d'alliances & d'ambassades, par rapport au Corps de l'Empire.

CHAP. IV.

De la Jurisdiction ecclésiastique & de l'état de la religion en général.

Des

CHAP. V.

De la police de l'Empire en général.

CHAP. VI.

Du droit de battre monnoie.

Des

CHAP. VII.

Des Péages.

CHAP. VIII.

Du Commerce.

CHAP. IX.

Des Poftes.

CHAP. X.

Du Domaine de l'Empire.

b   De

CHAP. XI.

Des Collectes générales de l'Empire.

CHAP. XII.

De la Matricule de l'Empire.

CHAP. XIII.

Des Cours souveraines de Justice de l'Empire en général.

CHAP.

CHAP. XIV.

De la Chambre impériale.

CHAP. XV.

Du Conseil aulique.

b 2

Des

CHAP. XVI.

De la Cour de Justice de Rothweil, & des autres Tribunaux particuliers de l'Empire.

CHAP.

CHAP. XVII.

Des Auſtregues

CHAP. XVIII.

Des Reſervats de l'Empereur.

LIVRE V.

Des Droits dont les Etats de l'Empire jouissent dans leurs territoires.

CHAP. I.
Des Territoires des Etats.

CHAP. II.
De la supériorité territoriale en général.

CHAP. III.
De la puissance législative des Etats de l'Empire.

En quel

CHAP. IV.

Du pouvoir des Etats de l'Empire en matière ecclésiastique.

CHAP.

CHAP. V.

Du droit de guerre, de paix & d'alliances des Etats de l'Empire.

INSTI-

INSTITUTIONS

AU

DROIT PUBLIC

D'ALLEMAGNE.

A

INTRODUCTION.

De l'Origine des Gouvernemens en général.

Les premiers hommes n'avoient d'autre regle que la loy naturelle, c'eſt à dire, ce mouvement intérieur, cette connoiſſance du bien & du mal, que la providence a gravée dans tous les cœurs. Ils n'avoient ni chefs ni gouvernement; & leur penchant ſeul guidoit leurs actions. Les biens étoient communs entre eux, & chacun n'en uſoit qu'autant qu'ils luy étoient néceſſaires pour ſa ſubſiſtance. Mais augmentant en nombre, & encore plus en malice & en beſoins, chacun crut avoir le droit de s'approprier le terrein

A 2   qu'il

qu'il cultivoit, & d'en exclure fon voifin : delà cette oppofition d'intérêts, qui en divifant les hommes, renverfa bientôt cette égalité de conditions, & cette indépendance qui faifoient l'appanage des premiers hommes & le caractère des premiers Siécles.

La crainte de l'afferviffement forma entre les foibles le premier motif & le premier lien de confédération contre l'homme ambitieux & enorgueilli de fa force, qui voulut le premier les opprimer : elle les engagea à employer tous leurs efforts pour fe mettre à couvert des entreprifes de leurs égaux qui afpiroient à devenir leurs maitres.

Le but principal de ces affociations étoit de fe mettre dans un état de fecurité, capable de les garantir de toute violence. Il eut été difficile d'y parvenir, fi chaque citoyen n'eut eu pour guide des fes actions que fon penchant, & n'eut eu pour objet que fa félicité perfonelle : il étoit donc neceffaire qu'ils fe foumif-

miffent à un gouvernement, à un chef
commun, dont ils reconnuffent l'autorité, et qui de fon côté s'engageât à diriger toutes les volontés & toutes les forces particulieres vers le falut commun
de tous. C'eft alors que les focietés civiles commencerent à fe former.

Il y a donc neceffairement dans chaque Etat des devoirs qui lient recipro-
quement les chefs & les membres.
Quelques uns de ces devoirs font communs à tous les Etats, & font puifés
dans les mêmes fources: telles font les
principes du droit naturel, qui forment
ce qu'on appelle droit public univerfel.
Les autres diffèrent fuivant les différentes circonftances qui ont concouru à la
formation d'un Etat, comme fa fituation,
le génie du peuple, fes mœurs, fes coutumes, fes engagemens &c. [a]) Ces circonftances, en modifiant le droit naturel,
ont donné l'origine aux loix ou aux con-

A 3 ven-

a) v. l'efprit des loix, liv. I. ch. 3.

ventions auxquelles chaque focieté en particulier eft foumife: c'eft là ce qu'on appelle le droit public particulier.

***

Idée générale des revolutions arrivées dans le gouvernement de l'Allemagne.

L'Allemagne a, comme tous les autres Etats, fa forme de gouvernement particuliére, et par conféquent un droit public qui luy eft propre. Cette forme a fucceffivement éprouvé plufieurs changemens, par les différentes revolutions qui ont agité cet Empire depuis fon origine jufqu'au traité de Weftphalie. Ses premiers habitans, divifés en un grand nombre de petits cantons, vivoient indépendans les uns des autres, ayant chacun leurs mœurs & leurs coutûmes particulieres. Les incurfions que les peuples du Nord firent dans la Germanie vers la fin du quatriéme fiécle & le commencement du cinquiéme, obligèrent les Germains de fe rapprocher davantage & de faire entre eux des allian-

alliances, pour s'oppofer aux brigands qui venoient les troubler: de là l'origine des fix peuples principaux qui habitoient alors la Germanie: les Allemands ou Souabes, les Bavarois, les Thuringiens, les Saxons, les Frifes & les Francs. Chacun de ces peuples avoit fon droit public particulier; mais qui eft entiérement inutile aujourd'huy. Les Francs foumirent la plûpart des nations voifines; ils confervèrent néanmoins leurs Ducs: tel fut le gouvernement des Germains jusqu'au regne de Charlemagne, qui réduifit toutes ces nations fous fa puiffance après avoir deftitué leurs Ducs & mis à leur place des Comtes qui n'étoient que de fimples Officiers. Le Gouvernement de Charlemagne fut donc purement Monarchique, quoiqu'il eût coutûme de deliberer avec la nation fur les affaires importantes. Mais pendant la foibleffe du regne de Louis le débonnaire, les Ducs fe relevèrent de leur chute, & tâcherent de recouvrer une partie de leurs anciens droits.

A 4 Ses

Ses fils partagèrent les vaftes Etats de Charlemagne qui jufqu'alors n'avoient formé qu'un royaume, par le fameux traité de Verdun, de l'an 834. L'Allemagne qui échut à Louis le Germanique, a compofé depuis ce tems là un Royaume féparé, & a toujours eu fes chefs particuliers. Ainfi ce traité nous prefente les premiers traits du droit public d'Allemagne. Après l'extinction des defcendans legitimes de Louis le Germanique, les Princes fe donnerent eux-mêmes un chef: mais craignant de fe donner un maître, ils diminuèrent fon autorité pour augmenter la leur. Cette revolution fut le berceau de la grandeur des Etats de l'Empire, & de l'héredité des fiefs.

Les heureufes expeditions d'Othon le Grand en Italie, produifirent une nouvelle révolution: le royaume d'Italie uni pour jamais à l'Empire d'Allemagne donna naiffance au droit public que les auteurs appellent *romano-germanium*, dénomination qui s'eft confervée jufqu'aujourd'huy.

jourd'huy. Cette union, & le befoin que
les Empereurs avoient de l'autorité des
Papes pour fe maintenir en Italie, fournirent à ceux - ci l'occafion de connoitre
de plus près les affaires de l'Allemagne,
& de s'immifcer dans fon gouvernement·

Les troubles que Gregoire VII. &
quelques-uns de fes Succeffeurs fomen-
tèrent dans l'Empire, en perfécutant la
maifon de Hohenftauffen, dont ils firent
périr le dernier rejetton, ne contribuè-
rent pas peu à l'accroiffement de l'autorité & du pouvoir des Etats de l'Empire. On remarque que d'un côté les Etats
eccléfiaftiques, attachés à leur chef fpi-
rituel, étoient toujours prompts à fecou-
er au premier fignal, le joug de leur
Souverain, tandis que les laïques d'un
autre côté, cherchoient à s'aggrandir en
fe rendant utiles à l'Empereur perfécu-
té.

Mais l'état affreux où l'Empire fe
trouva réduit pendant le grand interregne, donna une nouvelle fecouffe à l'autorité impériale. La difcorde que les

Papes, toujours prêts alors à lancer les
foudres de l'eglise, entretenoient entre
les Electeurs & les Princes, dans la vüe
de faire parvenir au trône leurs Partifans, jetta l'Allemagne dans l'anarchie.
Les Princes, la Nobleffe & les Villes
en profitèrent pour augmenter leur pouvoir, tandis que les compétiteurs à la
couronne impériale déchiroient l'Empire
en foutenant leurs prétendus droits.

L'Election de Rodolphe de Habsbourg ne mit pas fin à toutes ces divifions: le droit manuaire, qui depuis
longtems décidoit des prétentions des
Princes, étoit alors le plus en ufage,
malgré les différentes paix publiques
que Rodolphe & fes prédéceffeurs
avoient publiées pour le reftraindre.
Tel|étoit l'état d'incertitude & de con-
fufion ou languiffoit l'Empire. Il n'y
avoit point de loix qui fixaffent les droits
des Princes; Charles IV. en regla une
partie par la bulle d'or.

Quoique par cette loy Charles IV.
ait terminé beaucoup de difficultés qui
jus-

jusqu'alors avoient défuni les prémiéres familles des Princes d'Allemagne & troublé l'ordre public, il n'ofa pourtant point encore abolir tous les abus auxquels le grand interrègne ne fit qu'ajouter, & que la barbarie de ces tems entretenoit encore. Le droit manuaire ou le droit du plus fort étoit le plus contraire à l'ordre public & à une conftitution de gouvernement permanent; & Charles IV. loin de le détruire, fut obligé de le confirmer en le foumettant à quelques formalités. Au fond l'Allemagne ne pouvoit qu'être continuellement en proye à des troubles inteftins, n'ayant aucuns tribunaux fupérieurs, où les Princes puiffent pourfuivre la légitimité de leurs droits: fans juges, ils ne pouvoient que fe refoudre à fe rendre juftice Eux-mêmes; c'eft de cette façon qu'en effet les Princes décidoient de leurs prétentions jusqu'au regne de Maximilien I. qui publia la paix publique perpetuelle, laquelle dans la fuite a été confirmée plufieurs fois.

L'ob-

L'objet de cette nouvelle loy étoit de détruire le droit manuaire, & de prévenir les guerres continuelles qui régnoient entre les Etats de l'Empire, en les obligeant de se pourvoir en justice pour terminer leurs prétentions: on érigea à cet effet la chambre impériale, & on divisa l'Allemagne en six cercles pour faciliter l'exécution de leurs sentences & le maintien de la paix publique.

Au moyen de ces loix l'Allemagne sembloit toucher au moment de sa tranquilité intérieure; mais elle fut encore agitée par les disputes de religion, qui divisèrent de nouveau les Etats de l'Empire, & bouleversèrent toute l'Allemagne. Charles V. crût ramener le calme par le traité de Passau & par la paix de religion, qui changèrent pour ainsi dire la face de l'Empire par les droits accordés aux protestans: mais ces loix formèrent nécessairement deux factions, dont les interêts opposés, masqués des dehors de la religion, occasionèrent

nèrent bientôt de nouveaux troubles, qui furent enfin terminés par les traités de Weſtphalie.

Ce traité a reſtraint de toutes parts l'autorité de l'Empereur; a étendu & fixé celle des Etats de l'Empire, & les a portés au degré de grandeur où ils ſont élevés aujourd'huy. Un acte auſſi ſolemnel, qui éclaircit & regle tous les droits du chef & des membres de l'Empire, doit être regardé comme la principale loy publique & fondamentale de l'Empire d'Allemagne.

L'on remarque dans ce tableau abrégé des révolutions de l'Allemagne comment cet Empire a été aſſujetti à un gouvernement monarchique; de quelle maniére ce gouvernement a été détruit; comment les Etats de l'Empire ont eu inſenſiblement part à celuy qui exiſte aujourd'huy: & par quels moyens enfin ils ſont parvenus à l'autorité dont ils jouiſſent ſoit dans leurs Etats, ſoit en concourant au gouvernement général de l'Empire.

De

━━━━━━━━━━━━━━━◆❀◆━━━━━━━━━━━━━━━

De la naiſſance & des Progrès de la Ju-riſprudence du droit public d'Allemagne.

Il eſt impoſſible que les loix humaines, quelques ſages qu'elles puiſſent être, ne ſoient ſujettes à bien des difficultés lorsqu'il s'agit de les appliquer. Quelques ſoins que prenne le législateur pour donner des loix claires & préciſes; les cas d'exceptions répandent toujours le doute & l'obſcurité ſur la diſpoſition & le texte de la loy qu'on interprète diverſement ſelon ſon interêt. De là la néceſſité d'avoir des hommes judicieux & inſtruits, qui ſçachent par un raiſonnement exact & par une profonde connoiſſance des affaires decouvrir le vrai ſens des loix, & en faire une juſte application. Le principes que l'on tire des ouvrages de ces hommes ſçavans ſont ce que nous appellons la juriſprudence.

Il ne faut pas s'imaginer que la juriſprudence publique d'Allemagne ayt une

une époque commune avec les premiéres loix de cet Etat: tout ce que les auteurs de ces tems ont écrit n'étoit que très fuperficiel & très imparfait, tant parcequ'on n'avoit pas un nombre fuffifant de loix qui puiflent fervir de bafe aux interprétes, qu'à caufe des révolutions perpétuelles de l'état public, qui les empêchoient d'établir des principes certains fur les droits de l'Empereur & fur ceux des Etats de l'Empire.

Cette difette de loix publiques avoit été l'occafion des troubles excités entre le Pape & l'Empereur; & leurs funeftes fuites produifirent enfin des loix & des conventions qui réglèrent les droits de chaque partie. Les Sçavans contemporains. (*Lambert d'Achaffenbourg, Othon de Freifingen, Sigebert de Gemblours, Radevic, Pierre des Vignes & d'autres,*) tachèrent d'éclaircir les droits reciproques que ces loix donnoient; mais leurs principes n'étoient point encore puifés dans des Sources pures, ou plutôt ils parloient fans principes. La promulgation

de

de la bulle d'or a jetté plus de lumiére fur cette doctrine; Elle a fourni aux auteurs plus de matiére pour exercer leur fagacité. Cependant tout ce que *Marfilius de Padoue*, *Théodoric de Niem*, *Pierre d'Andlo*, & bien d'autres ont écrit, n'eft qu'un amas de regles incertaines & mal digérées, qui loin de former de traitéc filtématiques, ne difcutent que des matiéres particuliéres. Leurs Succeffeurs ne firent pas plus des progrès jufqu'au commencemement du dix feptiéme Siécle; vers ce tems *Goldaft*, fameux, tant par fa collection d'actes & monumens publics véritables, que par ceux qu'on dit qu'il a fabriqués lui-même; & *Lehmann* par fon excellente chronique de Spire fournirent aux publiciftes de leur tems la plus belle matiére de donner une nouvelle face à la jurifprudence du droit public, & d'en pofer des fondemens plus folides. Ce Siécle a produit un très grand nombre d'Auteurs, comme *Arumæus*, *Paurmeifter*, *Otto*, *Limnæus* & plufieurs autres, qui fe font enfin

rap-

rapprochés des vrais principes du droit public, après avoir renverſé la doctrine erronée de leurs predéceſſeurs. Cependant leurs ouvrages ſe reſſentent encore des vices de leur tems; l'ignorance du droit naturel & de l'hiſtoire, où l'Europe avoit été plongée juſqu'alors, n'étoit point encore entiérement diſſipée par le flambeau de l'érudition & de la critique: elle laiſſa quelques taches encore ſur les productions de ces auteurs.

La paix de Weſtphalie ayant enfin fixé tous les droits qui juſqu'alors avoient fait la matiére de tant de diſputes, a mis les vrais principes du droit public dans tout leur jour. L'introduction de ce droit dans les Univerſités, où l'on n'avoit enſeigné juſqu'alors que le droit civil & canonique, en facilita la connoiſſance. On peut dire que les célébres Sçavans, *Puffendorf & Conring,* ont les premiers enſeigné la véritable & ſolide méthode du droit public, & que c'eſt à juſte titre qu'on les regarde comme ayant entiérement épuré cette

B   Scien-

Science, en la dégageant des ténèbres
qui l'obfcurciffoient, & en la dérivant
de fes véritables fources, c'eft à dire,
des loix domeftiques, du droit naturel
& de l'hiftoire. Malgré les foins de ces
deux grands hommes à d'écouvrir l'er-
reur & à déraciner les préjugés, ils ne
purent détruire entiérement les hypotéfes erronées qui avoient parû jufqu'alors,
ni prevenir celles qui parûrent encore;
telles font celles dont les principes font
tirés de l'écriture fainte mal apliquée,
des dogmes des anciens philofophes,
d'un prétendu droit des gens univerfel
& pofitif diftingué du droit naturel, des
loix du droit romain, du droit canonique
& des coutûmes féodales des Lombards;
toutes fources ou impures ou étrangères
au droit public d'Allemagne.

Outre cela beaucoup d'auteurs, excités par un zèle outré qui flatte toû-
jours aux dépens de la vérité, ont fondé des fiftémes fur des hypotéfes finguliéres & tout-à-fait contraires aux loix
publiques tant univerfelles que parti-
culi-

culiéres, dans la vuë de plaire aux Souverains dont ils dépendoient, ou aux Seigneurs qui les protégoient. Tel eſt le fameux & ſçavant *Hippolytus a Lapide*, auteur qu'on préſume Suedois, qui a écrit dans le tems de la guerre de 30 ans. Ennemy juré de la maiſon d'Autriche, il prétend dans ſon traité, d'ailleurs fort élegamment écrit, intitulé, *de ratione ſtatus*, que l'Empereur n'eſt que l'image de la majeſté; qu'il ne peut rien faire ſans le conſentement des Etats, au lieu que ceuxcy peuvent tout ſans ſon avis . . . *Puffendorf* même, ce grand juriſconſulte, malgré ſon exactitude ordinaire, n'eſt pas entiérement exempt de ce vice, en regardant l'Etat d'Allemagne comme un ſiltème de pluſieurs petits Etats liés entre eux par des alliances, comme la Suiſſe & la Hollande. *Coccejus* & *Ludewig*, qui par leurs profondes lumieres & leurs ſçavantes recherches ont d'ailleurs beaucoup contribué à la perfection du droit public, inclinent beaucoup vers ces ſortes d'opinions particuliéres, ainſi que

nous

nous le dirons, lorsque nous parlerons
de la forme du gouvernement.

Nous éviterons avec foin cet écueil,
d'autant plus dangereux pour les Publiciftes d'Allemagne, que la diverfité & la
contrarieté des prétentions des Cours
& des Etats auxquels ils font attachés,
les met fouvent dans le cas de n'écouter que la voix d'un prétendu devoir ou
de l'intérêt particulier. Dégagés de ces
liens, nous nous attacherons fcrupuleufement au fens naturel des loix; &
nous ne nous permettrons d'autres rai-
fonnemens & d'autres inductions que
celles qui feront fondées fur leur analogie, ou fur des faits conftatés par des
monumens publics ou par l'hiftoire: enfin au défaut de l'un & de l'autre, nous
fuivrons les régles du droit public univerfel, en tant qu'elles pourront être ap-
pliquées au Gouvernement Germanique.

LIVRE I.

CHAP. I.

Des loix publiques de l'Empire en général.

§. I.

Nous avons donné dans le dif-cours préliminaire une idée générale des grandes révolutions qui ont fait naitre le droit public d'Allemagne & ont contribué à sa perfection. Nous avons également remarqué les différens degrés par lesquels la forme du gouvernement a paffé, avant que de parvenir à celle qui exifte aujourd'huy, & à quelle occafion les loix principales qui conftituent ce gouverne-

ment

ment, ont été établies.   Ce chapitre
traitera de la nature de ces mêmes loix
en général.

Défini-
tion des
loix pu-
bliques.

§. 2. Les Publiciftes ont tous pui-
fé la définition des loix publiques dans
la même fource, c'eft à dire, dans leur
forme particuliére & dans le fond de
leurs décifions; auffi font-ils tous d'accord, en difant: que les loix publiques
de l'Empire font des conftitutions faites
& publiées de l'autorité de l'Empereur
& du confentement des Etats, touchant
la forme & le gouvernement de l'Empire, & les affaires qui y ont rapport.

Maniére
de faire
les loix.

§. 3. En examinant la nature des
loix publiques depuis leur origine jusqu'aujourd'hui, il paroit certain, qu'elles
n'ont jamais été établies que du confentement, foit réel foit apparent de l'Empereur & des Etats; & que, quoi-
qu'elles aient toujours eu l'effet des loix,
elles n'en ont pourtant jamais eu la forme dans leur conftitution, & ne doivent
être regardées que comme des conventions.

tions. *Spener* dans fon droit public remarque, que cette maniére de conftituer
les loix publiques, fruit naturel de l'efprit de liberté qui a toujours régné chez
les Germains, a conftamment été obfervée en Allemagne: en effet, nous en
trouvons déja des traces chez *Tacite*; &
la Loi Salique même eft fouvent nommée Pacte Salique, Convention Salique.
Rien ne prouve mieux cette vérité que
le regne de Charlemagne & d'Othon I.
Quoiqu'ils aient tous les deux gouverné en Monarques, ils laiffoient néanmoins aux Princes quelques rayons de
liberté, en les admettant aux Diétes &
en délibérant avec eux. Louis le Débonnaire rétabli fur le trône, fut obligé,
fuivant le témoignage des auteurs contemporains, de promettre folemnellement, de ne plus rien décider dans les
affaires publiques fans le confentement
des Princes. La même chofe arriva fous
Henri IV. Ainfi la maniére de faire
des loix en Allemagne a prefque toujours été la même, c'eft à dire, conven-

tionelle.   La feule différence eft, que dans les premiers fiécles les Empereurs moins génés, péfoient plutôt les fuffrages des Princes qu'ils ne les comptoient; au lieu que dans la fuité les Etats parvinrent infenfiblement au point, qu'aucune loi ne pût être publiée ni interprétée fans leur concours & leur fuffrage décifif. Ce droit leur a été entierement & expreffement confirmé par le traité de Weftphalie. ª)

Divifi-, ons des loix publiques.
§. 4. Les Conftitutions publiques peuvent avoir deux objets: les unes ont un rapport direct à la forme du gouvernement: on ne fçauroit les changer fans altérer & anéantir cette forme: on les appelle loix fondamentales. Les autres que l'on nomme fimplement loix publiques, n'ont de rapport qu'aux affaires & aux négociations publiques, & ne concernent pas directement la forme du gouvernement, mais les cérémonies publiques, la police, les finances &c. Cette

a) v. liv. 4. ch. 2.

te espece de loix peut être changée, sans que le gouvernement en souffre la moindre altération. Quelquesunes des loix publiques concernent l'état politique de l'Empire; d'autres ont rapport à l'état eccléfiastique. Ces deux parties font inféparables, & également néceffaires dans le droit public d'Allemagne.

§. 5. Les publicistes ne font point d'accord entre eux pour sçavoir, quelles loix de l'Empire doivent être appellées fondamentales. Quelquesuns donnent ce nom à la bulle d'or, à la capitulation & au traité de Westphalie. D'autres prétendent, que la capitulation ne peut point être comprise fous cette dénomination. D'autres enfin foutiennent, qu'elle est due aux recès de l'Empire, à la paix publique profane, & à celle de religion.

Loix fonda-mentales.

§. 6. Quant à nous, nous croyons qu'il est peu exact de dire, qu'une loix publique de l'Empire puisse être regardée toute entière comme loi fondamentale, puisqu'il n'y en a aucune dont tou-

B 5   tes

tes les décifions ayent un rapport direct
à la forme du gouvernement. Ainfi
nous penfons qu'il feroit infiniment plus
naturel de dire, qu'une loix peut être
fondamentale à l'égard de quelquesunes
de fes décifions & qu'elle eft fimple loi
publique, & quelque fois même loi privée à l'égard des autres: quelques
exemples juftifieront ce fiftéme. La
bulle d'or eft fans contredit loi fondamentale pour l'article qui attribue aux
fept Electeurs feuls le droit d'élire un
Roi des Romains; & elle ne l'eft point
pour ceux qui fixent les cérémonies du
Couronnement ou d'une Cour pléniés-
ré, ni pour celui qui décide, que les
Electeurs feront réduits au pain & à
l'eau, s'ils négligent d'élire un Roy des
Romains dans l'efpace de trente jours.
Ces exemples fuffifent pour faire voir,
que la bulle d'or eft loi fondamentale en
quelques points, & qu'elle ne l'eft point
en d'autres. D'ailleurs plufieurs de fes
décifions, comme celles concernant les
défis, les *pfalburgers* &c. font abolies fans
que

que le gouvernement en ait été ren-
verfé. Il en eft de même des autres
loix: les récès de l'Empire & le traité
de Weftphalie en fourniffent quantité
d'exemples.

§. 7. Le droit public d'Allemagne, Loix é-
crites, &
comme celui de tous les autres Etats, non écri-
admet deux fortes de loix, les loix écri- tes.
tes & les loix non écrites. Les derniè-
res font conües fous le nom *d'obfervance
de l'Empire (Reichs-herkommen.)* Nous en
traiterons dans un chapitre féparé.

§. 8. Les principales loix, dont Enumé-
ration des
nous allons traiter, font les récès de loix.
l'Empire, la paix publique profane, celle de religion, le traité de Weftphalie
& ceux qui l'ont fuivi jufqu'à la paix
d'Aix la Chapelle, la capitulation impériale, les loix eccléfiaftiques.

Quelques auteurs mettent au nombre
des loix publiques, l'ordonnance de la
chambre impériale & celle du Confeil aulique. Mais comme elles regardent purement la police de chacune de ces deux
chambres, on ne fçauroit, ftriɛtement
par-

parlant, les comprendre sous le nom de loix publiques de l'Empire.

De quelle maniére elles obligent l'Empereur & les Etats. §. 9. Les publicistes conviennent unanimement que ces loix n'obligent l'Empereur que comme des simples conventions; mais ils disputent beaucoup pour sçavoir quelle espece d'obligation elles imposent aux Etats de l'Empire. Les uns soutiennent, qu'elles ont force de loix à leur égard; d'autres, qu'elles ne doivent être envisagées que comme des conventions.

§. 10. Deux difficultés semblent diviser ainsi les auteurs. La premiére tire sa source du préambule des loix de l'Empire, dans lequel l'Empereur dit, qu'il ordonne à tous & un chacun de sa pleine puissance & autorité impériale &c. d'où il semble tout naturel de conclure, que les Etats de l'Empire doivent recevoir ces constitutions, comme étant de véritables loix émanées de l'autorité absolue de l'Empereur.

§. 11. La seconde difficulté nait du droit qu'ont l'Empereur & l'Empire

de

de forcer un Etat à fuivre une loy à laquelle il n'a pas confenti, & qui par confequent ne peut point être regardée à fon égard comme une convention.

§. 12. On pourroit en ajouter une troifiéme, qui femble naitre du droit qu'ont les Etats de l'Empire de publier dans leurs terres des loix particuliéres, qui dérogent aux loix générales rendues par l'Empire. Mais nous expliquerons cette difficulté au chapitre de la puiffance législative des Etats [b]) ou nous dirons de quelle façon & en quel fens les Etats de l'Empire peuvent exercer ce droit.

§. 13. A l'égard de la premiére difficulté, elle a plus d'apparence que de réalité. En effet, quoiqu'il femble par l'énonciation des loix, que l'Empereur les dicte de fa propre autorité, il eft néanmoins certain, qu'elle feule ne fuffit pas pour les faire recevoir, & que le confentement des Etats eft néceffaire. Ain-

B

b) v. Liv. 5. ch. 3. §. 2.

fi il faut regarder cette phrafe comme
une formule, qui avoit été adoptée par
des Empereurs dont l'autorité étoit moins
bornée qu'elle ne l'eft aujourd'hui; &
qui a été retenuë par leurs fucceffeurs,
fans que cette autorité leur ait paffé.

§. 14. Quant à la feconde difficulté,
elle ne peut être d'aucun poids; car la
feule qualité d'Etat de l'Empire fait néceffairement préfumer, que ceux qui en
font revêtus, fe font foumis à la forme
de conftitution reçuë dans l'Empire, &
conféquemment aux loix arrêtées par
l'Empereur & l'Empire fuivant les règles
ufitées & préfcrites par la même forme: ainfi que nous l'expliquerons au Chapitre de la diéte.^c)

§. 15. Ainfi pour décider notre
queftion, l'opinion la plus fûre eft, de
diftinguer entre les colléges des Etats,
(connus fous le nom générique *d'Empire*)
& ces mêmes Etats féparés, & de dire,
que les Etats formés en colléges ne font
fou-

c) v. liv. 4. ch. 1. §. 16. 20.

foumis à ces loix qu'autant qu'ils le feroient à une convention ; mais que dans le
dernier cas ils leur font foumis comme
à une loy formelle ; étant conftant que
chaque Etat, confidéré féparement, doit
être regardé comme fujet de l'Empereur
& de l'Empire, quoique ce terme paroif-
fe s'impliquer contradiction avec le droit,
éminent, dont chaque Etat jouit dans
fon territoire, & femble offenfer en quelque façon fon Concours, dans le gouvernement même.

§. 16. L'Empereur & l'Empire doivent donc plutôt être envifagés fous le
même point de vuë par rapport aux loix
publiques, c'eft à dire, dans une indépendance réciproque.

Quel rapport elles ont entre l'Empereur & l'Empire.

CHA-

CHAPITRE II.

De la bulle d'or,

§. 1.

Défini-tion. La bulle d'or eſt une loy publique de l'Empire, concernant l'élection, le couronnement, & les cours pléniéres des Empéreurs; les droits des Electeurs, & quelques autres beſoins de l'Empire. Elle contient 30 Chapitres: les vingt trois premiers ont été publiés à Nuremberg, le 10 Janvier de l'an 1356. & les ſept autres à Metz, le 25 Decembre de la même année.

Si elle a été faite de l'auto-rité de tous les Etats. §. 2. Les publiciſtes font une queſtion d'état de ſçavoir, ſi la bulle d'or a été faite de l'autoricé de tous les Etats, ou du conſentement ſeul des Electeurs. Sans entrer dans cette diſcuſſion, que les deux partis ont ſurchargée de beaucoup de doctes ſubtilités, a) il nous ſuffit de

---

a) Pluſieurs auteurs ont adopté l'opinion de *Lambecius*, qui dans ſa bibliotéque de Vienne liv. 2. ch. 8. pag. 816. prétend, que la bulle d'or n'a été faite que du conſentement des Electeurs, & cite, pour en faire

de favoir, qu'elle a été confirmée depuis
dans plufieurs occafions par tous les
Etats de l'Empire, de façon qu'on ne
peut aucunement douter de fa validité.

§. 3.

faire la preuve, différens endroits de cette loy, où il
n'est fait mention que d'eux, comme au tit. 3. §. 2, tit. 12.
§. 2. tit. 16 §. 2. Cette opinion femble encore fe confirmer par le peu d'étenduë de l'apartement où l'aſſemblée s'eſt tenuë à Nüremberg, & qui ne paroît pas
avoir pu contenir le nombre des Etats qu'on ſuppoſe
avoir affifté aux délibérations. Mais non obſtant ces
raiſons, qui du premier coup d'œil femblent favorifer
cette opinion, il eſt néanmoins plus vraifemblable de
dire, qu'elle a été publiée du confentement de tous les
Etats; les termes mêmes de la préface de cette loy le
prouvent clairement. Cette vérité eſt encore atteſtée
par une lettre que les députés de la ville de Strasbourg
à la diéte de Nüremberg ont écrite au Magiſtrat de
Strasbourg, dans laquelle ils marquent que Charles
IV. veut mettre la matiére en délibération avec les Etats:
voyez *Wencker* dans fon appar. Archiv. pag. 208.
Ajoutons à ces preuves le témoignage des auteurs contemporains, comme *Trithemius* dans fa *Chronic. Hir-
fau.* & *Lewold à Northoft* fur l'an 1356. Les endroits que *Lambecius* allégue en fa faveur peuvent très
aifément être conciliés avec la teneur de la préface,
qui parle affez diſtinctement du confentement des Etats.
Il eſt à la vérité certain que les derniers fept chapitres,
publiés à Metz, n'ont été faits que dans une aſſemblée
des Electeurs feuls, ainfi que Charles IV. le remarque
au tit. 24. §. 1. ce qui ne nuit en rien à leur autenticité, ces chapitres ne regardant que les Electeurs; & le
confentement des autres Etats ayant été préalablement
réquis à la diéte de Nüremberg.

C

D'où ain-
ſi nom-
mée.

§. 3. La bulle d'or tire ſon nom du Scel d'or qui y eſt attaché. L'uſage de ces ſceaux d'or n'étoit pas nouveau; Charlemagne & les Empereurs grecs mêmes s'en étoient déja ſervis. [b] Il ne faut point s'étonner de ce qu'elle a été écrite en langue latine; puisque dans ce tems là la langue allemande n'étoit point encore introduite pour les actes publics. D'ailleurs Charles IV. qui pour la ré-daction de cette loy s'eſt, à ce qu'il paroît, ſervi de jurisconſultes italiens, l'a ſans doute fait dreſſer en langue latine, ſoit par-ce qu'il aimoit cette langue, ſoit pour en faciliter la lecture au Pape & aux Prin-ces d'Italie. Enfin pourquoi l'Empereur Wenceslas auroit - il fait faire la tra-duction allemande, qu'on conſerve enco-re à Vienne, ſi l'original même eut été conçu en cette langue? C'eſt par ces moyens qu'on détruit l'opinion de quel-

Elle eſt
écrite en
latin.

ques

b) Voy. *Thulemarius* dans ſon traité de bulla aurea, argentea, plumbea & cerea, & particuliérement de bulla aurea Carol. IV. Et *Jean. Mich. Heineccius* in ſyntagmate hiſtorico de ſigillis.

ques Publiciftes, qui ont prétendu, que
l'original de la bulle d'or eft allemand. c)
Il eft vrai, qu'il y en a quelques traducti-
ons en cette langue; mais outre qu'elles
ne font point munies du fcel d'or, marque néceffaire de fon autenticité, elles
différent beaucoup entre elles, & font
très fouvent fautives, de forte qu'il eft
dangereux de les citer. d)

§. 4. Cette loy étoit néceffaire pour **Motifs.**
mettre fin aux défordres qui avoient pris
leur fource dans le grand interrègne, &
qui avoient défolé l'Allemagne jufqu'à
l'époque de cette loy. Les Princes de la
même maifon électorale vouloient tous

C 2   avoir

---

c) Ou du moins que le texte allemand eft auffi au-
tentique que le latin: voyez *Schilter* inftit. jur. pub.
t. 2. pag. 267.

d) Il y a par exemple quelques exemplaires allemands très anciens qui rendent ces derniers mots du
§. 2. lit. 30. *in his linguis imperii negotia venti-
lantur: Die Sachen werden in diefer Zungen
verjaget.* Cette obfervation fur le texte original de
la bulle d'or n'eft pas fimplement grammaticale, mais
auffi juridique; car on y a provoqué dans le fameux
différend qui s'eft elevé après la mort de Ferdinand III.
entre l'Electeur Palatin & de Baviére au fujet du vicariat de l'Empire. v. l. 2. ch. 5. §. 7.

avoir également le droit de suffrage aux
Elections des Empereurs. Les Electeurs
entre eux se disputoient le pas. Les
Princes prétendoient avoir voix active à
l'élection de l'Empereur. Tels sont les
vrais motifs de la bulle d'or. ᵉ)

Contenu   §. 5. On peut distribuer toutes les
décisions de cette loy en deux classes. La
première concerne les Electeurs: elle
fixe leur nombre à sept comme autant de
flambeaux qui doivent éclairer l'Empire ᶠ): elle traite de leurs rangs & de leurs
offices tant à l'élection & au couronnement d'un Roi des romains qu'aux autres

e) *Puffendorf* sous le nom emprunté de *Monzambano* pêche contre la chronologie en soutenant que
Charles IV. n'a fait la bulle d'or que pour frayer le
chemin du trône à son fils Wenceslas, en gagnant les
suffrages des Electeurs par des prérogatives très éten-
dues: car il est certain que Wenceslas n'est venu au
monde que cinq années après la publication de la bulle d'or.

Ceux qui cherchent les motifs de cette loy dans les
attentats des Papes contre l'autorité imperiale, ne con-
noissent pas sans doute l'histoire de Charles IV. dont
l'avénement au trône, ni les années de son règne, qui
ont précédé la bulle d'or, n'ont aucunement été troublé par le Pape.

f) Ces sont les termes de la bulle d'or.

tres cérémonies publiques ; elle introduit l'indivisibilité & le droit de primogéniture dans les électorats ; enfin elle détaille & confirme différens droits & prérogatives, dont jouissent quelques Electeurs en particulier. La seconde classe concerne l'Empire en général: on voit par les décisions qu'elle contient, que l'Empire étoit alors agité par des troubles affreux, auxquels on ne trouvoit d'autre remède que celui de les autoriser sous une certaine forme: le titre des défis en est un exemple frappant ; il y est décidé, que l'on n'osera surprendre son ennemi qu'après un avertissement de trois jours, après lesquels il sera permis de lui nuire par le pillage & l'incendie.

§. 6. La plupart des décisions de la bulle d'or sont encore suivies aujourd'hui. Quelques unes sont abolies, comme celles concernant les défis &c. Quelquesunes n'ont jamais été mises en usage; par exemple, le Comte palatin n'a jamais exercé le droit de juger les

Existe encore aujourd'-hui.

En quoi changée.

cau-

caufes criminelles de l'Empereur, que
la bulle d'or lui attribuë. Enfin quelques
unes ont été changées par des loix fub-
fequentes; par exemple, le droit de nommer aux Electorats vacants appartient à
l'Empereur, fuivant la bulle d'or; mais
fuivant la capitulation de l'Empereur il
ne peut exercer ce droit que du confentement des Electeurs, & conjointement
avec eux. g) Il en eft de même du droit
de couronner les Empereurs, que les
Electeurs de Mayence & de Cologne fe
font difputé, & qui a été fixé par un accommodement paffé entre eux, ainfi que nous
le dirons au chapitre du couronnement de
l'Empereur. h)

g) voyez la capitulation de François I. art. II. §. 19.
h) Les commentaires fur la bulle d'or font indi-
qués par *Mofer* dans fon droit public, & par *Lude-*
wig dans fon comment. fur la bulle d'or tom. II. à la
préface. Parmi les anciens *Limnæus* eft le meilleur,
& parmi les modernes *Ludewig:* mais ce dernier s'eft
attaché quelquefois à des objets étrangers; & fon in-
clination pour des opinions finguliéres, quelquefois con-
tradictoires, fait, qu'on doit le lire avec beaucoup de
précaution.

CHA-

CHAPITRE III.
Des Récés de l'Empire.

§. I.

Nous avons remarqué dans le chapitre premier, quelle a été dans le premier tems de l'Empire d'Allemagne, la forme de ses loix publiques ; nous y avons également observé, que malgré les grandes révolutions qui agitèrent l'Etat, cette forme a toujours, à peu près, été la même, & qu'elle n'a souffert de changement qu'à l'égard de quelques formalités accidentelles. Nous ajoutons maintenant, que cette forme de promulguer les loix exigeoit de tous les tems en Allemagne des espéces de diétes, où tous les membres de l'Empire s'assembloient, sous l'autorité de leur chef, pour délibérer sur les affaires de l'Etat.[a] Ces délibé-

De l'origine des récès.

C 4

rati-

---

a) Voy. les préfaces de Mr. *Ohlenschlager* & de *Senckenberg*, dans leur nouveau recueil des récès de l'Empire.

rations finies, on recueilloit les articles
convenus : & ce recueil que l'on publioit
à la fin de chaque diéte, au moment que
les Etats alloient se retirer, a été appellé *récès de l'Empire*, *Reichs-Abschiede.* Cependant les formalités, auxquelles ces
loix publiques étoient soumises, ayant
changé de tems en tems, il faut avouer,
que celles qui subsistent encore aujourd'-
hui, ne sont pas plus anciennes que le
règne de Fréderic III. & de Maximilien
I. qui les ont introduites. b)

Défini-
tion.
§. 2. Pour donner de cette espece
de loix une définition exacte & rélative
à leur forme actuelle, il faut dire, que les
récès de l'Empire sont des décrets convenus, & arrêtés par l'Empereur & les
Etats, & publiés à la fin de chaque
diéte.

Conçus
en lan-
gue alle-
mande.
§. 3. Depuis le règne de Maximi-
lien I. les récès sont dressés en langue allemande, qui est aujourd'hui généralement

b) Nous en traiterons plus amplement au chap. de
la diéte de l'Empire.

ment reçu pour les actes publics, à
l'exception de ceux qui regardent des
puissances étrangères. On ne se servoit
autrefois que de la langue latine; & cette coutume a été constamment observée
jusques vers le règne de Rodolphe I.
sous lequel la langue allemande a commencé à être d'un usage plus frequent
dans les affaires publiques, sans pourtant que la latine en eût été entiérement
proscrite, ainsi que plusieurs auteurs le
prétendent. c)

§. 4. On peut distinguer les récès Division;
de l'Empire en récès universels & récès
particuliers: ceux-là seuls peuvent stric-
tement parlant, être regardés comme
récès de l'Empire, en suivant notre définition. Ceux-ci se subdivisent en *récès
de Députation, Reichs-deputations-abschiede;
en récès des Cercles, Krays-abschiede; & en
récès provinciaux, Landtags-abschiede;* les

C 5   pre-

c) Nous examinerons & réfuterons cette opinion ibid.

premiers font faits dans les affemblées
des députés de l'Empire, & ils ont force de loi auffitôt que l'Empereur & les
Etats ont chargé les députés non feulement de délibérer, mais auffi de terminer par leur fentence la matiére qui leur
eft addreffée. Les feconds n'ont lieu que
pour les affaires du cercle, dans l'affemblée duquel ils font dreffés: les troifié-
mes fe font du confentement du Prince
& des Etats provinciaux de fon territoire; mais ils n'ont de rapport qu'à
l'état d'une province en particulier, à
laquelle feule ils préfcrivent des régles
de droit public.

Récès fe-
crets.

§. 5. Les récès de l'Empire qu'on
appelle en allemand *Neben-Abfchiede*, ré-
cès féparés ou fecrets, ne diffèrent des *récès
univerfels*, *Haupt-reichs-abfchiede*, qu'en ce
qu'on les tient fecrets dans les archives
de l'Empire jufqu'à ce qu'on puiffe les
rendre publics fans nuire aux intérets
& aux vuës de l'Empire; c'eft pour cette raifon qu'ils n'ont été imprimés que
dans la derniére édition des récès.

§. 6.

§. 6. Les récès de l'Empire font rarement bornés aux feules affaires publiques; elles s'y trouvent fouvent mêlées avec les affaires civiles: quelques unes même n'ont que les affaires civiles pour objet, comme par exemple, l'ordonnance de Maximilien I. concernant les Notaires, & celle de Charles V. pour les matiéres criminelles. Quelquesuns, parcequ'ils ne traitent que d'une feule matiére, ont pris de là un nom fpécial, comme la paix publique, la paix de religion &c. Il eft donc naturel de conclure, que les récès de l'Empire ne peuvent être entièrement envifagés comme des loix publiques, qu'autant que les affaires publiques font l'unique objet de leurs décifions.

§. 7. On peut fuivant la définition que nous avons établie, regarder toutes les loix publiques comme des récès; puisqu'elles en ont toute la forme & la force; il faut cependant obferver qu'à la rigeur cette denomination n'eft donnée qu'aux

loix

Matiére des récès.

loix, auxquelles l'ufage n'a pas donné un nom particulier.

§. 8. Dès le tems de Maximilien I. on imprimoit & publioit chaque récès de l'Empire en particulier, & comme ces premiéres éditions étoient faites avec plus de foin & d'exactitude, elles font préfe- rables à celles qui les ont immédiate- ment fuivies. Cependant on commen- ça bientôt à en faire des collections : cel- le que nous a donnée Pierre Trach l'an 1527. à Spire, & deux autres qui l'ont pré- cédée e) l'une de 1501. & l'autre de 1508. font les plus anciennes; mais elles font très rares. Elles ont été fuivies par plu- fieurs autres f) mais qui toutes font remplies de fautes. g) La plus nouvel- le, & en même tems la plus correcte & la

e) Selon les recherches que Mr. de *Senkenberg* en a faites. v. fa préf.

f) Voy. *de Senckenberg* ibid. & *Hoffmann* dans fa bibliot. de dr. pub. pag. 10. & fuiv.

g) On fe plaignoit autrefois du grand nombre de fautes d'impreffion dont les éditions des récès de l'Em- pire étoient remplies : On a jugé à propos d'y remédi- er par les loix. voy. le récès de Spire de 1526. §. 30.

la plus complete eſt celle, qu'ont fournie les ſçavans publiciſtes Senkenberg, Schmaus & Olenſchlager, inprimée à Francfort en 1749. [h])

CHAP. IV.

De la paix publique profane.

§. 1.

Les anciens Germains avoient chez eux des uſages, qui étoient à la fois le fruit de leurs mœurs barbares & les ſuites de leur religion ſuperſtitieuſe. Ce peuple n'ayant ni loix écrites, ni tribunaux, ſe gouvernoit par des uſages qui tenoient de la férocité de leurs mœurs. Il falloit juſtifier ſon droit en faiſant périr ſon adverſaire dans un duel: c'eſt ce qu'on appelloit droit manuaire (Fauſt- und Kolben - Recht). Cette maniére fin-

Origine & motifs.

---

h) Les meilleurs auteurs de l'hiſtoire & de la nature des réces ſont *Ericus Mauricius* dans ſes opuſc. pag. 123. & *Mrs. de Senkenberg & Ohlenſchlager* déja cités.

finguliére de décider des points de droits n'a pas commencé fous les Henrys, ainfi que beaucoup de publiciftes le prétentendent; nous en trouvons des traces dans les fiécles les plus reculés des anciéns peuples d'Allemagne, qui ont regardé ce droit foutenu par le paganifme, comme la plus belle preuve de cette liberté, qui leur étoit fi chére.

§. 2. Cet ufage cruel fit de fi grands progrès pendant les premiers fiécles de l'Empire, que Charlemagne & fes fucceffeurs, malgré les difpofitions contenues dans leurs capitulaires, ne purent empêcher, qu'il ne dégénerât enfin en une efpéce de guerre civile qui fit longtems gemir l'Allemagne abandonnée à un mauvais gouvernement, & toujours en butte à l'ambition des Princes. Les chofes en vinrent même à un tel point qu'on le regardoit comme un moyen légitime pour pourfuivre fes prétentions.

§. 3. Quelques foins que prirent au XII, Siécle les Empereurs pour étouffer cet odieux abus, ils ne purent point

y

y parvenir, parce qu'ils étoient ou trop
indolens pour s'oppofer au pouvoir naif-
fant des Etats de l'Empire, ou trop foibles
pour l'abattre; auffi ne pûrent-ils que le
reftraindre & l'affujettir à quelques formalités, qu'ils appelloient défis; au moyen
desquels on pouvoit, après un avertiffement de trois jours, pourfuivre fon droit
par le vol, le pillage & l'incendie. ᵃ) Les
Papes mêmes de ce tems, malgré les
entreprifes fréquentes qu'ils ofoient faire fur le gouvernement d'Allemagne,
ne purent que l'interdire pour certains
jours & pour quelques lieux privilégiés;
comme le prouve le titre *de la trêve &
de la paix du Seigneur.* ᵇ)

§.

a) Les défis fe faifoient de trois façons: I. en perfonne. II. verbalement, par une autre perfonne de
même condition que le défiant. III. par lettres. Elles
devoient contenir les motifs du défis: en voici à peu
près les termes: *Nous nobles de . . . faifons fçavoir à vous de . . . que n'ayant pu parvenir à nos
droits, nous vous annonçons que nous vous pourfui-
vrons par le pillage, l'incendie, l'affaffinat; le tout
contre vous & les alliés de vos alliés. Nous vous
attendrons trois jours & trois nuits. . . .* Les fujets ainfi que les nobles, avoient le droit de défier.

b) voy. le tit. du droit. can.

§. 4. Le grand interrègne mit le comble à ces excès de barbarie. Les Princes d'Allemagne, fans chef, fans jugés, fans loix; toujours conduits par cet efprit d'agrandiffement, qui les animoit depuis leur origine, ne penfoient qu'à opprimer les Princes foibles, & les villes qu'ils trouveroient fans deffenfe. De là cette quantité énorme de chateaux efcarpés & prefqu'inacceffibles, que les uns élevèrent, pour exercer plus librement leurs rapines, les autres pour fe mettre à l'abri des brigandages de leurs voifins; de là les ganerbinats, les pactes de confraternité, les fiefs oblats; delà enfin les differentes unions que les villes d'Allemagne firent entre elles pour leur deffenfe commune.

§. 5. Rodolphe de Habsbourg ramena le calme pour quelque tems, après avoir publié l'an 1287. une paix publique pour trois ans, & démoli la plus grande partie des chateaux qui couvroient l'Allemagne. Ses Succeffeurs imitèrent fon exemple en publiant de pareilles paix publiliques foit pour l'Empire en général, foit pour quelques provinces en particulier; mais aucun ne parvint à abolir les défis, & Charles IV. fut obligé de les approuver fous la condition, déja introduite auparavant: qu'on ne pilleroit fon voifin qu'après un avertiffement de trois jours.

§. 6. Les Empereurs Sigismond, Albert II. & Frèderic III. convaincus de plus en plus de la néceffité d'extirper ces defordres, qui defoloient l'Allemagne, s'occupèrent tous à retablir la tranquilité publique: les Etats mêmes fatigués de faire le métier de brigands & d'effuyer à leur tour les vexations d'un voifin plus fort, ou plus heureux, penfèrent enfin férieufement au repos de l'Allemagne, & engagèrent Maximilien I. à promulguer la paix publique perpétuelle de 1495.

§. 7. Cette paix contient deux parties: la première défend les défis; porte

Contenu.

D   la

la peine du ban ᶜ) contre les infracteurs,
leurs fauteurs & adhérens; impofe une
amande de deux mille marcs d'or pur, ᵈ)
& préfcrit comment & par qui le ban doit
être déclaré encouru. La·feconde ren-
ferme la création & l'ordonnance de la
cham-

c) Par cette peine tous les biens du condamnné font
adjugés au fifc, les fiefs au Seigneur direct; & on peut
lui nuire·& le lézer impunément. Voici dans quelle
forme on prononçoit anciennement le ban: *Nous dé-
clarons ta femme veuve, tes enfans orphelins, tes fiefs
rétournés à ton Seigneur direct; donnons ton hérita-
ge & tes propres à tes enfans, ton corps & ta chair
aux animaux qui font dans les forets, aux oifeaux
qui font dans l'air, & aux poiffons qui font dans l'eau,
nous t'abandonnons à tous & un chacun fur tous les
chemins, & voulons que tu n'ayes ni paix ni fauf conduit là où chacun en a, & nous te montrons les quatre chemins du monde au nom du diable.* Cette formule de condamnation, qui fe reffent de la barbarie
des fiécles, où elle étoit en ufage, a été changée; aujourd'hui la fentence du ban eft conçuë dans ces termes: *Nous te mettons de la paix dans la difcorde,
& abandonnons ton corps & tes biens à tous & un
chacun.*

d) Cette fomme eft énorme, en égard au tems; elle
fait à peu près, 1132000 livr. argent de France. La
moitié de la fomme eft adjugée au tréfor impérial, &
l'autre à la partie lézée.

On pouvoit anciennement agir commutativement &
pour la peine du ban & pour l'amande; mais aujourd'hui
on n'a que l'alternative, & l'hiftoire ne fournit aucun
exemple de l'exécution de la peine pécuniaire.

chambre impériale. L'objet de cette création a été d'oter aux Etats de l'Empire
tout prétexte de fe rendre juftice eux-
mêmes, en les obligeant de fe pourvoir
par devant cette chambre, pour y être
jugés fuivant les loix de l'Empire.

§. 8. Quoique l'effet de cette loy fi fage
& fi néceffaire eût dû être l'aboliffement
entier des défis & du droit manuaire, on
en trouve cependant encore quelques
exemples fous Charles V. ce qui força
cet Empereur de la renouveller à différentes reprifes, principalement en 1548.
& c'eft cette derniére paix publique confirmée par le traité de Weftphalie & la
Capitulation de l'Empereur qu'on a coutume d'alléguer, comme la plus claire &
la plus ample. e)

e) Les decifions de cette paix garantiroient fans doute les Etats foibles de l'oppreffion & des injuftices des
Etats puiffans, fi l'on fe faifoit un devoir d'en fuivre
fcrupuleufement la difpofition.

CHA-

CHAP. V.

De la paix de religion.

§. 1.

A quelle
occafion
faite.

A peine l'Allemagne reſſentoit-elle les douceurs de la paix, qu'un nouvel orage vint la troubler. Luther, religieux de la régle de St. Auguſtin, commença par attaquer la validité des indulgences. Heureux dans cet objet, il penſa à attaquer ſa religion ſur des points plus eſſentiels. Son projet réuſſit encore, & trouva beaucoup de ſectateurs parmi les Princes & les Villes d'Allemagne. Le Pape le regarda comme hérétique, & l'excommunia. La diéte de Wormbs (1521.) le proſcrivit avec ſes adhérens, & défendit la lecture de ſes livres. Les nouveaux religionaires réſiſtèrent, parcequ'ils ſentirent que la néceſſité des ſubſides contre les Turcs adouciroit le zéle de Charles V. Effectivement la diéte de Spire, (1526.) moins ſévére

vére que celle de Wormbs, défendit fimplement de ne rien innover ni détermi-
ner dans la foy & religion chrêtienne,
ni dans les cérémonies & régles de l'églife; et ordonna qu'en attendant un Concile, ou une affemblée nationale, chacun agît de façon qu'il pût rendre compte à Dieu & à l'Empereur. Ces termes
fembloient annoncer un futur accommodement: Mais la diéte de Spire (1529.)
plus dure pour la nouvelle·doctrine que
la précédente, interdit toute innovation
ultérieure jusqu'au futur Concile, & défendit aux Etats de l'Empire de recevoir
les dogmes de Luther contraires au Sa-
crement de l'Euchariftie, d'abolir le Céré-
monial de la Meffe & d'empêcher qui que
ce fût de l'entendre. Jean Electeur de
Saxe, George Marggraff de Brandebourg, Erneft & François Ducs de Lunebourg, Philipe de Heffe & Wolfgang
d'Anhalt, qui tous avoient adopté les
principes de Luther, proteftèrent contre ces décifions; delà le nom de *Proteftans,* qui depuis a refté à leur parti. A

D'où le
nom des
Prote-
ftans.

D 3 la

la diéte d'Augsbourg (1530.) les troubles
de religion occupèrent principalement
Charles V. Les proteſtans y propoſè-
rént les articles de leur croyance connus ſous le nom de *Confeſſion d'Augsbourg.*
La diéte les refuta, & ordonna la reſtitution *des biens ſpoliés.* L'Electeur de Saxe
& ſes adhérens proteſtèrent encore; &
réſolus de défendre leur religion par les
armes, encore que l'Empereur ne vou-
lût point entrer dans leurs vûës, ils con-
clûrent entre eux la fameuſe confédération de Smalkalden; ils firent une alliance avec François I. & reçurent l'aſſu-
rance du Roi d'Angleterre qu'il ſuivroit
l'Exemple du Roi de France. Ces forces réunies & la terreur que Soliman ré-
pandoit dans toute l'Europe, forcèrent
Charles V. de traiter plus favorablement
les confédérés; il défendit à la diéte de
Nüremberg (1532.) de troubler qui que ce
fût pour fait de religion, en attendant la
tenuë d'un Concile général. Les eſprits
étoient ſur le point de s'adoucir & de ſe
rapprocher; mais les Proteſtans ayant
renou-

renouvellé la confédération de Smalkalden avec la France & la Grande
Bretagne, l'Empereur allarmé de cette
alliance & de cette affociation, fit tous
fes efforts pour la rompre; Il déclara
Fréderic de Saxe & Philipe de Heffe,
qui lui refiftérent, ennemis de l'Empire.
De là la guerre de Smalkalden, qui
bouleverfa l'Allemagne, & qui devint
funefte aux confédérés, après que Philipe de Heffe eut été fait prifonnier
par Charles V. & que Fréderic Electeur de Saxe eut été mis au ban de
l'Empire, & fon électorat donné à fon
parent Maurice.

Maurice abandonna Charles V. fous
prétexte de la détention de Philipe de
Heffe contre la promeffe de l'Empereur,
& fit en faveur des Proteftans une alliance
avec Henri II. Roi de France. Charles
V. trop foible pour lui refifter, fut enfin obligé de céder, & Ferdinand I. fon
frére conclut avec Maurice le traité de
Paffau. (1552.)

§. 2.

Traité
de Paſſau.

§. 2. Par ce traité l'Empereur promet de tenir dans ſix mois une diéte,
dans laquelle on aviſeroit aux moyens
de finir le ſchiſme, ſoit par un Concile,
ou des colloques, ſoit dans une aſſemblée
générale de l'Empire. Qu'en attendant
aucun Etat ne ſeroit troublé en aucune
maniére pour cauſe de religion; & que
les çatoliques & ceux de la confeſſion
d'Augsbourg conſerveroient leur religi-
gion, leurs rites, ainſi que tous leurs
biens & leurs droits.

L'Aſſemblée générale que Charles
V. avoit promis de tenir dans ſix mois,
n'eut lieu qu'au bout de trois ans, c'eſt
à dire en 1555. & on convint enfin de la
paix de religion dont il s'agit.

Déciſion
de la paix
de religi-
on.

§. 3. Cette paix, publiée du conſentement de tous les Etats, accorde aux
Electeurs, Princes & Etats de l'Empire
de la confeſſion d'Augsbourg, (y compriſe la nobleſſe immédiate) l'exercice
libre de leur religion: la juriſdiction eccléſiaſtique eſt ſuſpendue à leur égard
dans les cas, où il ſera queſtion de la foy,
des

des rites & cérémonies de l'eglife, hors
lesquels les Archévêques, Evêques &
Prélats exerceront la jurifdiction eccléfiaftique fuivant l'ufage de chaque lieu,
& fuivant que chacun en fera en poffeffion. Tous ceux qui ne fuivent pas la religion catolique ou la confeffion d'Augsbourg font exclus de la paix de religion.
Les Etats qui fe font emparés d'Abbayes,
couvents & autres biens ecclefiaftiques en
conferveront la poffeffion, à moins que
les eccléfiaftiques ne l'euffent recouvrée
lors ou après le traité de Paffau. Il eft
défendu aux Etats de s'enlever mutuellement les fujets, en les faifant changer
de religion; mais il eft permis aux fujets
d'en changer contre le gré de leurs Seigneurs, de vendre leurs biens, & de quitter leur païs: enfin il eft ordonné, qu'au
cas qu'un Archévêque, Evêque, Prélat
ou autre bénéficier paffât de la religion
catolique à la confeffion d'Augsbourg, il
fera privé de fon bénéfice & des fruits en
dépendans, & la nomination fera dévo-
lüe au collateur ordinaire. Quoique cet-

Refervat
eccléfias
tique.

D 5   te

te décifion, connuë fous le nom de *réfervat eccléfiaftique*, ait été donnée par Ferdinand à l'arbitrage duquel les Etats, qui ne pouvoient fe concilier, s'en étoient remis, & qu'elle ait été fignée en leur nom par leurs plénipotentionaires fans proteftations [a]) elle déplut néanmoins à ceux de la confeffion d'Augsbourg; qui obtinrent enfin par le traité de Weftphalie, qu'elle auroit également lieu contre les bénéficiers de la confeffion d'Augsbourg, qui changeroient de religion. [b])

Ordonnance d'éxecution. §. 4. Pour que ce traité, ainfi que la paix publique, ne fuffent pas éludés,

---

a) Il eft vrai que les Etats proteftans n'ont pas confenti à cet article, ainfi que les actes mêmes le prouvent clairement. *Sleidanus & Mr. de Thou*, qui foutiennent le contraire, ont été amplement réfutés par *Obrecht* dans fon traité du refervat eccléfiaft. Mais cependant leurs Plénipotentiaires ayant négligé de produire les proteftations, qui leur avoient été envoyées, leurs maitres n'étoient enfuite plus en droit de fe plaindre. Voy. *Schilter* de la paix de Relig. Ch. 14. §. 3. & 6.

b) Il parut après ce traité divers livres qui en attaquèrent la juftice; mais l'Empereur & les Etats ne jugèrent point à propos d'y faire attention. Les actes publics qui en ont été dreffés fe trouvent dans le commentaire de *Cortrejus* fur la paix de Relig.

dés, on a ajouté au premier l'ordonnance
d'éxécution. Elle contient les moyens
de maintenir l'un & l'autre, en prépo-
fant à chaque cercle un Colonel, chargé
de mettre à exécution le ban prononcé
contre les infracteurs enclavés dans leur
cercle, & en obligeant les Colonels des
cercles voifins de leur preter fecours en
cas de befoin. c)

CHAP. VI.

Du traité de Weftphalie.

§. I.

La paix de religion en retabliffant le
calme en Allemagne, n'éteignit pas
cette haine réciproque, que le zèle, le
fanatifme & l'animofité avoient nourri
entre les deux partis depuis l'origine des
difputes de religion. Le refervat ecclé-
fiafti-

Hiftoire du traité.

c) Parmi les Commentaires fur ce traité les plus re-
commandables font, *Schilter, Cortrejus* & *Sweder.*
Les actes publics en ont été recueillis par *Lehmann*
& fon continuateur.

fiaftique furtout, génoit infiniment les protestans, auffi occafionat - il la premiére rupture, qui ralluma la guerre & embrafa l'Allemagne jusqu'au traité de Westphalie. En voici à peu près les principales époques.

§. 2. Gebhard de Truchfes, Archévêque de Cologne, embraffa le protestantifme en 1583. & s'étant marié avec une Comteffe de Mansfeld, il voulut conferver fon Archévêché. Le Chapitre & la Cour de Rome s'oppofèrent à fon entreprife; & Gebhard fut obligé de céder malgré la protection des Protestans. Ce defavantage fomenta le germe de la défunion; les troubles élevés à l'occafion de l'Evêché de Strasbourg, l'execution de la ville de Donawerth, & furtout la fucceffion de Juliers, le firent éclore. Les Protestans conclurent la fameufe union. Les catoliques leur oppofèrent la ligue. L'Empereur Rodolphe II. plus occupé de la chimie que du gouvernement de l'Etat, fit des foibles efforts pour affoupir ces troubles, qu'il augmenta même

me

me en ſoutenant toujours les droits de
la maiſon de Saxe ſur la ſucceſſion du Duc
de Juliers, & en ne ſatisfaiſant pas au
griefs que les proteſtans propoſoient contre le conſeil aulique & la chambre impériale.

§. 3, Rodolphe avoit accordé aux Origine de la guerre de 30 ans.
proteſtans de Bohême des lettres de ma-
jeſté, qui leur permettoient le libre exercice de leur religion. Le clergé de Bohême les viola, en faiſant abattre pluſieurs
temples des proteſtants; la défénestra-
tion de Prague ſervit de ſignal à la ré-
volte. (1618.) Les Bohémiens dépoſè-
rent Ferdinand II. & élurent à ſa place
Fréderic V. Electeur palatin; ce fut l'o-
rigine de la guerre de trente ans. Ferdinand II. vainqueur de Fréderic le traita en ennemi de l'Empire, & le proſcrit
ſans conſulter les Etats, quoique ſa capitulation l'y obligeât.

§. 4. Enorgüeilli par ſes conquê- Edit de reſtituti-on.
tes, Ferdinand crut anéantir d'un ſeul
coup le parti proteſtant. Il commença
en 1629 par publier un édit, dans lequel

il

il leur enjoignit la reſtitution de tous les biens eccléſiaſtiques, dont ils s'étoient mis en poſſeſſion depuis 1555. Cet édit, qui eût été juſte, ſi Ferdinand pour l'accrediter, l'eut communiqué aux Etats, & publié de leur conſentement, révolta les eſprits parcequ'il marquoit trop clairement le deſpotiſme auquel il aſpiroit.

Guſtave Adolphe Roi de Suéde vint au ſecours des proteſtans, & attira la France dans ſon parti. Les Etats de la ligue catolique tâcherent de s'oppoſer aux deſſeins des Suedois & de l'Electeur de Saxe; mais ils furent défaits à la bataille de Leipzik. (1631.) Guſtave fut tué à Lützen; mais les affaires des catoliques ne furent pas rétablies. Les proteſtans des Cercles de Souabe, de Franconie, du haut & du bas Rhin, s'étant aſſemblés à Heilbronn, (1633.) convinrent de continuer la guerre, ſous les auſpices des Suédois jusqu'au retabliſſement parfait & l'affermiſſement de la tranquilité publique & de la liberté de conſcience. Oxenſtiern renouvella l'alliance entre la Fran

ce

ce & la Suéde, & les reſultats du con-
grés de Heilbron furent confirmés par
tous les Etats proteſtans. Mais la bataille de Nœrdlingen arreta leurs progrès; & l'Electeur de Saxe fit, après cet
échec, une paix avantageuſe à Prague
avec Ferdinand II. les Princes proteſtans accédérent ſucceſſivement à cette
paix, & abandonnèrent les François &
les Suédois, auxquels le ſeul Landgrave
de Heſſe - Caſſel demeura fidéle. Ferdinand II. etant mort, ſon fils Ferdinand
III. plus malheureux que ſon pére, fut
obligé de penſer ſérieuſement à la paix.
Les préliminaires en furent arrétés à
Hambourg en 1641. Les conférences
s'ouvrirent en 1644. & la paix fut publiée
en 1648.

§. 5. Cette paix eſt compoſée de
deux traités, le premier conclu avec la
France, à Münſter; le ſecond avec la
Suéde à Osnabruk.

§. 6. De ces deux traités celui d'Os- Contenu
nabrück eſt le plus eſſentiel pour le droit du traité
d'Oſna.
public

brück à public d'Allemagne. ᵃ) Il peut être di-
l'égard
de la reli- visé en deux parties: la première con-
gion. cerne les affaires de religion; en voici
les principaux objets: On reçoit en Allemagne trois religions, la catolique, la
luthérienne & la reformée: ᵇ) toutes les
autres font exclues. Le refervat eccléfiaftique eft déclaré réciproque avec les
proteftans. ᶜ) Le pouvoir de l'ordinaire
& fa jurisdiction eccléfiaftique eft fuf-
pendue à l'égard de ceux de la confeffion
d'Augsbourg, & chaque Etat peut l'exercer dans fon territoire. On fixe pour
la reftitution des biens eccléfiaftiques le
1. Janvier 1624. de façon que celui qui en
avoit la poffeffion au dit jour, quoiqu'il
l'eût perdue enfuite, y eft rétabli, fans
qu'il foit befoin d'aucun titre: Ainfi fui-
vant-

a) Il n'y a aucune différence entre ces deux traités,
en égard à l'autenticité & au dégré d'obligation qu'ils
impofent tous deux; quoique celui d'Osnabrück con-
tienne plus au long tout ce qui concerne les Etats de
l'Empire, & celui de Münfter, ce qui intereffe particuliérement la France.

b) Cette derniere étoit excluë par la paix de religion.

c) voyez le chap. de la paix de relig. liv. 1. ch. 5. §. 3.

vant cet article, tous les archévêchés, évêchés, prélatures & autres bénéfices font remis dans l'état dans lequel ils étoient au dit premier Janvier, & le droit de collation, nomination & élection conservé à ceux qui en jouissoient alors. Quant à l'exercice même de la religion, il est permis aux Etats d'embrasser celle des trois qu'ils jugeront à propos; & les sujets médiats peuvent professer librement celle qu'ils suivoient pendant une partie quelconque de l'année 1624.; Si non ils ont le droit d'émigration, en payant un dédommagement à leur Seigneur, au cas qu'il ne voulut point les tolérer. A l'égard du palatinat, cette époque est fixée à l'année 1618. c'est à dire, au commencement des troubles de Bohême.

§. 7. La seconde partie a rapport à l'état politique d'Allemagne. Elle a trois objets: le premier concerne la satisfaction stipulée pour le Roi de Suede: le second regarde les différens d'entre l'Empereur & les Etats: le troisiéme régle

A l'égard de l'état politique

E gle

gle les prétentions reciproques des Etats entre eux. Tous ces objets reviendront dans les chapitres qui y ont du rapport.

§. 8. Le traité de Münster confirme les décisions de celui d'Osnabrück, comme si elles y étoient insérées de mot à mot. L'Empire céde au Roi de France ses droits & ceux de la maison d'Autriche sur l'Alsace & la préfecture des dix villes impériales, avec la possession en pleine souverainité des trois évêchés de Metz, Toul & Verdun. On y traite du cercle de Bourgogne, du Duché de Lorraine, de la restitution de la maison palatine, de Würtemberg & Baaden.

§. 9. Pour que ce traité parvint à son éxécution, Ferdinand III. publia la même année un édit d'exécution, & les Etats convinrent à Nüremberg (1649. & 1650.) de deux récès d'éxécution avec une désignation des biens, qui devoient être restitués. Tous ces actes ont été confirmés par le dernier récès de l'Empire ; & toutes les Protestations & annullations que le Pape a publiées con-

(marginal notes:)

Contenu du traité de Münster.

Récès d'execution.

contre le traité de Weftphalie & les
actes qui l'ont fuivi, n'ont point empêché, que jufqu'à préfent il n'eût été regardé eomme loi fondamentale de l'Empire, & qu'il n'ait fervi de baze à tous les
traités fubfequens. d)

§. 10. Le premier qui l'ait fuivi eft
le traité de Nimègue conclu en 1679 entre l'Empire, la France & la Suéde, pour
terminer la guerre que l'Empire avoit
déclarée à la France en faveur des Hol-
landois. Ce traité, qui confirme celui
de Weftphalie, ne change rien aux loix
publiques d'Allemagne. Les Etats, fans
le concours desquels il avoit été conclu, le
ratifiérent le 23. Mars de la même année.

Traité de Nimè-gue.

E 2 §. 11.

d) Les hiftoriens de la guerre de trente ans font
marqués chez *Meieren*, dans fes actes de la paix de
Weftph. tom. I. *Mofer*, dans fon droit public tom. I-
& *Hoffmann* dans fa bibliot. de droit. Les meilleurs
d'entre eux font les annales ferdinandææ du *Comte de
Khevenhüller*. *Puffendorf*, comment. des affaires de
Suéde; *Chemnitz*, *Brachelius*, *Carafa*, *Feuftel*.

Pour l'hiftoire de la paix de Weftphalie nous re-
commandons *Pfanner*, fecrets de la paix de Weftph.
le *P. Bougeant* Jef. Les actes mêmes fe trouvent chez
Rieden, *Gartner* & *Meyeren*.

Nou-
veaux fu-
jets de
guerre.

§. 11. Les réunions que les Chambres de Metz, de Befançon & de Brifac
faifoient au profit de la France, & l'oc-
cupation de la ville de Strasbourg, allar-
mérent de nouveau l'Empire; mais la re-
volte des Hongrois, & l'irruption des
Turcs l'empêchèrent d'éclater; & on
convint à Vienne en (1684.) d'une trêve
de vingt ans, qui fut rompué par les prétentions que la Duchefle d'Orléans forma fur la fucceffion allodiale de Charles
dernier Electeur palatin de la branche
de Simmeren; & par les troubles élevés
pour l'archévêché de Cologne entre le
Cardinal de Furftemberg foutenu par la
France, & Jofeph Clement de Bavière
appuyé par le Pape & l'Empereur. Le
traité de Ryswick (1697.) mit fin à cette
guerre.

Traité
de Rys-
wick.

§. 12. Par ce traité toutes les unions & réunions faites par les chambres
de Metz & de Befançon & par le Confeil de Brifac font caffées & annullées,
pour les lieux fitués hors de l'Alface, &
& les chofes remifes fur le pied où elles
étoient

étoient auparavant, avec la claufe néanmoins, *que la religion catolique - romaine de-*
meureroit dans l'état ou elle fe trouvoit actuelle-
ment dans tous les endroits reftitués.

§. 13. Les Etats proteftans récla-
mèrent vainement contre cette claufe.
Les trois collèges de l'Empire ratifièrent
ce traité fans reftriction. Il eft vrai que
quelques Etats catoliques en abufèrent;
mais les proteftans ont à leur tour exa-
géré leurs griefs. Quoiqu'il en foit, ils
n'ont point encore pu la faire fupprimer;
au moment de la ratification du traité de
Baaden (1714.) ils proteftèrent contre tout   Traité
                                                 de Baa-
ce que ce traité pourroit contenir de   den.
contraire à celui de Weftphalie, & aux
droits des Etats proteftans.

§. 14. Les traités de Vienne de 1725.   De Vien-
                                          ne.
& 1738. ne concernent que l'état des limites de l'Empire; le furplus lui eft étranger, ainfi que tout ce que régle le traité   d'Aix la
                                              Chapeile.
d'Aix - la - Chapelle de 1748.

CHAP. VII.

De la capitulation impériale.

§. 1.

Les publiciftes entendent fous le mot de capitulation *Kayferliche Wahl-Ca-pitulation*, certains articles convenus en-tre l'Empereur & les Electeurs, con-formément auxquels il promet, immédi-atement après fon élection, & avant fon couronnement, de gouverner l'Empire. Les Rois des Romains, élus du vivant de l'Empereur, font auffi obligés d'en ju-rer une auffitôt aprés leur élection.

Première capitula-tion.

§. 2. La premiére ^a) capitulation, telle qu'elle fubfifte encore aujourd'hui quant

a) *Schilter* au ch. de la nature & de l'origine du droit publ. §. 5. prétend avoir trouvé des traces d'u-ne capitulation chez Tacite, qui dit: *nec regibus in-finita aut libera poteftas: & Duces exemplo potius quam imperio .... præfunt.* ,,Les Rois n'a-,,voient pas un pouvoir infini ou libre, & les Ducs ,,prefidoient plus par leur exemple que par leur com-,,mandement. D'autres croient en trouver l'origine chez *Thegan,* dans la vie de Louis le débonnaire, au-quel Charlemagne donna des avis paternels, pour gou-ver-

à la forme, est celle, que les Electeurs
ont préscrite à Charles V. dont la jeunes-
se, l'ambition & la trop grande puissance
sembloient menacer la liberté germanique; depuis ce tems l'autorité impériale
a toujours été limitée par une capitula-

E 4   tion.

verner heureusement, & que Louis jura d'observer.
Mais il est facile de voir que ces deux endroits n'ont
aucun rapport à la capitulation que nous avons définie. *Goldast, Limnæus & Schweder* prétendent, que
les Rois d'Allemagne n'ont jamais eu qu'une puissance
assujettie à des loix; effectivement tous promettoient
le culte du vrai Dieu, la deffense de l'église, l'administration de la justice, & la conservation des droits
de l'Empire; On en trouve la preuve dans le Serment
de Charles le Chauve. Mais, outre que ces sermens
sont également en usage dans tous les royaumes, ils
ne peuvent être regardés que comme des promesses vagues de veiller à la prospérité de l'Empire, & non, d'observer des articles convenus. *Arumæus,* vol. 4. discurs. 4. croit en trouver l'origine chez Conrad I. mais
les auteurs contemporains n'en parlent pas.   Il est
vrai que tous les Empereurs jusqu'au tems de la promulgation de la bulle d'or, confirmoient en général
les loix & les usages de l'Empire, & que la bulle d'or
(ch. 2. §. 8.) enjoint à l'Empereur de confirmer les droits,
priviléges, concessions, coutumes, dignités &c. dont
jouissent les Electeurs, ce que Robert avoit fait dans
sa capitulation: mais aucun Empereur, jusqu'à Charles V. n'avoit été obligé de jurer l'observation de certains articles proposés par les Electeurs: & la capitulation de Maximilien I. rapportée par *Goldast* est sou-
tenue fausse presque par tous les publicistes.

tion.　Celle de Charles V. à fervi de baze à toutes les fuivantes.

　§. 3.　Les Electeurs feuls [b]) fe font
arrogés le droit de la preferire à l'exclufion des autres Etats, comme une fuite
du droit d'élection: mais ils n'y peuvent
rien inférer qui foit contraire aux loix de
l'Empire; ce qui fait dire aux praticiens,
qu'ils ont le droit de capituler, *quoad fta-*
tum imperii formatum, non quoad formandum,
c'eſt à dire, qu'ils ne peuvent rien innover dans la forme de l'adminiſtration publique.

　Les autres Etats jaloux de ce droit
exclufif, dont les Electeurs abufoient
quelquefois; prétendirent devoir être admis à la confection de la capitulation de
l'Em-

---

b) Le Roy de Bohême n'étoit autrefois point admis
à la rédaction de la capitulation; & on la lui commu-
niqua pour y faire fes obfervations, deux jours feulement avant qu'elle fut prefenteé à l'Empereur; mais
depuis 1708, il eſt admis à toutes les déliberations des
Electeurs fur cette matiére.

l'Empereur Mathias, parce que, comme
loi de l'Empire, elle ne pouvoit être
d'aucun poids fans leur concours. c) Mais
les Electeurs, au lieu de les admettre, fe
contentèrent d'ajouter la phrafe: *pour eux
& tous les Princes & Etats du St. Empire romain*; & cette formule depuis ce tems a
été retenüe dans toutes les capitulations.

§. 4. Cette querelle fut renouvellée,
principalement par les Etats proteftans,
lors du traité de Weftphalie, où ils demandèrent que tous les Etats convinf-
fent d'une capitulation perpétuelle: mais
la difcuffion en fut remife à la future diéte. En attendant les Electeurs préfcri-
virent une capitulation à Ferdinand IV.
contre laquelle les Etats proteftèrent, &
propofèrent leurs obfervations, *monita*.
Le récès de Ratisbone de 1654. renvoya
encore la queftion d'une capitulation

Négocia-
tions au
fujet d'u-
ne capi-
tulation
perpétu-
elle.

E 5   per-

c) Les actes publics fe trouvent chez *Müldener*
dans fa capitul. harmon. & chez *Mofer* dans fon comment. ad capit. novifl.

perpétuelle à la prochaine diéte, qui fe
tint en 1663. dans laquelle les Etats obtinrent après bien des débats, qu'on la
traiteroit alternativement avec la demande des fubfides contre les Turcs. L'E-
lecteur de Mayence propofa enfuite
(1664.) une formule de capitulation; mais
les efprits étoient trop divifés, pour qu'elle fût reçuë. Les Electeurs de Cologne
& de Baviére prefentèrent auffi (1667.)
un *projet de Concordance*, qui auroit été
adopté, s'ils n'y euffent refervé aux Electeurs le droit *d'adcapituler,* d) que les Etats
ne voulurent admettre, qu'autant qu'une
néceffité abfolue l'exigeroit, & que les
articles ajoutés fuffent enfuite confirmés
par la diéte. Ces prétentions échouè-
rent avec le projet des deux Electeurs.

§. 5. En attendant donc un accommodement définitif, les Electeurs & les
Prin-

---

d) Le droit *d'adcapituler* eft la faculté d'ajouter à
la capitulation perpétuelle tels articles que les befoins
de l'Empire femblent exiger.

Princes convinrent (1671.) de plufieurs
articles, qui devoient être inférés dans
la capitulation perpétuelle. Mais les Etats
renouvellèrent leurs prétentions en 1707
après que l'Empereur Jofeph fans leur
participation & du feul confentement des
Electeurs, eut mis les Electeurs de Cologne, & de Bavière au ban de l'Empire.
Lorsqu' à la mort de Jofeph les Electeurs
& les Princes arrêtèrent quelques articles pour la capitulation de Charles VI.
fans la participation de villes impériales,
celles-ci prefentérent leurs obferváti-
ons particuliéres: mais les Electeurs s'é-
carterent tant des articles arrêtés avec
les Princes que des obfervatio:s des villes; & de peur de donner lieu à quelques nouvelles proteftations, ils tinrent
la capitulation fecréte, jusqu' à ce que
Charles VI. l'eut jurée. Les Etats proteftèrent encore contre cet attentat; &
l'Empereur, pour les apaifer, leur promit d'accélérer l'affaire de la capitulation
perpétuelle. Mais elle eft actuellement
encore indécife, & les Etats fe font con-
ten-

tentés de protefter contre les articles
inférés fans leur participation dans les
capitulations de Charles VII. & de Fran-
cois I. ᵉ)

e) voy. les medit. ad inftrum. pacis: *Münchhau-
fen* medit. jur. pub. de capit. perpet. *Mofer* in dem
teutfchen Staats-recht ch. XI. §. 12. & fon comment.
fur la capit. de Car. VII. & de François I. Nous avons
un grand nombre de commentaires fur les capitulations en général, & fur chacune en particulier; celui
de *Mofer* fur la capitul. de Char. VII. & de François I.
eft le plus ample & le meilleur. La traduction que
Mr. de Spon a faite de la capitul. de Charles VII. eft
très utile par les notes qu'il y a jôintes. Entre les
capitulations harmoniques celle de *Mülldener* eft la
meilleure: elle a été traduite en françois par M. *de la
Chapelle*, & inprimée à Paris en 1750, fous le titre de
capitul. harmonique de *M. Mülldener* continuée jusqu'à prefent.

CHAPITRE VIII.

Des loix publiques eccléfiaftiques d'Allemagne.

§. 1.

Suivant les principes du droit public [a] les affaires eccléfiaftiques qui ne regardent ni les actes de confcience ni le for intérieur, doivent autant être l'objet des foins d'un législateur, que le font les matiéres temporelles. En effet il eft aifé de fentir, combien les premiéres ont à la fois d'influence fur le gouvernement d'un Etat, fur l'efprit même de celui qui en eft le chef; & combien il feroit dangereux qu'il les négligeât ou qu'il n'envifageât pas les loix qui en traitent, comme étant une partie effentielle des régles fuivant lesquelles il doit gouverner fon état. Je ne prétends pas par là donner attéinte

Pouvoir des Souverains dans les matiéres eccléfiastiques.

---

a) *Puffendorf* dans fon traité de habitu relig. ad rem pub. & *Bahmer*. jur. pub.

atteinte aux droits du Sacerdoce, ni laif-
fer aux Souverains le droit illimité de
porter une main libre à l'encenfoir; mais
on doit regarder comme un principe,
qu'un Souverain doit connoitre & même
décider des matiéres eccléfiaftiques en
tant qu'elles ont quelque rapport avec
la conftitution politique de fon Etat. Ce
principe que la Cour de Rome a toujours
méconnu, mais que les Empereurs puiffans ont toujours foutenu, a caufé en
partie ces agitations fréquentes & ces
triftes divifions, qui ont fi longtems régné entre le Chef de l'Eglife & celui de
l'Empire, & qui enfin ont été terminées
par des conventions : C'eft dans ces fources qu'il faut puifer les principes du droit
public eccléfiaftique d'Allemagne. Les
plus remarquables d'entre ces conventions font celle de l'an 1122. & celle de
l'an 1448.

De la convention conclüe entre le Pape Ca-
lixte II. & l'Empereur Henri V. l'an 1122.

§. 2. Les premiers Empereurs d'Allemagne exerçoient librement tous les
droits

droits de Majesté: Ils régloient, comme
chefs du gouvernement, tout ce qui regardoit la religion. Entre autres droits ils
avoient celui de nommer aux évêchés &
de confirmer les Evêques, les Prélats,
& les Papes mêmes. Mais ils ne joui-
rent pas longtems de ce droit; car les
Papes, jaloux de la puissance des Empereurs affectèrent non seulement une entiére indépendance, mais ils prétendirent
bientôt une espéce de supériorité sur tous
les Souverains de la chrêtienté ; leur politique employoit tantôt les intrigues,
tantôt les menaces, & jusqu'à des
alliances avec des Princes ennemis de
l'Empereur ou de l'Empire, pour diminuer son autorité. Le droit de nommer aux bénéfices ecclésiastiques fut pour
la premiére fois révoqué en doute sous
le régne de Henri IV. par le Pape Grégoire VII. qui fit éclater ses vûes par ses
dictatus, & par les deux textes du droit
canon. ch. 6. qu. 7. Can. 12. & 13. Ses
Successeurs Victor III. Vrbain V. & Pas-
chal II. poursuivirent avec ardeur l'En-

tre-

treprife de Gregoire VII. & Calixte II.
la pouffa au point, qu'il obligea l'Empereur Henri V. de renoncer abfolument
au droit de nommer aux évêchés &c.
& d'inveftir les Evêques & les Prélats par l'anneau & la croffe. C'eft ainfi
que ce Prince l'abandonna aux Papes
pour jamais un des principaux droits dont
fes prédeceffeurs avoient jouis. Calixte
II. n'accorda à l'Empereur que le pouvoir d'inveftir des droits régaliens par
le fceptre. b)

*Des Concordats de la nation germanique
conclus entre le Pape Nicolas V. & l'Empereur Fréderic III. en 1448.*

§. 3. Les troubles excités en Allemagne fur la fin du quatorziéme fiécle
& au commencement du quinziéme, tant
par le grand fchisme, que par la doctrine de Wiclef, enfuite par celle de Jean
Hus & enfin par celle de Jerôme de Prague

b) v. Ditmar. hift. belli inter Imp. & facerd. *Mei-
bom.* tom. III. rerum germ. de inveftit. per annul.
& bacul. & *Goldaft.* apologia Henr. IV.

gue furent terminés par le Concile de
Constance, qui a commencé le 16 Nov.
1414. & fini le 12. Avril. 1418. Dans ce
Concile, convoqué par l'Empereur Sigismond c) on traita entre autres des
griéfs proposés par la nation germanique, sous le nom d'*avisamenta;* d) le Pape
Martin V. crut les assoupir en passant un
concordat avec cette nation l'an 1417. publié l'an 1418. e) Mais personne ne fut entiérement satisfait de l'évenement de ce
Concile: chacun se plaignit, de ce qu'
on n'y avoit pas remedié aux principaux
inconveniens qui troubloient le repos de
l'église: ce qui donna lieu à différens Conciles

c) L'Empereur Sigismond, excité par le Conseil de
plusieurs Princes d'Allemagne, même ecclésiastiques,
pensa alors sérieusement à rétablir les droits des Empereurs dans les affaires ecclésiastiques; ce qui est at-
testé, & prouvé par *Jean Garson* Chancelier de l'u-
niversité de Paris & Ambassadeur du Roi de France au
Concile de Constance, dans son traité, *de reforma-
tione ecclesiæ per concilium universale,* ch. 4. & 20.
   d) Voy. *van der Hardt,* act. conc. constant. ch. 15.
proleg. tom. I. Le contenu de ces *avisamenta* se
trouve chez *Moser,* Staats-recht, ch. 18.
   e) Voy. corp. recess. imp. noviss. tom. I. pag. III.
& *van der Hardt* à l'endroit cité, tom. I. pag. 24.

F

ciles provinciaux, qui ayant tous été infructueux occasionèrent enfin le Concile
universel de Basle, qui commença sous
le Pape Eugene IV. l'an 1431. & finit sous
le Pape Nicolas V. [f]) Sous lequel furent
d'abord composés les *avisamenta Aschaffen-
burgensia,* [g]) qui furent bientôt suivis des
Concordats passés avec l'Empereur Fréderic III. l'an 1448. [h])

Contenu
des Con-
cordats.
§. 4. Le contenu de cette fameuse
convention se reduit à 4 points: I.) le
Pape a le droit de conférer les Evêchés,
les Prélatures & tous les grands bénéfi-

ces

f) L'histoire du Concile de Basle, est exactement
écrite par *Aeneas Silvius*, qui étoit Sécretaire de
l'Empereur au Concile, devenu ensuite Cardinal, &
enfin Pape sous le nom de Pie II. L'original des actes
du Concile se trouve à Basle même dans la bibliotè-
que de l'université. A l'égard du Concile de Constance, nous avons, outre les actes de *Van der Hardt.*
l'histoire de *Jacques l'Enfant*, qui est très bien écrite.

g) Qui se trouvent chez *Leibnitz*, Cod. jur. gent.
dipl. pag. 377.

h) Les concordats ne sont donc que des réstrictions
ajoutées à des articles, qui avoient déja été dressés &
conclus au Concile de Basle; témoin l'instruction des
Ambassadeurs que Maximilien I. envoya au Pape; voy.
Müller, Reichs-tags Staat part. I. ch. 10. pag. 118. &
Struv. corp. jur. pub. ch. 2. §. 14. num. 46.

ces vacans en Cour de Rome. II.) Les
chapitres ont le droit d'élire, à condition que la confirmation se fera par le
Pape. III.) L'alternative des mois est
introduite dans les chapitres à l'égard des
canonicats & bénéfices mineurs, ensorte
que les mois non pairs appartiennent
au Pape & les pairs aux chapitres. IV.)
Les annates sont fixées à une certaine
somme portée dans le tarif de la chambre
apostolique: les bénéfices ne payent
qu'une fois la taxe, quand même ils va-
quent plusieurs fois dans un an. [i])

§. 5. Il est certain que ces concor- Qui ils o-
dats n'ont pas été passés du consentement bligent &
de tous les Etats d'Allemagne, qu' Ae- comment
neas Silvius en a précipité la conclusion,
& que la Cour de Rome même s'en est
écartée quelque fois: ce qui donna lieu
à diverses plaintes, qu'on tâcha de cal-

F 2 mer

i) voy. *Struv.* Corp. jur. pub. ch. II. §. 15. Nous
aurons occasion dans la suite d'expliquer chacun de
ces articles plus amplement.

mer en recommandant à Charles V. [l)]
d'employer tous ſes ſoins, pour que les
Concordats fuſſent obſervés.

§. 6. Ce défaut de conſentement &
les contraventions de la Cour de Rome
firent naitre la queſtion de ſçavoir, ſi les
Etats de l'Empire, qui n'ont pas donné
leur conſentement ſpécial, ſont néanmoins tenus de ſe conformer aux concordats. Pour donner une réponſe claire &
poſitive à cet égard, il faut d'abord diſtinguer les Etats proteſtans d'avec les Catoliques: ceux-là ont été déclarés entiérement exempts de toute juriſdiction eccléſiaſtique par la paix de religion & par
le traité de Weſtphalie, enſorte que la
queſtion tombe à leur égard. [m)]

§. 7. Quant aux Catoliques, ils ſont
aujourd'hui tous obligés de recevoir les

con-

Les proteſtans exempts.

---

l) Voy. l'art. 6. de la capit. de Charles V. cela fut
enſuite inſéré & augmenté dans les capitulations ſuivantes; voy. la capit. de Franc. 1. art. 14.

m) C'eſt pourquoi les Etats proteſtans peuvent, s'ils
le jugent à propos, s'attribuer aujourd'hui les droits
abandonnés au Pape par les Concordats. Il y en a
qui les exercent entiérement; & d'autres en partie.

concordats, par ce qu'ils ont été confirmés par des loix publiques subsequen-
tes; à moins que ceux qui prétendent
en être exemts, ne puissent prouver,
qu'ils ont protesté lors de la confection,
& qu'ils ne les ont jamais reçus ni suivis;
c'est par ces raisons que le grand chapitre de Strasbourg & celui de Bamberg,
ne leur font pas soumis. ")

n) Les meilleurs commentaires parmi les catoli-
ques, font *Branden, Canisius, Barthel* & surtout
Nicolartius dans sa praxis beneficiorum. Parmi les
protestans, *Cortrejus, Schilter, Linker & Bœhmer.*
Les auteurs qui ont traité des annales, font *Strauch*
& *Ludewig.*

CHAP. IX.

Des loix non écrites, ou de l'obſervance de l'Empire.

§. 1.

Définition. L'obſervance de l'Empire eſt une eſpéce de droit non écrit, introduit du conſentement tacite de l'Empereur & des Etats de l'Empire, & connu dans les actes & les loix publiques ſous différentes dénominations, comme *uſus, uſus bonus, conſuetudo, uſitata in imperio praxis:* Reichs-herkommen, Altes-herkommen, gute gewohnheit.

Origine. §. 2. Les publiciſtes ne ſont pas d'accord ſur l'origine de ce droit. Quant à nous, nous croyons qu'il faut la chercher: I) dans le génie des anciens Germains, qui ſuivant le témoignage de Tacite, faiſoient plus de cas de leurs mœurs & de leurs coutumes, que les autres peuples n'en ſont des loix écrites; II) dans les grandes révolutions, qui changeoient

ſi

ſi ſouvent la face du gouvernement d'Allemagne, de façon cependant, qu'il en
paſſoit toujours quelques parties dans la
nouvelle forme du gouvernement; qui
s'y conſervèrent ſous le nom d'obſervance.

§. 3. Quoique beaucoup de ces uſages aient été abolis, ou changés en loix
écrites, nous en avons pourtant encore
un grand nombre, qui ſont venu juſqu'à
notre ſiécle, & qui ſont encore en pleine
vigeur. ᵃ)

§. 4. L'obſervance de l'Empire ne
peut donc être introduite que par des actes, ou pour mieux parler, par des faits,
dont il eſt néanmoins difficile de fixer le
nombre réquis, à cauſe du changement
que le concours de différentes circonſtances peut y apporter. Cependant on
peut poſer pour régle générale, qu'il faut
toujours des actes uniformes en nombre

Com-
ment
peutêtre
introdui-
te.

F 4   ſuffi-

---

a) C'eſt donc à tort que quelques publiciſtes prétendent, que toutes les obſervances, qui ſont encore
en uſage aujourd'hui, ne remontent pas au de là du
règne de Maximilien I.

fuffifant, pour prouver le confentement
tacite du législateur; d'où l'on peut fû-
rement inférer, que la pluralité d'actes
n'eft pas effentiellement requife, pour
faire cette preuve; & q'il peut y avoir
des cas, où un feul acte fuffit pour prouver l'obfervance, c'eft à dire, quand il
eft affez clair & affez évident, pour faire préfumer la connoiffance & le confentement de l'Empereur & des Etats.

Moyens de la prouver. §. 5. L'obfervance, ainfi qu'une coutume, nait d'un fait: elle eft par confe-
quent fujette à la néceffité d'être prou-
vée par celui, qui y provoque. [b] Les
moyens de la prouver font I) les temoins,
c'eft à dire les hiftoriens dignes de foi.
II) les actes publiques & les diplomes,
qui ont en partie été recueillis par les
plus fameux publiciftes, comme Goldaft,
Lehmann, Lunig, Speidel, Befold, Wehner, & plufieurs autres; & qui fe trouvent

b) Il eft cependant des obfervances, qui font notoi-
res, & qui par confequent font exemtes de la néceffité
d'être prouvées:

vent en partie dans les différentes archives de l'Empire.

§. 6. L'obfervance de l'Empire ayant
force de loi, ainfi que toutes les loix écrites, il eft aifé de concevoir, que le droit
de l'interpréter n'appartient q̯ a l'Empereur & aux Etats; ᶜ) quelles que foient
les raifons des publiciftes, qui veulent
l'attribuer à l'Empereur feul.

§. 7. L'opinion de ceux, qui prétendent, que les tribunaux de l'Empire font
quelque fois en droit de connoitre de l'e-
xiftence ou de la validité d'une obfervance, n'eft pas plus fondée, parce que ces
tribunaux n'ont d'autres fonctions, que
celles de juger fuivant les loix déja introduites: ce qui ne diminue en rien le droit
qu'on peut avoir de les confulter, dans
le cas où une obfervance feroit douteu-
fe. ᵈ)

c) Voy. le §. gaudeant. 2 art. 8. du traité d'Osnabruck.
d) Voy. *Kulpis*, traité de l'obfervance de l'Empire.

F 5 CHA-

CHAP. X.

Des limites de l'Empire.

§. 1.

Du tems de Tacite [a] la Germanie étoit borné vers l'occident par le Rhin; au midi par le Danube; à l'orient par la Dace & la Sarmatie; au Nord par l'Océan. [b] Lorsqu'au cinquiéme & fixiéme fiécle les Goths, les Vandales, les Souabes, les Bourguignons, les Lombards, quittérent l'Allemagne; leurs terres & leurs

[a] De moribus Germanorum, Ch. 1.

[b] Notre plan ne fouffre pas un traité détaillé fur cette matiére. D'ailleurs quelque étendu qu'il pût être, il ne fatisferoit jamais ceux qui n'ont aucune notion de l'hiftoire; tadis qu'il pourroit donner de l'ennui à ceux qui la connoiffent. Auffi nous bornerons nous à donner un tableau abrégé des matiéres qui font l'objet de ce chapitre. Au refte on peut confulter les auteurs modernes qui ont travaillé d'après les fources: l'ouvrage de *Conring*, fur les limites de l'Empire eft excellent. Ajoutez *Cluverus*, Germania antiqua; *Hachenberg*, Germania media, *Hertius*, Notitia veterum Germaniæ populorum, *Mafcov Gefchichte der Teutfchen*; *Jean Henri Stephani*; *Gefchichte der alten bewohner Teutfchlandes*.

leurs habitations furent occupées par
d'autres peuples Germains, par les Francs
les Allemands, les Bavarois, les Thuringiens & les Saxons. Ces Nations
compofèrent alors les peuples principaux
de l'Allemagne. Mais les Francs fubju-
guérent leurs voifins les uns après les autres, & ne formèrent de leurs Etats
qu'une feule république.

§. 2. Charlemagne foumit toutes
ces nations. Ses vaftes Etats étoient
limités, à l'orient par l'Elbe & la Sala,
à l'occident par l'Ebre, au midi par l'Italie.
vers le nord par l'Eider.

Période Charlo-vinglen-ne.

Par le traité de Verdun de 843. les fils
de Louis le Débonnaire divifèrent ces
Etats en trois parties: Lothaire obtint
avec le titre d'Empereur, Rome, l'Italie
& les pays fitués entre le Rhin, la Meu-
fe, l'Efcaut, le Rhône & la Saône. Louis
eut en partage la Germanie entiére, ou
la France orientale, & les Villes de
Wormbs, de Spire & de Mayence. Charles le chauve eut la France occidentale,

la

(la France proprement dite). Par ce traité l'Allemagne fut diſtraite de la Monarchie de France & devint un Royaume féparé & indépendant : on l'appelloit alors le Royaume de Germanie, France orientale, Royaume Teutonique. Ses limites s'étendoient au Nord jusqu'à l'Eider; au midi aux Alpes; à l'orient jusqu'aux Slaves & aux Huns, à l'occident jusqu'au Rhin y compris Mayence, Spire & Wormbs.

De la
Lorraine.
§. 3. L'Empire d'Allemagne reçut un accroiſſement confidérable en acquérant la Lorraine, dont les habitans étoient connus autrefois fous le nom de Ripuaires (*Ripuarii*), & faifoient partie de la Monarchie de France. Sous les defcendans de Louis le Débonnaire ce peuple changea de nom, & paſſa fucceſſivement fous différentes dominations. Par le partage que les fils de Lothaire I. firent des Etats de leur pere, le pays des Ripuaires échut à Lothaire le Jeune, qui prit le titre de Roi, & donna vraifemblablement

ment

ment le nom de Lorraine à ce pays. c)
Lothaire le jeune étant mort sans posté-
rité (869), ses pays devoient naturellement tomber à l'Empereur Louis II. son
frere: Mais sa foiblesse ne lui permit pas
de soutenir son droit: Charles le Chauve son Oncle s'empara de la Lorraine
que Louis le Germanique, son frére, l'o-
bligea de partager avec lui.

Les Etats de Charles le chauve pas-
sèrent à son fils Louis le Begue. Mais
les deux fils de celui-ci, Louis & Carloman, furent obligés d'abandonner toute
la Lorraine à Louis, fils de Louis le Germanique: par ce moyen elle passa en entier à la branche Germanique des Carlovingiens.

La

c) Les auteurs contemporains, comme *Bertinien*
dans ses annales à l'an 855. & *Reginon*, dans sa chronique liv. 2. à l'an 842. & 885. remarquent, que la
Lorraine a tiré son nom de Lothaire I. au lieu que
les auteurs plus modernes croient qu'il vient de Lothaire le jeune. *Mabillon*, de re diplomatica liv. 2.
ch. 4. §. 3. & *Hahn*, dans son histoire d'Allemagne
ch. 5. §. 3. not. *b.* soutiennent, que ce nom a pu
venir de tous les deux, mais préférablement de Lothaire le Jeune. Dans les anciens diplomes la Lorraine est tantôt nommée Royaume de Lothaire Empereur,
tantôt Royaume de Lothaire Roi.

La Lorraine échue à Charles le gros paſſa de lui à Arnoul fils naturel de Carloman ſon frere. Arnoul la donna à ſon fils naturel Zwentibold; & Zwentibold ayant péri par la main de ſes ſujets, la Lorraine tomba à Louis l'enfant, fils d'Arnoul. Après lui, Charles le ſimple, unique héritier légitime de tous les Etats de Charlemagne, ſe mit en poſſeſſion de la Lorraine du conſentement des Lotharingiens.

L'Empereur Conrad I. qui poſſedoit l'Allemagne au préjudice de Charles le ſimple, lui diſputa auſſi ſon droit ſur la Lorraine: mais ſes tentatives furent ſans ſuccès. Henri l'oiſeleur, plus heureux dans ſes entrepriſes, les pouſſa au point que toute la Lorraine lui fut cédée par un accommodement paſſé à Rome en 924.[d] Othon le grand la fit gouverner par des Ducs, & prit, ainſi que ſes Succeſſeurs, le titre de Roi de Lorraine.

§. 4.

d) Le P. *Sirmond* en a produit le diplome en original.

§. 4, Sans entrer dans le détail des révolutions que la Lorraine a fubi depuis ce tems, nous nous contenterons d'obferver, que depuis fon origine pour ainfi dire, elle a été divifée en haute & baffe: la haute étoit nommée Lorraine Mofellane. Tantôt elles obéiffoient au même Maitre; tantôt elles étoient partagées entre différens poffeffeurs: elles demeurèrent pour toujours féparés d'après l'inveftiture que l'Empereur Henri III. accorda à Gerard d'Alface, de la Lorraine Mofellane, qui feule a confervé le nom de Lorraine jufqu'aujourd'hui, & qui eft la feule dont il s'agiffe ici.

Cette dépendance féodale s'eft diffipée peu à peu. Par une transaction paffée en 1542. entre Ferdinand I. alors Roi des Romains, & Antoine Duc de Lorraine, fon Duché fut déclaré libre & indépendant, avec fes appartenances, à l'exception des fiefs y enclavés & dont le Duc reçoit l'inveftiture de l'Empereur: néanmoins l'Empereur & les Etats promirent de la protéger & de l'avoir fous
leur

leur garde & tutele; en reconnoiffance
de quoi le Duc Antoine s'engagea à payer pour les befoins de l'Empire, les deux
tiers de la taxe électorale. Par la paix
de Weftphalie, ^e) les trois Evêchés de
Metz, Toul & Verdun paffèrent fous
la domination de la France. Par le
traité de Vienne, (1738.) la poffeffion
des Duchez de Lorraine & de Bar fut
abandonné à Stanislas qui renonça à la
couronne de Pologne; & il fut ftipulé
qu'immédiatement après fon décès les
Duchez feroient réunis en pleine propri-
été & Souveraineté, & pour toujours, à
la couronne de France. ^f) Le Duc de
Lorraine François III. (aujourd'hui Empereur,) reçut en dédommagement, la
fucceffion éventuelle du grand Duché de
Tofcane. Tel eft l'état actuel du Duché
de Lorraine.

§. 5.

e) Traité de Münfter. Art. II. §. 70.
f) V. *Rouffet*, dans fon recueil hiftorique d'actes,
mémoires & traités, tom. 10. & 13. ajout. *Mafcov.*
de nexu regni Lotharingiæ cum Imperio Rom. Germanico.

§. 5. L'Empire Romain fut pendant De l'Italie. 400. ans après Jefus-Chrift, gouverné par des Princes Romains. En 476. Odoacre à la tête d'une armée nombreufe de Herules, peuple allemand, vint fondre fur l'Italie; & ayant vaincu Auguftule dernier Empereur Romain, il s'empara de ce vafte Empire. En 490. Théodoric Roi des Oftrogots, renverfa la Monarchie des Herules, & fe rendit maitre de l'Italie. Juftinien chaffa les Goths en 554. Alboin Roi des Lombards, fervi par Narfès qui trahit Juftinien fon maitre, s'empara de l'Italie en 568. Le Royaume des Lombards dura jufques vers la fin du huitiéme fiécle. Charlemagne, après avoir vaincu leur Roi Didier, s'appropria le royaume d'Italie, & obtint du Pape & du Peuple Romain le titre de Patrice. En 800. il fut couronné Empereur par le Pape Leon III.

Pour juftifier la conquête de l'Italie, Charlemagne paffa, quelques années avant fa mort, une tranfaction avec Nicéphore Empereur d'Orient. C'eft de cet-

G te

te façon que l'Italie & l'Empire de Rome furent acquis aux Francs & devinrent une partie de leur Monarchie.

Les Romains laffés du gouvernement des Francs, fe donnèrent après la
mort de Charles le gros, des Rois Italiens. Ces Rois gouvernèrent l'Italie jufqu'à ce que le Pape Jean XII. pour fe dé-
faire de Bérenger II. Roi fier & tiranni-
que, apella Othon le grand, & lui offrit
le royaume d'Italie. Othon vint effectivement, vainquit Bérenger & fe rendit
maitre de Rome & de l'Italie. Par une
convention faite en 964. avec le Pape
Leon VIII. ff) Othon fut declaré maitre
de l'Empire Romain: lequel par ce moyen
paffa de la domination des Francs fous
celle des Empereurs d'Allemagne.

§. 6. Les Empereurs Frédéric I. &
Henri VII. renouvellérent cette liaifon
entre l'Italie & l'Allemagne, & elle s'eft
confervée jusqu'aujourd'hui: les droits

de

---

ff) Cette convention fe trouve dans le décret de
Gratien, Can. 23. diftinct. 63.

de Majefté exercés en Italie par les Empereurs depuis Henri VII. jufqu'à Charles VI.
en font des preuves inconteftables ᵍ):
Cet Empereur l'a confirmée de nouveau
par le fameux traité de Londres de 1718.

§. 7. Les Etats d'Italie, à l'exception du Duc de Savoye ʰ) ne font point
Etats de l'Empire d'Allemagne, ils ne
lui font attachés que par le lien féodal.
Il faut comprendre aujourd'hui parmi ces
Etats, le Duché de Milan, le Grand
Duché de Tofcane, le Duché de Mantoue, le Marquifat de Montferrat, le Duché de Modene & de Reggio, ceux de
Parme & de Plaifance, celui de la Mi-
randole, la Principauté de Piémont, &
quelques autres fiéfs moins confidérables.

§. 8. L'Empire exerçoit autrefois De Veni-
quelques droits de peu de conféquence ſe.

G 2 ſur

g) V. *Conring*, de finibus Imperii, liv. 2. ch. 23.
h) Qui a été reçu Etat de l'Empire fous l'Empereur Sigifmond.

fur la République de Venife [1]): mais ils
ne furent point de longue durée. Cette
république eft aujourd'hui entiérement
indépendante.

De Gênes & de Lucques. §. 9. La République de Gênes &
celle de Lucques ont été pendant long-
tems fujettes à l'Empire; & des exemples affez récens prouvent qu'on ne regarde point en Allemagne leur lien féodal comme entiérement rompu. [1])

Du Patrimoine de St. Pierre §. 10. Le patrimoine de St. Pierre
(*Kirchen-Staat*) ne dépend en rien de
l'Empire. Les Etats qui compofent au-
De Naples. jourd'hui le Royaume de Naples, ont été
pendant un certain tems, fiéfs de l'Empire: aujourd'hui le domaine direct du
Pape ne fouffre aucune contradiction. [m])
De la Sicile. A l'égard de la Sicile il eft certain que
l'Em-

---

i) V. *Conring* ibid. ch. 2. et 23. et *Sigonius* de regno Italiæ, liv. 7.

l) V. *Europaifche Fama*, thefe 140. pag. 14. thef.
181. p. 16. thef. 183. p. 183. *Ludewig*, fingularia jur.
publ. ch. 4. pag. 498. *Struve* Corpus hiftor. ger-
man. periode 10. fect. 13. §. 24.

m) *Conring*, ibid. ch. 22.

l'Empire n'y a jamais exercé aucun droit de telle espece qu'il puisse être ").

§. 11. Les Bohêmes sont Slaves d'origine. Charlemagne les subjugua: mais ils secouérent plusieurs fois le joug de ses successeurs: Othon le grand obligea leur Duc Boleslas à payer un tribut à l'Allemagne, & à prêter le serment de fidélité °). Depuis ce tems la Bohême a toujours été un fief de l'Empire.

De la Bohême.

§. 12. Les Danois, peuple septentrional, connu autrefois sous le nom de Normands, inquiétèrent pendant longtems les limites de l'Allemagne. En 948. Othon le grand obligea Harald Roi de Dannemarck à payer un tribut annuel, & à recevoir de lui l'investiture de la Jutlande. ᴾ) L'Empereur Conrad II. dont

Du Dannemarck.

G 3   le-

---

n) *Ludewig,* dans ses singularia jur. publ. ch. 4. §. 140. soutient le contraire; mais il est réfuté par la plûpart des autres Publicistes.

o) v. *Wittechind* liv. 2. pag. 643. liv. 3. pag. 652. *Ditmar* liv. 2. au commencement; *Sigebert de Gembloux* à l'an 938.

p) V. *Adam de Brême*, histoire ecclesiast. liv. 2. ch. 2.

I

le fils Henri venoit d'époufer la fille de
Canut Roi de Dannemarck, déclara ce
Royaume libre & indépendant. ⁹)

De la Si-
léfie.

§. 13. Les Polonois, Slaves d'origine,
ont eu de longues guerres à foutenir contre l'Allemagne.   Sous l'Empereur
Othon III, & Conrad II, leur Duc Boleslas, & Micislas fon fils,   devinrent Vaffaux de l'Empire,   mais vraifemblablement pour la Siléfie feulement ')ꞓ   Ce
nœud vafallitique dura jusqu'à Frédéric
II. qui fit préfent aux Rois de Bohême, du
tribut que les Rois de Pologne avoient
jusqu'alors payé aux Empereurs d'Alle-
magneˢ). Louis V. de Baviére céda la Siléfie entiérement aux Rois de Bohême.
Chales IV. confirma 1355. cette ceffion du
confentement des Electeurs ᵗ).   Par le
traité de Breslau (1742.) & celui de Dres-

de

---

q) le même, liv. 2. ch. 39.

r) V. *Schultzius,* tractatus hiftorico-politicus de
Polonia nunquam tributaria.

s) V. *Conring,* ibid. liv. 2. ch. 29. §. 8. et 9.

t) v. *Goldaſt,* de regno Bohemiæ, dans le fupplement n. 44.

de (1745.) la plus grande partie de la Siléfie fut cédée au Roi de Pruſſe en ſou-
veraineté.

§. 14. Les Provinces qui compo-
ſérent le royaume d'Arles, étoient auparavant incorporées à l'Empire d'Allemagne. Par le partage fait des Etats
de l'Empereur Lothaire, entre ſes trois
fils, ces provinces échurent à Lothaire
le jeune, & firent partie du Royaume de
Lorraine. Après la mort de Lothaire
le jeune ces Provinces, ainſi que le Royaume de Provence, paſſèrent à Charles
le chauve, & de Charles à Boſon ſon
beaufrere, qui fonda le royaume d'Arles. Après la mort de Louis le Bégue,
Boſon s'empara de la Bourgogne cis - ju-
rane.

Pendant les troubles qui ſuivirent la
mort de Charles le gros, Rodolphe fils
de Conrad Comte de Paris, établit un
ſecond Royaume de Bourgogne dit
Bourgogne trans-jurane. Son fils Rodolphe II. joignit ces deux Royaumes,
que les auteurs contemporains appel-

*Du Ro-
yaume de
Bourgo-
gne ou
d'Arles.*

G 4   lent

lent tantôt Royaume de Provence, & tantôt d'Arles, de Bourgogne, de Vienne. Rodolphe III. difpofa (1016.) du Royaume de Bourgogne par donation à caufe de mort, en faveur de l'Empereur Henri II. fon neveu ᵘ). Mais Henri étant décédé avant Rodolphe, celui-ci voulut révoquer fa difpofition: mais l'Empereur Conrad II. défendit par les armes le droit qu'il foutenoit avoir acquis par cette donation. Il fe rendit effectivement maitre du Royaume de Bourgogne pour lui & pour tous fes fucceffeurs au trône impérial. (1033.)

Dans ce tems, les limites de ce Royaume étoient, à l'occident le Rhône, à l'orient l'Arole & l'Urfe, vers le Septentrion les Voges, vers le midi la mer & les Alpes.

§. 15. La liaifon entre l'Allemagne & le Royaume de Bourgogne fut renouvellée par l'Empereur Frédéric I. Elle dura

---

u) V. *Wippo*, dans la vie de Conrad le Salique, pag. 470. et l'Annalifte Saxon à l'an 1016.

dura fous tous fes Succeffeurs jusqu'à
Frédéric III. fous qui les provinces qui
compofoient ce Royaume furent féparées: les unes paffèrent à d'autres Souverains ; d'autres devinrent indépendan-
tes ; enforte que l'Empire n'a plus aujourd'hui que le fouvenir de fes anciens
droits fur le Royaume de Bourgogne.
Louis XI. Roi de France obtint 1481. le
Comté de Provence par le teftament de
Charles d'Anjou, Comte de Maine ᵛ).
Le Dauphiné fut cédé à la France en
1343. ˣ); & l'Alface en 1648. par la paix
de Münfter ʸ). La Suiffe fut reconnue
libre par la paix d'Osnabruck ᶻ). Par la
paix de Münfter de la même année, Philipe IV. Roi d'Efpagne renonça à fes
droits fur les Provinces unies des Pays-
bas & confentit à leur indépendance. La
Franche-Comté fut abandonnée à la

G 5   Fran-

---

v) V. la chroniq. de Colmar tom. 2. pag. 54.
x) V. le diplome chez *Leibnitz*, dans fon corps
de droit des gens diplomat. pag. 1. 12. 48. p. 175. &
Conring, ibid. pag. 592.
y) Art. 11. §. 73.
z) Art. 6.

France par la paix de Nimègue de 1678.
Enfin la poffeffion d'une grande partie
des Pays - bas catoliques fut affurée à la
France par des traités folemnels.

§. 16. De ce vafte Royaume il n'appartient plus à l'Empire que le Duché
de Savoye; l'Evêché de Basle, & le
Comté de Montbelliard ª).

De la   §. 17. Les Huns nation guerriére,
Hongrie. furent domptés par Charlemagne: mais
fous le regne des derniers Empereurs
de fa race, ils fe relevèrent; & forcèrent ces Empereurs à leur payer un tribut annuel.   Henri l'oifeleur refufa ce
tribut; & Othon le grand, vainqueur
des Huns, leur en impofa un à fon tour.
Henri III. acheva de foumettre cette nation & reçut de leur Roi Pierre qu'il venoit de rétablir fur le trône , le ferment
de fidélité. (1045.) ᵇ) André Succeffeur
                                          de

---

a) V. *Mafcov.* de nexu regni Burgundici cum Imperio Rom. germanico.

b) V. *Othon de Freyfingen*, liv. 6. ch. 32. *Her-
mannus contractus, & Lambert d'Afchaffenbourg,*
à la même année.

de Pierre reçut également l'inveſtiture
de la Hongrie des mains de l'Empereur.
Mais ce lien féodal fut rompu par les
troubles qui accompagnèrent le regne de
Henri IV. Depuis ce tems, le Royaume de Hongrie a conſervé ſon indépendance ᶜ); quoique les Etats de l'Empire
aient cherché pluſieurs fois à recouvrer
leurs anciens droits.

§. 18. Les Slaves étoient des peu- Des Sla-
ves.
ples Sarmates. Le vaſte pays qu'ils habitoient, fut diviſé en pluſieurs Etats dont
la plûpart conſervèrent leur liberté &
leur indépendance juſqu'au douziéme ſiécle, après lequel pluſieurs d'entre eux
furent peu à peu incorporés à l'Empire,
comme la Bohême, la Poméranie, le Mecklenbourg. La diſtinction établie par
quelques Publiciſtes entre les terres du
droit

c) Les Etats de l'Empire, ſous prétexte que la Hongrie ne contribue en rien aux charges de l'Empire, re-
fuſèrent à la Diéte de 1566. de contribuer aux depen-
ſes qu'exige ſa défenſe contre les invaſions des Turcs
v. le récès de la même année §. 69. & 70. Depuis la
choſe fut remiſe pluſieurs fois ſur le tapis; mais ſans
aucun effet.

droit germanique & les terres du droit sclavonique, n'eſt d'aucun uſage en pratique.

§. 19. Les Pruſſiens, peuple Slave, furent payens & libres jusqu'au commencement du treiziéme ſiécle. Les Polonois les ſubjuguèrent vers l'an 1002. mais ils ſe remirent bientôt en liberté[d]. En 1230. les Chevaliers de l'ordre Teutonique venant au ſecours du Duc de Mazovie, firent la conquête de la Pruſſe: la convention qu'ils avoient paſſée dès 1228. avec l'Empereur Frédéric II. & les Polonois, porte: que tout ce que les Chevaliers de l'ordre Teutonique acqueroient en Pruſſe leur appartiendroit ſous les auſpices de l'Empire d'Allemagne, (*ſub auſpiciis*); de maniére pourtant qu'ils abandonneroient les Duchez de Mazovie & de Culm au Duc Conrad, & qu'ils ne toucheroient point aux poſſeſſions que les Polonois pourroient avoir en Pruſſe.

D'ou

d) C'eſt la deſſus que les Polonois fondent leur droit ſur la Pruſſe.

D'ou l'on voit, que l'ordre Teutonique n'offrit point la Pruſſe en fief à l'Empire, mais que ſeulement il reſpecta l'Empereur comme protecteur: ainſi cette convention ne donne à l'Empire aucun droit de ſuzeraineté ſur la Pruſſe. *e*).

En 1455. les Pruſſiens revoltés ſe donnèrent à Caſimir IV. Roi de Pologne. Par le traité de Thorn (1466.) la Pruſſe fut partagée entre l'ordre Teutonique & Caſimir: La portion échue à l'ordre demeura dans la mouvance de la Pologne.

Par le traité de Cracovie, (1525.) la partie de la Pruſſe poſſédée par l'ordre Teutonique, fut érigée en Duché ſéculier en faveur d'Albert, Marggrave de Brandebourg, Grand-maitre de l'ordre, qui venoit d'embraſſer la religion proteſtante; à condition qu'il reconnoitroit la di-

---

e) ajout. *Cromer*, rerum Poloniarum liv. 7. *Dugloſſ*, hiſtoire de Pologne, liv. 6. *Hartknoch* Chroniq. de Pruſſe, part. I. ch. 1, & ſuiv.

directe de la couronne de Pologne ᶠ⁾.
L'Ordre protesta contre cette entreprise;
mais ses réclamations furent vaines.

En 1611. ce Duché passa à la branche
Electorale par l'investiture que Jean Sigismond, Electeur de Brandebourg, en
reçut. Par le traité de Vélau, (1657.) la
Prusse fut déclarée indépendante pour
tous les descendans de Frédéric Guillaume Electeur de Brandebourg, à condition qu'elle redeviendroit fief de la Pologne en passant à des Collatéraux. En
1701. le Duc de Prusse Frédéric I. prit le
titre de Roi du consentement de l'Empereur Léopold, qui reserva néanmoins
les droits de l'ordre Teutonique. Ob-
servons que cet ordre n'a point encore ac-
quiescé à la possession du Roi de Prusse.

De la Li-
vonie. §. 20. Les Livoniens, ainsi que les
Prussiens, conservèrent le paganisme
jus-

___

ᶠ⁾ Ce traité a été conclu entre Sigismond Roi de
Pologne & Albert Marggrave de Brandebourg, Grand-
maitre de l'Ordre Teutonique. V. *Sleidanus* de statu religionis & Reipubl. sub Carolo V.

juſqu'au treizième ſiécle. En 1205. une partie de la Livonie fut occupée par les Chevaliers Porte-glaives, qui furent unis aux Chevaliers de l'ordre Teutonique. Les premiers ayant été déclarés (1514) indépendans de ceux-ci, leur Grand-Maidevint Prince & Etat de l'Empire.

Lorsqu'en 1556. Baſilide, Duc de Ruſſie, vint ravager la Livonie, l'Empereur Charles V. au lieu de la ſecourir, ſe contenta de la mettre ſous la protection de la Suéde. Les Chevaliers Porte-glaives, toujours inquiétés par les Ruſſes, & abandonnés par l'Empire, ſe ſoumirent aux Polonois par le traité de Vilna (1651.); à condition, que le Roi de Pologne donneroit à Gotthard Kettler, leur Grand-maitre, l'inveſtiture de la Courlande & de la Semigalle, ſous le titre de Duchez maſculins. Par le traité d'Oliva (1660.) les Polonois cédèrent la plus grande partie de la Livonie aux Suédois g)

Par

g) V. *Schurtzfleiſch,* hiſtoria Enſiferorum Ordinis Teutonici Livonorum; & *Bœcler,* Diatriba de acquiſito & amiſſo Imperii Roman. Germ. in Livoniam jure.

Par la paix de Nyſtad, elle fut abandonnée aux Ruſſes qui la poſſedent encore
aujourd'hui.

Les Publiciſtes demandent, ſi l'Empire peut encore former des prétentions
légitimes ſur la Livonie. Deux raiſons
principales nous font adopter la négative; I) l'Empire a abandonné la Livonie
dans des momens preſſans, & l'a forcée
à recourir à des ſecours étrangers. II)
l'Empire n'a fait aucun mouvement pour
conſerver ſes droits, dans le tems où la
Livonie a paſſé ſucceſſivement ſous différentes dominations. Ainſi l'on peut dire, qu'elle eſt devenue indépendante de
l'Empire par droit de *déréliction*.

§. 21. On a ſouvent en Allemagne
cherché des moyens pour récupérer les
Provinces qui ont été détachées de ſon
domaine [h]); & depuis Charles V. jusqu'
aujourd'hui, on a toujours recommandé
cette affaire aux Empereurs [i]) Mais les
obſta-

h) V. le récès de 1566. §. 12. & ſuiv. de 1570. §.
105. de 1582. §. 46. de 1603.
i) V. la capitul. de François I. Art. 10.

obftacles que le droit,[1] la politique & la nature même de la conftitution germa-nique, oppofent à l'exécution de ce pro-jet, ont jufqu'à préfent rendu toutes les déliberations fur cette matiére inutiles; & femblent devoir faire perdre l'efpéran-ce de jamais pouvoir l'effectuer.

[1] V. *Grotius*, du droit de la guerre & de la paix et *Verlhoff*, vindiciæ dogmatic. Grotiani, de præ-fcriptione inter liberas gentes.

H　　　CHAP. IX.

CHAP. XI.

De la division de l'Empire en Cercles.

§. 1.

On trouve dans les loix, ainsi que chez les auteurs [a]), différentes divisions de l'Allemagne: La seule qui soit de quelque usage; est la division de l'Empire en Cercles (*Krayse*, *Cirkel.*) [b])

Motif de leur établissement.

§. 2. Les alliances que les Etats de l'Empire conclurent entre eux pour le maintien de la paix publique, firent vraisemblablement naître l'idée de cette division, en ce que par la liaison de plusieurs Provinces voisines, on facilita l'éxécution du ban prononcé contre les infrac-

a) V. *Struve*, dans son corps de droit pub. ch. 5. §. 1. & suiv.

b) Voyez l'ordonn. de Régen. de Wormbs de 1521. §. 21. 22.

fracteurs de la paix c). L'Empereur Albert II. d) & Frédéric III. e) frayérent le chemin à l'établiffement des cercles, & Maximilien I. l'acheva, lorsqu'il établit la Cour fouveraine de l'Empire appellée *Régence de l'Empire* f). Il divifa à la diéte d'Augsbourg (1500), l'Allemagne en fix cercles, celui de Franconie, de Baviére, de Souabe, du Haut-Rhin, de Weftphalie, & de la baffe Saxe g). Et à la Diéte de Cologne (1512.) il y en ajouta quatre autres; celui d'Autriche, de Bourgogne, du Bas-Rhin, & de la haute Saxe h).

Nombre.

Ces cercles comprennent tout le territoire de l'Allemagne: & les provin-

H 2   ces

c) V. le récès d'Augsbourg de 1555. §. 54, 62, & fuiv. & *Struve*, dans fon corps d'hiftoire d'Allem. periode 9. §. 7. 8.

d) *Schilter*, inftit. de droit publ. tom. 2. tit. 19. pag. 339. *Wencker* apparatus Archiv. pag. 340.

e) Goldaft, conftitut. imper. tom. I. pag. 184.

f) V. le Chap. des Cours fouveraines de l'Empire.

g) Ordonn. de régence de 1500. chez *Müller* Reichstagsftaat. liv. 1. ch. 5.

h) V. le récès de Cologne de 1512. §. 11. 12.

ces qui n'y font pas comprifes, ne font
point du droit germanique, ou du moins
elles ne font point du territoire germanique.[i]).   Le rang ou l'ordre des cercles
n'eft point invariable: il change à chaque affemblée circulaire.

§. 3. Chaque Cerle a fon Directeur:
quelques-uns, & ceux furtout où l'on
trouve des Etats eccléfiaftiques, en ont
deux; un eccléfiaftique & un féculier[k]).
Cette charge paroit avoir été établie par
l'obfervance [l]). Au refte il ne faut point
confondre le Directeur avec le Prince
convoquant (Krays-ausfchreibender Fürft): le
Di-

---

i) On voulut à la même diète de 1512. établir encore deux Cercles; fçavoir la Bohéme & la Pruffe.
Mais ces Etats s'y oppoférent, & refuférent de contribuer aux Charges de l'Empire. V. *Goldaft*, de regno
Bohemiæ, liv. 2. ch. 16. n. 2. *Lymnæus*, dans fon droit
pub. liv. I. ch. 7. n. 37.   Les Bohémiens payent cependant aujourd'hui leur quotte matriculaire. Voyez
Schmaus corps de droit pub.

k) V. le règlement monétaire de 1559. §. 158.)

l) V. *Henniges*, ad inftrum. pacis, fpecim. 8.
Mantis. I.

Directeur du Cercle propose dans les Assemblées; il récueille les Suffrages; dreffe les refultats, & fait en général toutes les fonctions qui d'ordinaire appartiennent au Préfident de chaque Collége. Le Prince *convoquant* au contraire, convoque les Affemblées; les affaires du Cercle s'expédient en fon nom; les réfcrits de l'Empereur & autres piéces s'addreffent à lui &c.

Quoique ces deux charges foient entiérement diftinctes, néanmoins les fonctions s'en font fouvent par la même perfonne ᵐ); & même le traité d'Osnabrück ⁿ) le confond l'une avec l'autre.

§. 4. Outre le Directeur, chaque Cercle a fon Duc ou Colonel, (*Dux Circuli, Krays-Obrifter.*) Cette charge a été inftituée en 1512. à la Diéte de Cologne,

Du Colonel.

H 3 &

m) V. le récès du cercle du bas Rhin de 1699. chez *Faber Staats-cantzley,* tom. 3. ch. 3. §. 9. p. 356. ajout. *Struve* corps de droit rub. ch. 5. §. 17. 18.
n) Art. 16. §. 2.

& confirmée par la déclaration de Nûrem-
berg de 1522. Ce Colonel est chargé des
affaires militaires du Cercle, & surtout
des Exécutions nn).

Le Directeur est souvent aussi revêtu de la charge de Colonel: mais on ne
peut point dire pour cela qu'elle soit inutile ou superflue. o)

Les Etats de chaque Cercle ont le
droit d'élire le Colonel: ils choisissent la
plûpart du tems l'un d'entre eux; quoique cela ne soit point ordonné.

On demande si un étranger peut
être élu Colonel? Il est vrai que suivant
le récès de l'Empire de 1559. p) il doit être
uniquement sujet à l'Empire: Cependant

---

nn) Voyez le ch. du Conseil aul. liv. 4. ch. 12. §.
21.

o) V. le récès de 1555. §. 60. l'ordonn. de la chamb.
imp. part. 3 tit. 48. le Récès de 1582. §. 40. ajoutez
Struve ibid §. 20.

p) §. 59.

dant en 1625. Chrêtien IV. Roi de Dannemarck, fut élu Colonel du Cercle de la
Baſſe Saxe, après avoir provoqué à des
préjugés & à l'obſervance. Cet exemple prouve que la charge de Colonel ne
peut être conférée à un étranger; à moins
qu'il ne ſoit membre de l'Empire. Les
Eccléſiaſtiques ſont exclus de cette charge par la déclaration de la paix publique
de 1522. 9) parcequ'étant purement militaire, elle n'eſt point compatible avec
les devoirs du ſacerdoce.

§. 5. Chaque Colonel a ſes Adjoints Des adjo-
(*Zu und - nachgeordnete.*) Ils le ſoulagent ints.
dans ſes fonctions, & les rempliſſent en
ſon nom, en cas qu'il ſoit empêché de s'en
acquitter par lui - même. Le nombre
des Adjoints n'eſt pas fixé: ils ſont quelque fois huit; quelque fois moins. Chaque Etat du Cercle peut être élu Adjoint:
ceux qui ne ſont point d'une nobleſſe ti-
trée, (*illuſtres*) tirent des appointemens.

H 4 Cha-

q) tit. 3.

Chaque Cercle a outre cela ſes Receveurs, Secretaires, Monnoyeurs &c.

Droit des Cercles. §. 6. Quoique le maintien de la paix
publique ait été le premier motif de l'é-
tabliſſement des Cercles, on jugea à propos dans la ſuite de leur confier pluſieurs autres affaires publiques très importantes; comme l'état militaire, & les ar-
rangemens à prendre en tems de guerre;
la préſentation des Aſſeſſeurs pour la
Chambre Impériale; l'exécution des Arrêts des Cours ſouveraines de l'Empire;
les réglemens pour la police concernant
les péages & la monnoye; le rétabliſſe-
ment de la matricule de l'Empire; les
délibérations préliminaires ſur les objets
qui doivent être traités à la Diéte générale de l'Empire ').

Aſſem-blées des Cercles. §. 7. Les Etats des Cercles ont coutume de s'aſſembler de tems en tems pour
trai-

r) V. le Récès de 1566. §. 129. Ordonn. de la Chamb.
Imp. de 1507. tit. 2. traité d'Osnab. art. 5. §. 57. &
art. 17. §. 8. Récès de 1654. §. 107. & 169. Déclaration ſur la paix profane, de 1522. tit. 1. Récès de
1576. §. 120. Ordonn. monet. de 1559. §. 31. 32. 157.
Récès de 1566. §. 156. & ſuiv.

traiter des affaires qui leur ſont confiées
par les loix. Ces aſſemblées ſont I) uni-
verſelles; lorsque tous les Cercles s'aſſemblent: telle fut l'aſſemblée des Cercles qui ſe tint en 1567. à Erfort pour
traiter de l'indemnité demandée par l'E-
lecteur de Saxe, pour les dépenſes qu'il
avoit faites pour l'exécution du ban prononcé contre le Duc de Saxe-Gotha.
II) particuliéres; lorsque quelques cercles s'aſſemblent, & III) ſinguliéres; lorsque les membres d'un ſeul Cercle s'aſſemblent. Ces derniéres ſont encore
de deux ſortes; quelquefois tous les
membres & Etats du Cercle s'aſſemblent;
quelquefois on fait choix de quelques-
uns d'entre eux, comme par exemple,
deux Princes, deux Prélats & deux Comtes ᵉ); c'eſt ce qu'on appelle *der Crays-
Ausſchus, der engere Crays-Convent.*) La maniére de procéder dans ces Aſſemblées
n'eſt point uniforme dans tous les Cercles.

H 5   §. 8.

---

s) V. *Londorp.* tom. 6. pag. 445. tom. 10. pag. 15.
& tom. 1. p. 580. & ſuiv.

Récès
des Cer-
cles.

§. 8. Dans ces Affemblées la pluralité des fuffrages fait loi. Les délibérations & les récès des Cercles font fubordonnés aux loix de l'Empire. Ces récès font dépofés dans les Archives de chaque Cercle.

Egalité
de religi-
on.

§. 9. Le traité de Weftphalie regarde les Cercles de la haute & baffe Saxe comme purement proteftans; les Cercles d'Autriche, de Bourgogne & de Bavière comme purement catholiques[t], & les autres comme mi - partis: l'égalité de religion doit être obfervée dans ces derniers.

Cercles
corré-
fpondans

§. 10. Plufieurs Cercles fe communiquent quelquefois entre eux leurs délibérations: on les nomme *Cercles Correfpondans (Correfpondirende Crayfe.*[u]*)* Les alliances que les Cercles, appellés antérieurs, ont conclues entre eux pour leur défenfe mutuelle, furent occafionées par la guerre qui

s'é-

---

t) V. *Struve*, corps de droit pub. ch. 23. §. 76. & fuiv.

u) V. le traité d'Osnab. art. 5. §. 1. 53. 57. 58. Récès de 1654. §. 169.

s'éleva au sujet de la succession à la couronne d'Espagne: Ces Cercles sont, les
deux Cercles du Rhin, celui d'Autriche,
celui de Franconie, & celui de Souabe ˣ).

§. II. Par ce que nous venons de di-
on voit aisément, combien l'établissement des Cercles est salutaire & avanta-
geux pour le bien public & le repos de
l'Empire; combien donc on a tort de souf-
frir la diminution de leurs forces & de
leur autorité. L'on y remarque aujour-
hui plusieurs défauts: I) Bien des Etats
se sont soustraits aux charges publiques
des Cercles; II) plusieurs loix, coutumes & ordonnances sont tombées dans
un entier oubli: III) beaucoup de conventions ont été rompues. &c.

Il y a longtems qu'on a pensé à porter des remedes convenables à ces maux:
mais on n'a point encore pu réussir. Par
le traité de Westphalie ʸ), on a remis la
rédin-

Vtilité des Cercles.

---

x) *V. Kopp, Grüudliche Abhaudlung von der as-
sociation der Vorderen Reichs-Crayse.*
y) V. le traité d'Osnab. art. 8. §. 3. & art. 17. §. 8.

rédintegration des Cercles à la Diéte prochaine: mais les déliberations inftituées
à cette diéte, ont été infructueufes; &
on s'eft contenté de renvoyer cette affaire à une Députation ordinaire de l'Empire [z]).   On a enfuite propofé un nouveau projet pour la diftribution des Cercles [a]): mais il n'a point été approuvé;
de forte que cette affaire n'eft point encore terminée.   En attendant l'Empereur promet par fa capitulation [b]), de
veiller, (conformément au traité de
Weftphalie & aux conftitutions de l'Empire,) au rétabliffement des cercles, &
au maintien de tout ce qui eft porté par
l'ordonnance d'execution.

[z]) V. *de Herden, Grundvefte,* part. 3. difcours 7.
[a]) V. *Bœcler,* Notitia Imper. liv. 3. ch. 3. *Lyn-
ker,* de redintegratione circulorum.
[b]) Art. 12. §. 3.

CHAP. XII.

CHAP. XII.

De la forme du gouvernement de l'Alle-
magne.

§. 1.

La forme du gouvernement d'un Etat
dépend des loix qui difpofent du
pouvoir fuprême. ᵃ) Elle change fuivant
que ce pouvoir eft attaché à une ou à
plufieurs perfonnes. En Allemagne il
appartient à l'Empereur & aux Etats de
l'Empire; & c'eft pour cette raifon qu'on
appelle ceux ci *Co-imperantes.*

§. 2. Mais les publiciftes ne font
point d'accord fur le degré de pouvoir
dont les Etats jouiffent: les uns étendent la prééminence de l'Empereur beaucoup au delà de fes juftes bornes: les
autres accordent trop aux Etats; c'eft
delà qu'ont tiré naiffance tant de différentes

Fonde-
ment de
la forme.

Contra-
riété fur
la forme
du gou-
verne-
ment d'
Allema-
gne.

a) Ce font là les loix que nous avons appellé fondamentales voy. liv. I. ch. 1 §. 5.

tes opinions fur la forme du gouvernement d'Allemagne. Puffendorff en la regardant comme irréguliére & abfolument monftrueufe, étoit fans doute épris de trois formes qu'Ariftote a jugé à propos de nommer Monarchie, Ariftocratie & Démocratie, d'où il a vraifemblablement, avec beaucoup d'auteurs, tiré la confequence, que tout gouvernement qui ne fe rapporte pas à une de ces trois formes, eft irrégulier. Mais cette prétendue irréguralité eft gratuite; car il fuffit que la forme d'un gouvernement foit établie de façon qu'elle puiffe par elle même conduire chaque Etat à fon but, pour qu'elle doive être envifagée comme réguliére: Or l'Allemagne abonde en loix, qui pourvoyent à fa confervation & à fa liberté, & qui la garantiroient également de tout trouble, foit interieur, foit extérieur, fi elles étoient exáctement fuivies: Ainfi l'on doit envifager fa forme comme réguliére, quoiqu'elle ne foit ni relative aux dénominations imaginées par Ariftote, ni conforme aux régles

eft régu-
liére.

gles que les écoles ont jugé à propos d'a-
dopter d'après lui.

§. 3. En faisant ainsi, l'apologie de la
forme du gouvernement d'Allemagne, je
ne saurois disconvenir qu'il a, comme tous
les autres gouvernemens composés, ses
inconvéniens; mais l'un & l'autre découlent d'ordinaire moins du défaut d'ar-
rangement dans le gouvernement même
que de l'ambition ou de la nonchalence
de ceux qui en tiennent les rênes, ou
des vuës trop élevées de ceux qui lui font
foumis: b) donnons une légère idée des
différents systèmes, qui divisent les publicistes fur cet objet.

§. 4. Le principal de ces fistèmes est   N'est
celui, qui fait de l'Empire une monar-   point u-
                                          ne Mo-
chie, c) par ce que l'Empereur publie   narchie
                                          illitimée.
tous les loix en fon feul nom; donne l'in-
                                   vesti-

b) Au reste cette question doit plutôt être décidée
par les régles de la politique, qui préscrit des remè-
des aux maux d'un Etat, que par les principes du droit
public, qui se bornent à enseigner quels sont les
droits du chef & ceux des sujets?
c) C'est le fentiment d'*Arumæus*. discurs. jur. pub.
vol. 1. discurs. 1. & 2. *Reincking*, de regim. fecul. &
                                             ecclef.

veſtiture des fiéfs; exerce toute jurisdiction ... Mais pour peu qu'on ait de connoiſſance des loix publiques d'Allemagne, on s'appercevra aiſément, que ceux qui défendent ce ſiſtème, n'ont d'autre vuë que celle de flatter l'Empereur à l'ombre de quelques ſignes extérieurs, auxquels il eſt defendu de s'arrêter en matiére de droit public. d) Au ſurplus ces droits, quand même l'Empereur les exerceroit tout ſeul, ne ſuffiroient pas pour prouver, que le gouvernement eſt monarchique; parcequ'il ne peut publier que les loix, auxquelles les Etats ont donné leur conſentement, ſans lequel l'Empereur ne peut faire ni la guerre ni la paix, pas même des alliances. e)

l'on

ecclef. liv. 1. claſſ. 2. ch. 2. n. 1. & ſuiv. *Witzendorf*, diſcurſ. de ſtat. & admin. imp. rom. form. hodiern. réfutés par *Limnæus* diſſert. apologet. de ſtat. imp. rom. germ.

d) voyez *Struv.* corp. jur. pub. ch. 6. §. 83.

e) voy. le traité d'Osnabruck art. 8. §. 2. dont voici les termes: „ Les Etats jouiront ſans contradiction „ du droit de ſuffrage dans toutes les délibérations ſur „ les affaires de l'Empire, ſurtout lorsqu'il ſera queſ- „ tion de donner ou interpréter des loix, de déclarer „ la paix, d'ordonner des impots &c. ajoutez la capit. de François I. art. 4.

l'on voit donc combien ce fiftème eft er-
roné; auffi eft-il difcrédité même à la
Cour impériale f)

§. 5. Ceux qui fentent le faux de ce   Ni limi-
                                          tée.
fiftème, mais qui néanmoins voudroient
étendre le pouvoir de l'Empereur au delà de fes bornes, ont recours à une monarchie limitée, qu'ils croyent découvrir dans la forme du gouvernement de
l'Empire.g) Mais outre que l'idée d'une
monarchie limitée n'eft qu'un être de
raifon, on rétabliroit, en l'adoptant, une
règle qui feroit prefque entiérement ab-
forbée par la quantité d'exceptions dont
elle feroit fufceptible; car enfin quels
font les droits que l'Empereur a le pou-
poir d'exercer feul? ils fe réduifent,
comme l'on fçait, à un très petit nombre,
au lieu que la plûpart des droits de Majefté, & même les plus effentiels, font
abfolument affujettis au confentement
décifif des Etats.

§. 6.

f) voy. *Kulpis* ad Monzamb. part. 2. ch. 6. §. 6.
g) *Schmaus* dans fon droit public.

I

Ni une
Aristo-
cratie.

§. 6. L'opinion des auteurs[h]) qui
soutiennent que le gouvernement d'Allemagne est aristocratique, ne mérite
pas plus d'attention; car quoique les
Etats de l'Empire aient part au gouvernement, leur autorité est néanmoins
inutile sans le consentement de l'Empereur: d'ailleurs celui-ci exerce certains
droits sans le concours des Etats. [i])
Vainement les fauteurs de ce sistème
disent-ils, que Wenceslas, lors de sa dé-
position, n'a été regardé que comme ad-
ministrateur de l'Empire: cette déposi-
tion a été faite par la violence, qui ne
peut donner naissance à aucun droit légitime.

Ni un si-
stème d'
Etats iné-
galement
liés.

§. 7. Quelques uns des plus sçavans publicistes [l]) ont soutenu que l'Allemagne est un sistéme de différens Etats
liés

---

h) *Hippol. a Lapide* de ratione status. *Relfend-*
so de summa princip. potest. réfutés par le Bar. de
Lyncker dans sa dissertation de forma imper.
i) Tels sont les reservats.
l) *Puffendorf* de statu imp. ch. 6. §. 7. *Titius*
liv. 7. ch. 9. *Ludewig,* ad auream bul. pag. 519.

liés entre eux par des confédérations
inégales. Mais les Etats de l'Empire
eux-mêmes démentent ce siftème en
convenant, qu'ils font membres d'un même corps politique. D'ailleurs des Etats
ainfi liés n'ont ni loix ni chef commun,
& vivent indépendans les uns des autres,
tandis que toutes les Provinces d'Allemagne ne reconnoiffent qu'un chef, qui
eft l'Empereur & l'Empire, & qu'elles
ont toutes les mêmes loix publiques,
émanées de la même autorité, de laquelle elles dépendent.

§. 8. Enfin l'opinion la plus commune [m]) eft, que le gouvernement
d'Allemagne eft mixte, c'eft à dire, monarchique, ariftocratique & démocrati-
que; mais il auroit fallu, pour la rendre
plus exacte, ajouter l'oligarchie, à caufe
des prérogatives des Electeurs.

§. 9. Sans s'arreter donc à toutes
ces fubtilités & aux diftinctions fcholafti-

I 2   ques

Ni mixte.

Propre à l'Alle- magne.

m) *Coccej.* jus pub. ch. 7. §. 8. & fuiv.

ques, il faut fimplement envifager la forme du gouvernement d'Allemagne comme lui étant propre & tout à fait convenable, en égard aux différentes cir-conftances qui lui ont donné lieu; & d'être moins curieux du nom qui lui con-viendroit, que des loix mêmes fur les-quelles cette forme eft fondée, & dont la connoiffance exacte conduira plus fu-rement à approfondir fa vraye nature, que fi l'on s'arretoit inutilement à fes fignes extérieurs.

LIVRE II.

LIVRE II.

CHAPITRE I.

De l'election de l'Empereur.

§. 1.

L'Empereur est le chef de l'Empire. Sa dignité a été héréditaire depuis Charlemagne a) jusqu'à Charles le gros, que les Etats déposèrent: Ils élûrent à sa place Arnould fils naturel de Carloman Roi de Baviére; depuis ce tems l'Empire a toujours été électif, b) malgré les mouvemens que Henri VI. s'est donné pour le rendre héréditaire dans sa mai-

Premiére élection.

I 3 son·

a) Le terme *élection* que l'on trouve quelquefois chez les auteurs contemporains, ne signifie qu'une simple approbation du peuple, dont on se servoit pour lui faire illusion, comme si son consentement eut été effectivement nécessaire.

b) Voy. *Otto de Freysingen* de gestis Frider. I. liv. 2. ch. 1. & *Günther* poëte, in Ligurino. liv. 1. vers. 246.

fon. Il eft vrai que l'on a quelquefois
eû égard à la famille du defunt Empereur; mais ces égards ne nuifirent point au
droit d'élection, parce qu'ils n'étoient que
l'effet d'une complaifance, que les Princes ont toujours couverte fous les formalités de l'élection. Aujourd'hui les
Empereurs font obligés de jurer, qu'ils
ne rendront point l'Empire héréditaire
dans leur Maifon. c)

A qui ap-
partient
le droit
d'élire.

§. 2. Le droit d'élire l'Empereur a
beaucoup varié. Les premiéres élections fe faifoient par tous les Princes eccléfiaftiques & féculiers, Comtes, Nobles,
Magiftrats des Villes, & le peuple même; de façon pourtant que les grands
officiers de la Cour impériale y jouiffoient
de grandes prérogatives; lesquelles
étoient plutôt une fuite naturelle des
foncti-

c) Voy. la capitul. de l'Empereur François I. art. 2.
§. 2. dont voici les termes : ,, Nous ne nous arrogerons
,, aucune fucceffion ni hérédité d'icelui, (de l'Empi-
,, re) & ne chercherons point à nous l'attribuer à
,, nos héritiers & defcendans, ni à qui que ce puiffe
,, être. ,, Charles V. en a le premier fait la promeffe dans fa capitulation.

fonctions qu'ils exerçoient à la Cour impériale, d) qu'une conceſſion arbitraire de la part des autres Princes. Pendant les troubles qui agitèrent l'Allemagne ſous Henri IV. les Princes s'arogèrent inſenſiblement un pouvoir plus grand à cet égard: on remarque ſurtout, que les Princes des Etats ſitués le long du Rhin, qui avoient à leur tête l'Electeur de Mayence, leur en donnèrent l'exemple. e) Malgré cet accroiſſement le peuple conſervoit toujours les apparences de ſon ancien droit, en confirmant l'élection par

I 4   des

---

d) Ces grands Officiers ſe trouvant toujours à la Cour impériale, y faiſoient les Services de leurs charges à toutes les grandes fêtes. Ils aſſiſtoient à l'enterrement de l'Empereur & trouvoient par là plus d'occaſion que les autres Princes de ſoutenir leur autorité & leur droit à l'élection d'un nouvel Empereur. Leur pouvoir prééminent fut ſurtout affermi pendant les tems affreux où le droit manuaire déſoloit l'Allemagne; car alors les autres Princes commencèrent à négliger leur droit électif, parcequ' étant éloignés de la Cour impériale, ils ne vouloient point faire les frais d'un long voyage, ni s'expoſer aux rapines, incendies, vols de grands chemins, aſſaſſinats, &c. dont les horreurs avoient tourné en uſages légitimes.

e) Voy. *Lambert d'Aſchaffenbourg* à l'an 1073. pag. 364.

des acclamations publiques. [f]) Mais depuis Conrad III. il n'eſt plus fait aucune mention du peuple dans les actes d'élection, & les Princes ſeuls continuèrent tous avec un droit égal, d'élire l'Empereur, [g]) juſqu'au grand interregne. Alors les Archiofficiers, puiſſans par leurs charges & leurs prérogatives aſpirèrent ouvertement au droit d'élire l'Empereur excluſivement aux autres Princes qui, fatigués par les maux occaſionnés par le grand interregne cédérent facilement à leur ambition. L'on vit, à la vérité, encore plus de ſept Princes à l'élection de Rodolphe de Habsbourg; mais cela vient

[f]) Quelques publiciſtes croient découvrir la vraye origine du droit des Electeurs dans la forme obſervée à l'élection de Lothaire II. à laquelle, vû le concours immenſe de Princes & de Nobles, on chargea dix Princes de faire choix de quelques Candidats dignes du trône, parmi lesquels le reſte de l'aſſemblée choiſiroit un Empereur. Cependant ce fait n'eſt pas la ſource du droit des Electeurs; parceque cette maniére d'élire ne fut obſervée que pour cette fois ſeulement & ſans tirer à conſéquence; & parceque les dix Princes n'élurent qu'enſuite d'un compromis des autres Princes. voy. *Eccard*, quaternio veterum monumentorum.

[g]) Voy. *Othon de Freyſingen*, de geſtis Friderici I. liv. I. ch. 22. & le Chroniqueur Saxon à l'an 1138.

vient de ce qu'en ce tems-là le droit de
fuffrage n'étant pas encore attaché à l'aîné de la famille, les Princes cadets con-
courroient également aux élections. [h])
Mais les Electeurs, pour affûrer leur
droit excluſif, proteſtérent folemnellement, lors de l'élection de Henri VII.
contre le concours des autres Princes, &
refolurent, lors de l'union électorale,
(1338.) de foutenir leur droit de toutes
leurs forces. Louis V. de Baviére le confirma par une conſtitution de la même
année, & Charles IV. y mit le fceau par
la bulle d'or. [i])

§. 3. Depuis ce tems les Electeurs
élifent l'Empereur fans aucun trouble au
nom de tout l'Empire, non en vertu d'un
pouvoir délégué, mais en vertu d'un
droit qui leur eſt propre, & qui eſt attaché à leurs électorats. [l])

Les E-
lecteurs
élifent l'
Empe-
reur.

I 5 §. 4.

h) Ufage confervé jufqu'à Louis de Baviére, mais
aboli par la bulle d'or.
i) *Gundling* in Gundlingianis, piéce 17e. traite fort
exaêtement de l'origine des Electeurs.
l) V. la bulle d'or, tît. 7. & 20.

§. 4. Dans les premiers tems,

les Princes d'Allemagne étoient convoqués par l'Archévêque de Mayence; [m]) enfuite le Come Palatin eut part
à cette convocation; [n]) enfin la bulle d'or [o])
en affûra le droit exclufif à l'Electeur de
Mayence, qui doit convoquer les Electeurs, par des lettres patentes [oo]) dans
le courrant d'un mois à compter du
jour auquel la mort de l'Empereur lui
a été notifiée. Les Electeurs font
obligés de s'affembler dans trois mois,
à moins qu'ils ne conviennent entre eux
de prolonger ou de racourcir ce terme [p])

&

m) V. *Lambert d'Afchaffenbourg* à l'an 1073. pag.
365. & *Otto de Freyfingen* de geftis Frider. I, liv. 1.
ch. 16.

n) V. le droit Saxon, ch. 27. §. 3.

o) v. la bulle d'or, ch. 1. §. 21. fi le fiége de Mayence eft vacant, le droit de convoquer n'appartient
pas au Chapitre de Mayence, mais à l'Electeur de Tré-
ves, en vertu de l'union électorale de 1521. (§. 15.)
Les Electeurs peuvent auffi en ce cas, ainfi qu'en cas
de négligence de la part de l'Electeur de Mayence,
s'affembler de leur propre mouvement.

oo) Voy. la formule des lettres patentes dans la bulle d'or ch. 18. Elles font aujourd'hui conçues en langue allemande.

p) V. la bulle d'or ch. 1. §. 19. 21. L'Electeur de
Mayence n'en a pas le droit, quoiqu'il ait voulu fe
l'arroger plufieurs fois.

& au cas qu'un d'eux eût été exclu, ou qu'on l'eut oublié à deſſein, ſon abſence rendroit l'élection nulle, à moins que ſon excluſion ne ſoit fondée ſur de juſtes raiſons & qu'elle n'ait été conſentie par les autres Electeurs. q)

§. 5. Le lieu de l'élection étoit anciennement arbitraire; mais Charles IV. fixa

Lieu de l'élection

q) Le Roi de Bohême, ayant été exclu lors de l'élection de Maximilien I. ſoutint l'Election nulle, mais par une tranſaction paſſée entre Vladislas & les Electeurs; (1489.) ceux-ci promirent ſous la peine de 500. marcs d'or, de ne plus oublier le Roi de Bohême. *Goldaſt Reichsſatzungen* tom. 2. pag. 178. *Müller Reichs-tags theatrum unter Kayſer Maximil.* part. 2. ch. 2. L'Electeur de Trèves ayant été détenu priſonnier à Vienne lors de l'élection de Ferdinand III. il fut également exclu de l'élection: quelques uns des Electeurs s'en plaignirent; & les Auteurs Autrichiens mêmes n'oſent point entreprendre de juſtifier ce procédé. Voy. *Juſtus Aſterius,* (nom ſuppoſé) *examen comitiorum ratisbonenſium.* On a même inféré dans la capitulation de Ferdinand III. un article (50) qui porte; que cette excluſion de l'Electeur de Trèves ne pourroit jamais tirer à conſéquence. Après la mort de Charles VI. il s'éleva de nouveaux différends au ſujet du ſuffrage attaché à la couronne de Bohême, lequel fut ſuſpendu à l'élection de Charles VII. malgré les proteſtations de Marie Thérèſe Reine de Bohême & de Hongrie. Voy. *Ohlenſchlager* dans ſon hiſtoire de l'interrègne, part. 2. ſect. 3. Ses Ambaſſadeurs furent admis à l'élection de François I.

fixa pour cet effet la ville de Francfort sur le Mein, [r]) de façon pourtant que les Electeurs peuvent, en cas d'empêchement, convenir d'une autre Ville; & alors la ville de Francfort obtient l'assûrance, par des lettres reyersales, que cela ne nuira pas à son droit. [s])

§. 6. Avant que les Electeurs se soient rendus à Francfort pour l'élection, le Maréchal héréditaite de l'Empire, (le Comte de Pappenheim) conjointement avec le Magistrat de la Ville, prépare les logemens, convient du prix des denrées &c.

Compa-
rition.

§. 7. Les Electeurs peuvent comparoitre en personne, ou envoyer des Ambassadeurs, munis d'un plein pouvoir pur & simple, qu'ils présentent à l'Electeur de Mayence [t]) pour en faire la verification.

§. 8.

r) V. la bulle d'or, tit. 28. §. 5.

s) Ferdinand I. a été élu à Cologne, Maximilien I. Rodolphe II. & Ferdinand III. à Ratisbone. Ferdinand IV. & Joseph ont été élus Rois des Romains à Augsbourg.

t) V. la formule du plein-pouvoir dans la bulle d'or, tit. 19.

§. 8. La bulle d'or ne permet aux Electeurs ou à leurs Ambaſſadeurs d'arriver au lieu de l'élection qu'avec une ſuite de deux cens hommes dont cinquante ſeulement peuvent être armés: mais le faſte qui depuis cette loi s'eſt introduit dans les Cours des Electeurs, à fait oublier cette deffenſe. Quant aux ſauf-conduits ordonnés par la même bulle d'or, ils ſont devenus inutiles depuis que l'Empire a été pacifié par la paix publique.

§. 9. Avant l'élection, le Magiſtrat, la Bourgeoiſie & la garniſon de la Ville de Francfort promettent par ſerment de ne point la troubler. Enſuite les Electeurs délibérent, & arrêtent les articles de la capitulation. Tous les étrangers, quels qu'ils puiſſent être, ſoit Princes de l'Empire, Ambaſſadeurs de couronnes étrangeres, ou tous autres qui ne ſont pas de la ſuite des Electeurs, ſont obligés de quitter la ville pendant le tems

Les étrangers obligés de s'abſenter.

de

de l'élection, u) pour ôter tout foupçon
de collufion, de corruption & de contrainte: mais les Electeurs ayant fouvent
trop exactement fuivi cet ufage, ils eurent des querelles à démêler furtout
avec les Princes de l'Empire, ce qui les
a engagés à fe relâcher quelquefois de
cette rigueur.

Cérémo-
nies.

§. 10. Le jour fixé pour l'élection,
les Electeurs, en habits électoraux montent à cheval, ayant à leurs côtés leurs
Maréchaux héréditaires portant l'épée
électorale dans le fourreau. Ils fe rendent ainfi à l'églife, où l'on chante la
meffe, après laquelle les Electeurs prêtent ferment de donner leur fuffrage, fans
pacte, falaire, ni récompenfe, *fine pacto,*
ftipendio, neque pretio. x) Delà ils entrent
au

---

u) V. la bulle d'or, tit. 1. §. 25. 26. Comme aujourd'hui l'on fçait ordinairement d'avance celui qui
fera élu, & qu'il ne s'agit pour ainfi dire dans l'affemblée des Electeurs que de la capitulation, on ne fuit
plus fi rigoureufement cette décifion de la bulle d'or :
& l'on oblige les étrangers de s'abfenter de la ville
feulement la veille du jour fixé pour l'élection.

x) voyez la manière de jurer & l'ancienne formule
du ferment dans la bulle d'or ch. 2, §. 2. 3. Depuis les
difputes de religion on a changé cette dernière phrafe:
que

au conclave pour procéder à l'élection.

§. 11. L'Electeur de Mayence collige les suffrages: les Electeurs les donnent dans l'ordre suivant, sçavoir: Celui de Trêves, de Cologne, de Bohême, de Baviére, de Saxe, de Brandebourg, le Palatin, & celui de Hanôvre. L'Electeur de Mayence donne son suffrage le dernier; l'Electeur de Saxe le reçoit. ʸ⁾

§. 12. L'Empereur est élu à la pluralité des voix: ᶻ⁾ & supposé que tous les

De la pluralité des voix.

que Dieu m'aide & tous ses Saints; à laquelle on a substitué la suivante: ainsi que Dieu me soit en aide & son St. Evangile. V. *Struve* dans son corps de droit public ch. 7. §. 16. note 33. 34.

y) La bulle dor, ch. 4. §. 4. dit simplement que l'Electeur de Mayence doit donner son suffrage sur les réquisitions des autres Electeurs; mais l'usage a attribué à l'Electeur de Saxe le droit de le recevoir.

z) Cette maniére d'élire est imitée du droit canonique; ainsi il faut compter la pluralité des voix en égard au nombre qui compose actuellement le college électoral; par exemple: si aujourd'hui les neuf Electeurs comparoissent pour procéder à une élection, il faudroit au moins cinq voix pour emporter la pluralité; si le nombre est de sept il en faut quatre; & ainsi de tout autre nombre. Et supposé que les voix fussent partagées en trois, la pluralité ne pourra néanmoins point être comptée qu'en égard au nombre qui forme le collége.

Electeurs ne fuſſent pas comparus, ni aucun envoyé en leur nom, la pluralité ſera alors comptée ſuivant le nombre de ceux qui ſeront preſens.

Qualités requiſes pour être Empereur.

§, 13. Les publiciſtes ſont fort embaraſſés ſur le détail des qualités requiſes pour pouvoir être élu Empereur; les termes vagues dans lesquels la bulle d'or s'explique, cauſent leurs doutes: elle n'éxige autre choſe ſinon, *homo bonus, juſtus & utilis,* [a]) un homme bon, juſte & utile, ſans décider ni du degré de nobleſſe, de l'age, du ſexe, &c.   Quant à la nobleſſe, il ſemble que ſuivant l'analogie de la bulle d'or qui exige *un homme utile,* & ſelon l'obſervance de l'Empire, il doive être au moins Comte immédiat du St. Empire. Nous n'avons aucun exemple dans l'hiſtoire d'Allemagne qu'une femme ait été élue Imperatrice; cependant on ne peut pas dire, que cela ſoit deffendu par les

loix

---

a) V. la bulle d'or, tit. 2. §. 1.

loix de l'Empire. [b]) Les proteſtans peuvent être élus Empereurs depuis le traité de Weſtphalie, qui les rend participans à tous les droits dont jouiſſent les Etats catoliques.

§. 14. Beaucoup d'auteurs ſoutiennent qu'il faut être Allemand, pour pouvoir être élu Empereur: mais cette opinion n'eſt fondée ſur aucune loi, & n'a d'autre motif qu'un eſprit de patriotiſme, qui à la vé. ité ſera toujours un grand obſtacle à l'élection d'un étranger. [c]) Quoiqu'il en ſoit, ce choix eſt abandonné à la prudence des Electeurs, qui, pour ſe don-

Il n'eſt point néceſſaire d'être né allemand.

b) Il faut dans cette queſtion, ainſi que ´ns beaucoup d'autres, diſtinguer exactemen. la queſtion de droit d'avec la queſtion politique; car tout ce qui eſt permis n'eſt pas toujours profitable à l'Etat.

c) V. l'hiſtoire de ce qui s'eſt paſſé en 1519. entre les Electeurs, dont les uns étoient portés pour Françoîs I. Roi de France; les autres pour Charles V. alors Roi d'Eſpagne, chez *Sleidan*, dans ſon Commentaire de rebus ecclef. ſub Carol. V. liv. 1.

Pluſieurs auteurs allemands ſoutiennent, que lors de l'élection de l'Empereur Léopold, Louis XIV. avoit ambitionné la couronne impériale, ſoit pour lui-même, ſoit pour un Prince, autre que de la maiſon d'Autriche: mais ce fait eſt denué de toute preuve. L'on peut à cet égard ajouter une foi entiére au Ma-

K   réchal

donner un chef, ne manqueront vraifemblablement jamais de fuivre les régles d'une faine politique.

A quel
âge on
peut être
élu. §. 15. Les loix publiques ne décident
également point à quel âge on peut
être élu Empereur: & l'hiftoire prouve
que l'on a élu des mineurs, & même des
pupilles.   Il n'eft pas moins indécis, à
quel âge un mineur élu peut gouverner
par lui-même: mais il femble qu'on ait
adopté l'âge de dix-huit ans; parceque
l'on fit promettre à l'Empereur Jofeph,
lors de fon élection, qu'il ne fe mêleroit
pas du gouvernement, au préjudice du
droit des Vicaires de l'Empire, avant
l'age de 18 ans. d)

§. 16.

réchal de Grammont, dont les mémoires, de l'aveu
même des hiftoriens allemands, font écrits avec la
plus grande exactitude & avec la dernière impartialité.
Il traite fort amplement de cette Ambaffade, au commencement du fecond tome, & ne dit mot de ces prétendues vues de Louis XIV.

d) Voyez la capitul. de l'Empereur Jofeph art. 47.
„Le Roi ne fe mêlera point du gouvernement au pré-
„judice des Vicaires de l'Empire, foit du vivant de
„l'Empereur, foit après fa mort, avant qu'il ait at-
„teint & foit entré dans fa dix-huitième année.

§. 16. L'élection ainsi faite, deux Notaires en dressent un acte en présence de témoins. Ensuite si l'Empereur élu est présent, on lui propose une capitulation qu'il jure d'observer. A son absence[e)] ses envoyés prêtent le serment en son nom; mais il est obligé de le ratifier, de jurer de nouveau avant son couronnement, & de donner aux Electeurs des reversales pour l'observation de la capitulation. De là l'Empereur de retour, à l'église & au pied de l'autel, est présenté au peuple & proclamé Empereur.

Jure l'observance de la capitulation.

§. 17. On annonçoit autrefois la nouvelle élection au Pape, & on lui demandoit le couronnement & la consécration de l'Empereur nouvellement élu.[f)] Mais

L'élection n'est plus annoncée au Pape.

K 2 l'Em-

e) En cas d'absence les Electeurs députent un Prince de l'Empire pour lui apprendre son élection, & pour le prier de l'agréer.

f) V. l'Insinuation de l'élection de Henri VII. faite au Pape; chez *Leibnitz* Mantissa Codic. jur. gentium pag. 252. „Sanctitati vestræ supplicamus, ut „ipsum Henricum concorditer electum in Romano-„rum regem, paternis ulnis amplectentes, eidem „munus consecrationis conferendo, sibi de sacro-„sanctis manibus vestris sacrum diadema dignemi-„ni loco & tempore favorabiliter impertiri.

l'Empereur Louis V. ordonna par une conftitution (13 8) que celui qui feroit élu Empereur par le plus grand nombre des Electeurs, devoit être regardé comme Empereur legitime par la feule élection, fans qu'il ait befoin ni de la confirmation, ni de la confécration du Pape. 8) Cette conftitution a été confirmée par Ferdinand I. & c'eft depuis ce tems que les Empereurs fe contentent de porter le nom *d'Empereur élu.* Les prédéceffeurs de Maximilien II. envoyoient au Pape des Ambaffadeurs d'obédience; mais cet ufage a ceffé depuis cet Empereur, dont les Succeffeurs n'ont plus envoyé d'Ambaffadeurs que pour promettre à l'Eglife leur protection & leur révérence filiale.

g) V. *Lehman* dans fa chronique de Spire, liv. 7. ch. 17.

CHAP. II.

CHAP. II.

Du couronnement de l'Empereur, & des ornemens Impériaux.

§. 1.

Les Empereurs avoient anciennement quatre couronnes; celle de Lombardie, celle d'Arles, celle de Rome, & celle d'Allemagne. [a]

§. 2. Les premiers Rois Lombards recevoient la royauté par le fimbole de la lance. Les Empereurs Carlovingiens furent couronnés par le Pape: Othon le grand par l'Archévêque de Milan; & Othon III. ordonna que le couronnement

De la couronne de Lombardie.

K. 3   fe

---

a) *Godefroy de Vitterb.* in pantheo, part. 17. pag. 458. dont voici les vers:

  ,,Scribere vera volens, quæ fint loca prima coronæ,
  ,,Quatuor Imperii fedes video ratione,
  ,,Nomina proponam, ficut & acta fonant.
  ,,Primus *Aquisgrani* la is eft, poft hæc *Arelati*:
  ,,Inde *Modoetiæ* regali fede locari:
  ,,Poft folet *Italiæ* fumma corona dari.
  ,,Cæfar romano cum vult diademate fungi,
  ,,Debet apoftolicis manibus reverenter inungi.

fe feroit à l'avenir à Monza par l'Archévêque de Milan; ce qui n'empêcha pourtant pas qu'il ne fe fît quelquefois à Pa-
vie, d'autrefois à Milan, & à Rome même: mais le droit de la ville de Monza,
& de l'Archévêque de Milan fut chaque
fois confervé par des lettres reverfales.

La première couronne de Lombar-
die, (qui n'exifte plus,) doit avoir été de
fer. L'Empereur Henri VII. en fit faire une d'acier en forme de laurier, or-
née de piéreries. Celle dont Charles
V. fut couronné à Bologne eft compofée
d'un cercle d'or, ayant intérieurement
un petit cercle de fer, qui, (à ce que la
tradition dit,) doit être un clou de la fainte
croix. Cet Empereur eft le dernier qui
ait reçu la couronne de Lombardie.

De la Couronne d'Ar-les. §. 3. L'Empereur Conrad le Salique fut le premier couronné Roi d'Ar-
les, après qu'il fe fut mis en poffeffion
de ce royaume en 1030. Ce couronnement a ceffé avec le Royaume d'Arles.

§. 4.

§. 4. Le couronnement de Rome étoit plus essentiel; parcequ'il donnoit au Roi élu & couronné en Allemagne le droit de porter le titre d'Empereur. Après l'élection faite en Allemagne, les Empereurs alloient en personne se faire couronner à Rome. Les Princes & la Noblesse le suivoient, & l'on appelloit ce voiage *expédition romaine;* (Rœmer-Zug;) mais les Papes cherchèrent à abuser de ce droit pendant les troubles de l'Allemagne. Ils soutenoient qu'il leur donnoit celui d'approuver ou de desapprouver l'élection d'un Empereur, & s'opposèrent toujours à celles qui ne leur paroissoient pas avantageuses, & surtout à celle de Louis V. de Baviére: mais cet Empereur s'éléva contre leur prétention, & ordonna, b) qu'à l'avenir on reconnoitroit pour Empereur legitime celui qui auroit été élu par les Electeurs, sans qu'il fût besoin d'attendre la confirmation du Pape. Maximilien I. négli-

K 4   gea

b) V. le chap. de l'élection, §. 2.

gea le couronnement même, & fe contenta de prendre le titre d'Empereur
élu. Charles V. fe fit encore couronner par Clement VII. & Ferdinand I.
alloit imiter fon exemple; mais Paul IV.
foutenant fon élection nulle, parcequ'
elle avoit été faite fans fon confentement,
refufa l'audience aux Ambaffadeurs
chargés de la lui annoncer. Cette fierté
irrita l'Empereur, & l'engagea à ne
plus penfer au couronnement de Rome:
depuis ce tems cette cérémonie fut omi-
fe. Il eft vrai qu'on la recommandoit à
fes fucceffeurs; mais elle eft entiérement
tombée dans l'oubli depuis la capitulation de Leopold, qui n'en fait plus mention.

Couron-
nement
d'Allema-
gne.

§. 5. Le couronnement d'Allemagne eft donc feul encore en ufage. Les
anciens Germains ignoroient cette cérémonie: ils fe contentoient de proclamer
leurs Rois, foit en les expofant au peuple fur un bouclier, foit en leur pré-
fentant une lance, ainfi que faifoient les
Lombards. Charlemagne devenu Empereur

pereur a été couronné & oint à l'imitati-
on des Empereurs Grecs. ᵉ) Quelques
uns de ſes ſucceſſeurs s'impoſèrent la
couronne eux-mêmes. Enſuite le droit
de l'impoſer fut abandonné à deux ou
trois Evêques; & aujourd'hui les trois
Electeurs eccléſiaſtiques ſeuls l'exercent
à la fois; non en vertu de leur dignité Ar-
chiépiſcopale, mais en conſequence d'un
long uſage, auquel ſans doute leur qualité d'Archi - Chanceliers a donné lieu.

§. 6. Mais l'onction & la conſécration ſont des fonctions ſacrées, (diſtin-
guées de l'impoſition de la couronne,)
& qui ne peuvent être vallablement
exercées que par une perſonne eccléſiaſtique qui ait la plenitude du pouvoir
ſacerdotal, comme par un Archévêque,
ou un Evêque. Ce droit appartenoit
autrefois néceſſairement à l'Archévêque
de Cologne comme Archi - Chapelain de

*De l'onc-
tion.*

K 5 la

ᵉ) Marcianus a été le premier Empereur d'Orient,
qui ait ſollicité le Patriarche de joindre les prieres de
l'égliſe aux cérémonies du couronnement.

la chapelle érigée à Aix-la-Chapelle par Charlemagne : enforte que tous les actes facrés, qui fe faifoient dans cette chapelle, & parmi lesquels étoit la confécration de l'Empereur, étoient de fa compétence, non comme chef du diocèfe, mais comme Archi-Chapelain. Ce droit lui fut expreffément confirmé dans la bulle d'or; [d]) avant & après laquelle il l'a réguliérement exercé, à l'exception de quelques occafions où les fonctions en ont été faites par un autre Prélat; mais ça été chaque fois par une exception à la règle, foit à caufe de la vacance du fiège de Cologne, foit que l'Archévêque élu ne fût point encore confacré, foit enfin par quelqu'autre empêchement. Lors du couronnement de Ferdinand IV. (1653.) l'Electeur de Mayence prétendit confacrer l'Empereur, en fa qualité de Primat de Germanie, d'Archi-Chancelier, & par plufieurs autres motifs qu'il alléguoit pour colorer fa prétention. Il réuffit

d) Chap. 4. §. 4.

réuſſit par la faveur de l'Empereur, malgré les proteſtations de l'Electeur de Cologne. Cette diſpute, qui occaſionna une vive guerre entre les écrivains de ce tems, [c] fut aſſoupie en 1657. par une tranſaction, paſſée entre les deux Electeurs, de la maniére ſuivante, ſçavoir: que l'Electeur de Mayence employeroit chaque fois tous ſes ſoins, pour que le couronnement ſe fît à Aix-la-Chapelle, ou au moins dans une ville ſituée dans le diocèſe de Cologne: mais que dans le cas d'un empêchement legitime, celui des deux Electeurs, dans le diocèſe duquel ſe feroit le couronnement, conſacreroit l'Empereur; & que hors les deux diocèſes la conſécration ſe feroit alternativement par les deux Archévêques, à commencer par l'Electeur de Cologne. Cette tranſaction a été confirmée

c) Les auteurs qui ont écrit des deux côtés, ainſi que les motifs qui ont été alléguées de part & d'autre, ſe trouvent chez *Ludewig*, dans ſon commentaire ſur la bulle d'or, part. 4. §. 4. Voy. auſſi *Gundling* in Gundlingianis, piéce 18. num. 2. ſous la rubrique: *Gründliche Nachricht von der Crönung.*

firmée par les capitulations fubféquen-
tes, & elle fubfifte encore aujourd'hui.

Lieu du couron-nement. §. 7. Le lieu du couronnement étoit
anciennement Aix - la - Chapelle, parce-
que Charlemagne l'avoit choifi pour fa
réfidence.   Charles IV. défigne ce lieu
expreffément par la bulle d'or: f) mais
depuis deux cens ans aucun Empereur
n'a été couronné dans cette ville: mais
elle a obtenu chaque fois des reverfales
pour la confervation de fon droit.

Des céré-monies. §. 8. Quant aux cérémonies mêmes
du couronnement, elles font plutôt l'objet du droit cérémoniel que d'un traité
de droit public; auffi nous contenterons
nous d'en parler fuccinctement; en voici
les principales: l'Empereur fixe le jour
du couronnement; lequel arrivé, les Electeurs féculiers,   en habits électoraux,
montent à cheval, & conduifent l'Empereur jufqu'à la porte de l'églife; l'Archi-
Maréchal portant l'épée de l'Empereur,
& le Maréchal héréditaire le fourreau;
l'Ar-

f) ch. 28. §. 5.

l'Archi-Sénéchal le globe impérial; l'Archi-Chambelan le fceptre; l'Archi-Tréforier la couronne. ᵍ) Les trois Electeurs eccléfiaftiques reçoivent l'Empereur à la porte de l'églife. Après la meffe l'Empereur promet d'être foumis à
l'églife catolique & au Pontife de Rome; ʰ) de gouverner avec juftice; de
foutenir & recuperer les droits injufte-
ment enlevés à l'Empire. Suit l'onćti-
on; après laquelle l'Empereur, chargé
des ornemens impériaux, reçoit la couronne, qui lui eft impofée par les trois
Electeurs eccléfiaftiques; & il jure de
nouveau de conferver les loix, la juftice
& la paix de l'églife, & de veiller aux
droits de l'Empire: après quoi, & le *Te*
Deum

g) La bulle d'or chap. 26. §. 4. ordonne, que la
couronne d'Aix-la-Chapelle, (d'Allemagne,) & celle
de Milan, (de Lombardie,) feroient portés par des
Princes d'un rang inférieur, au choix de l'Empereur.
Cette difpofition ceffe depuis que l'Empereur n'a plus
qu'une couronne au Sacre, laquelle eft portée par
l'Archi-tréforier.

h) C'eft tout ce qui refte au Pape de fon droit de
couronner les Empereurs, & de fa prétention de pouvoir les detrôner.

Deum chanté, l'Empereur affis fur un trône, crée des Chevaliers; & rentré au conclave, il prête ferment en qualité de Chanoine de l'églife de Ste. Marie à Aix-la-Chapelle. Toutes ces cérémonies finies, l'Empereur fous un dais, & tous les Electeurs à pied, retournent à la cour impériale. L'Empereur dîne feul. [l]) Les Archi-Officiers [l]) de l'Empire exercent les fonctions de leurs charges. [m]) Après le jour de l'élection l'Empereur & les Electeurs fe font des vifites reciproques.

Des or-
nemens. §. 9. Les ornemens impériaux, (*Clenodia*) étoient autrefois gardés par l'Empereur même, & ceux qui s'en faififfoient après fa mort croïoient avoir

par

---

l) Les Electeurs ont auffi chacun leur table dans la même Sale que l'Empereur; mais elle doit être fuivant la bulle d'or, ch. 28. §. 1. de fix pieds moins élevée que celle de l'Empereur. Le couvert eft mis pour les Electeurs abfents; leur Envoyez ne font pas admis. Il y a une table commune pour les Princes. Les Députés des Villes font fervis dans une fâle féparée.

l) Ou leurs officiers héréditaires.

m) Voy. en le détail dans la bulle d'or, ch. 27.

par là droit de prétendre au trône. L'Empereur Sigismond, dans le tems des troubles fuscités en Bohême par les Huffites, confia ces ornemens à la ville de Nüremberg, qui en a confervé le depot jusqu' aujourd'hui, n) & qui les envoye par des députés à chaque couronnement d'un Empereur. Ces ornemens font, deux couronnes d'or, dont l'une eft la couronne impériale, l'autre celle de Germanie: o) l'anneau de Charlemagne, le globe d'or, & deux epées. p) Les vêtemens royaux font, une chappe, une tunique

n) Malgré les querelles continuelles qui lui ont été fuscitées de tout tems, furtout par la ville d'Aix-la-Chapelle, & qui ne font point encore entièrement terminées. Au refte le détail de cette difpute étant étranger à notre objet, nous nous contenterons de renvoyer le lecteur aux auteurs qui l'ont difcutée, comme *Jean Criftoph Wagenfeil* dans fon comment. de la ville de Nüremberg, *Viric Obrecht*, differt. de Clenodiis Imperii, quorum ufus eft in coronat. à Strasb. en 1677. Voy. furtout *Ludewig*, dans fa differtat. tenue à Halle en 1713. intitulée: Norimberga infignium imperialium tutelaris. On la trouve parmi fes opufcules tom. 2.

o) Que les Allemands appellent *Haus-crone*.

p) L'on croit que l'une eft celle de Charlemagne, l'autre celle de St. Maurice.

nique une etôle, une dalmatique, une ceinture, des gands & des fandales. q) Outre ces ornemens l'on voit au couronnement de l'Empereur quelques reliques également confervées à Nüremberg, & à Aix-la-Chapelle.

CHAP. III.

Des Titres, des Armes, & de la Réfidence de l'Empereur.

§. I.

Du titre d'Empereur. Le titre d'Empereur fignifioit du tems de la république de Rome un Général d'Armée: mais il changea de fignification fous Céfar a) & fes fuccefleurs, fous lesquels il dénotoit le Chef de l'Empire romain. Les Empereurs, depuis Charlemagne, b) ont confervé ce nom jusques aujourd'hui.

Au

q) Voyez en un plus ample détail chez *Ludewig*, fur la bulle d'or, part. 2. p. 268. 269.

a) *Suetone*, dans la vie de Jules Céfar chap. 67. *Dio-Caffius*, liv. 44. pap. 235. & liv. 52. pag. 473.

b) Charlemagne a pris le titre d'Empereur du confentement d'Irène de Nicéphore, & de Michel Empereur d'Orient.

Au refte les Empereurs, quoique élus & couronnés en Allemagne, ne portoient ci-devant que le titre de *Roi des Romains*, jusqu'à ce qu'ils euffent été couronnés à Rome, après quoi ils prenoient celui *d'Empereur Romain couronné*: mais les Vénitiens ayant refufé le paffage fur leurs terres à Maximilien I. qui alloit fe faire couronner à Rome, cet Empereur prit à Trente le nom *d'Empereur élu*, que Charles V. quoique couronné à Rome, conferva, & après lui tous fes fucceffeurs. c)

§. 2. Le nom *Augufte*, qui dans fa vraie fignification veut dire *facré*, d) doit fon ori-

Du Titre
Augufte.

c) Voyez le chapitre précédent.

d) C'eft ainfi qu'Ovide le rend dans fes faftes liv. I. vers 609.

„Sancta vocant *augufta* patres: *augufta* vocantur
„Templa facerdotum rite dicatu manu.

Le mot *facré* veut donc dire autant que *faint, inviolable*: & c'eft dans ce fens que quelques auteurs pretendent qu'on l'applique à l'Empire d'Allemagne; mais il eft plus probable qu'il vient des Empereurs Grecs, qui regardoient comme facré, comme divin, tout ce qui émanoit d'eux. V. *Bœcler* dans fa differtation de facro romano imperio; & *Mafcov* dans fon commentaire de rebus imperii. Ainfi les Allemands traduifent mal ce mot par ces termes, *Mehrer des Reichs*, qui pourtant font aujourd'hui reçus dans le ftile de la Cour.

L.

origine au Senat de Rome, qui le donna
à l'Empereur Octavien en haine du titre
de Roi dont les Succeffeurs de Romulus
avoient abufé: & c'eft fous ce nom principalement qu'il eft connu dans l'hiftoire.   Ses fucceffeurs confervèrent le nom
d'*Augufte*. Quelques uns fe firent appeller *toujours Auguftes;* e) & cette derniére
dénomination a été confervée jusqu'à
prefent par les Empereurs d'Allemagne. f)   Ils lui ajoutèrent celle de *Céfar*,
qui étoit le furnom du premier Empereur Romain, g) & qui dans la fuite fut
ordinairement donné à celui qui étoit dé-
figné pour fuccéder à l'Empire. Ce nom
fut

---

e) L'on ne trouve ce titre que dans le tems des
Empereurs Dioclétien & Maximilien. Voy. les infcrip-
tions, de Gruter, pag. 279. & 280.

f) Les couronnes de France & de Suède firent, lors
du congrès de Weftphalie, quelques difficultés à l'Empereur au fujet de ce titre; mais elles furent fans fuite. V. *Pfanner*, hiftoire de la paix de Weftphalie
liv. 5. §. 96. *Adam Adami* dans fa rélation hiftorique de la paix de Weftphal. pag. 440. & 441. & *Meyern* dans fes actes de la paix de Weftphal. tom. 4.
pag. 338.

g) V. *Dio Caffius* liv. 53.

fut adopté par les Empereurs d'Orient, qu'ils rendirent par le mot Καῖσαρ; c'eſt de ce nom que vient le mot allemand *Kaiſer, Empereur,* & non du mot *Kieſen,* qui veut dire élire; car *Kieſer* ſigniſioit Elec-teur & non Empereur. Maximilen I. ajouta à ces titres celui de *Roi de Germa-nie,* dont pluſieurs de ſes prédéceſſeurs s'étoient déja ſervis.

§. 3. Outre ces titres, pluſieurs Em-pereurs ſe ſont approprié des éloges, in-ventés ſoit par l'orgueil ſoit par l'adula-tion, mais qui ſont tous ſans crédit au-tant que ſans eſſet. C'eſt dans cet eſprit de vanité que principalement au 12. Sié-cle, ils ſe ſont attribué celui de *Maitres du Monde.* h) Les juriſconſultes de Bolo-gne, pour en démontrer la vérité à Fré-déric Barberoſſe, qui ne demandoit qu'à connoitre les droits légitimes de l'Em-

Autres Titres.

L 2 pereur

h) Le Sénat & le peuple romain écrivoient à Con-rad III. *excellentiſſimo ac præclaro urbis & orbis to-tius domino:* „au très excellent & ſéréniſſime maitre „de notre ville & du monde entier. V. *Goldaſt,* con-ſtit. imper. pag. 261.

pereur fur les Princes d'Italie, annaliſe-
rent le texte fuivant St. Luc. [i]) *pro-*
mulgatum eſt ediĉtum a Cæſare Auguſto, ut de-
ſcriberetur totus orbis; „il a été publié un édit
„de Céſar Augufte, pour faire un dé-
„nombrement des habitans de toute la
„terre„ Ce qu'il y a d'étonnant, c'eſt que
Fréderic ait vû cette extravagante déciſion, & ait penſé à l'exécuter. [l]) Il n'eſt
pas moins inconcevable, (à moins que
l'on croïe fans bornes le droit de flatter
l'ambition des Souverains,) que Bartho-
le [m]) ait encore oſé regarder ce parado-
xe comme un article de foi, & en ait
perſuadé Charles IV. au point qu'il le fît
fervir d'infcription au fcel de la bulle d'or,
& le répétât pluſieurs fois dans cette
loi. [n]) Ce titre eſt oublié aujourd'hui.

§. 4.

i) Chap. 2. vers. 1.
l) C'eſt ainſi que Fréderic foutenoit aux envoyez
Grecs „qu'il avoit reçu à Rome la couronne & l'Em-
„pire de toute la chretienté. Voy. *Tageno* dans ſa
deſcription de l'expédit. aſiatique, pag. 409.
m) Il dit fur la loi 24. ff. de captiv. & poſtlim. revers. que tous ceux qui foutiennent ou enfeignent le
contraire, font des hérétiques.
n) V. la bulle d'or ch. 2. §. 3. 4.

§. 4. Le titre de chef de la chrétien- Chef de
té étoit foutenable dans le tems que Char- la Chré-
lemagne gouvernoit feul l'Europe pres- tienté.
qu'entiére : mais depuis que fes vaftes
Etats ont été partagés, ils font devenus
indépendans les uns des autres ; & les
deux monarchies univerfelles de Leibnitz, °) celle du Pape & celle de l'Empereur, peuvent être mifes au nombre de
ces fçavantes chiméres, qui amufent le
loifir d'un philofophe, mais qui guide-
roient mal ceux qui tiennent les rênes
d'un gouvernement.

§. 5. Au refte fi l'Empereur a con- Préféance
fervé le premier rang parmi les Princes de l'Em-
de l'Europe, ce n'a été que parceque dans pereur
l'origine ceux-ci étoient trop foibles fur les
pour le lui difputer : ainfi cette préféan- autres
ce eft moins le fruit de quelque préroga- Potentat
tive inhérente à l'Empire, que de la force, originairement, & enfuite du confentement des Princes, c'eft à dire en un

L 3 mot

o) *Godefroy Guillaume Leibnitz* fous le nom de
Cæfarinus Fürftenerius, a donné un traité intitulé,
de jure fuprematus ac legationis principum imperii.

mot qu'elle eſt moins de droit que de convention.

§. 6. Les titres dont les Empereurs ſe ſervent aujourd'hui ſont: *Nous N. par la grace de Dieu, Empereur Romain élu, toujours Auguſte, Roi de Germanie;* après lesquels ils ajoutent les autres titres qu' ils ont, ſoit des terres qu'ils poſſèdent, ſoit de celles ſur lesquelles ils ont des prétentions: c'eſt ainſi que l'Empereur d'aujourd'hui prend le titre de Roi de Jéruſalem. Ils ajoutent quelquefois à tous ces titres celui d'*Advocat de l'égliſe romaine.*

Enfin le titre de *Majeſté* eſt dû à l'Empereur ainſi qu' à toutes les têtes couronnées.

§. 7. Les armes de l'Empereur ſont un aigle noir à deux têtes chargées de la couronne impériale. Les auteurs ſont fort incertains tant ſur leur origine que ſur leur ſignification. Quelques uns les font deſcendre d'un ancien Roi des Germains nommé *Adler,* ce qui veut dire aigle. D'autres croyent qu'elles ont été adoptées en memoire de deux aigles rem-

remportés par les Germains après la de-
faite de Varus. D'autres lui donnent pour
fignification la divifion de l'Empire en
oriental & occidental; d'autres enfin difent qu'elles marquent la tranfaction paf-
féé entre Charlemagne & Nicéphore.
Ludewig prétend que les Marggraves de
Brandebourg avoient autrefois pour armes deux aigles parcequ'ils poffédoient
deux marggraviats, & que l'Empereur
Sigismond, poffeffeur du Brandebourg,
étant parvenu au trône conferva ces
deux aigles, & les tranfmit à fes fucceffeurs. Mais cette opinion eft très dou-
teufe, ainfi que toutes les précédentes.
Ce qu'il y a de für c'eft, que l'aigle à
double tête eft d'un ufage courant depuis Charles V. ᵖ)

§. 8. Les anciens Empereurs de
Rome n'avoient d'autres fceaux qu'un
anneau gravé à fantaifie. Augufte fe
fervoit d'un Sphinx. Enfuite vint l'ufa-

L 4

ge

ᵖ) V. *Struve* dans fon corps de droit publ. ch. 8.
§. 45. & 46.

ge des Monogrammes, ⁹) dont les Rois
Mérovingiens, ʳ) Charlemagne & fes fuccefleurs fe font fervis, jusqu'à ce qu'enfin, après bien des variations, l'aigle à
double tête, dont nous venons de parler
ait été introduit & adopté pour armes
de l'Empereur. ˢ)

De la ré-
fidence.

§. 9. Anciennement les Empereurs
parcouroient toutes les parties de l'Allemagne pour juger les caufes de leurs
fujets ᵗ). Il y avoit pour cet effet dans
presque toutes les Provinces, des Chateaux ᵘ) où les Empereurs réfidoient
fucceffivement, jusqu'à ce qu'ils euffent
terminé les affaires de chaque Province.
C'eft par cette raifon, que dans ces tems
les Empereurs n'avoient point de réfi-

den-

q) Voy. en une collection chez *du Frefne* dans fon
gloffaire, au mot *Monogrammata.* Voy. auffi *Jacques Sirmond* dans fes notes fur la capitul. de Charles le Chauve pag. 791. de l'edition de Baluze.

r) V. *Mabillon* de re diplomatica liv. 2. ch. 10. §. 10.

s) Auxquelles ils ajoutent ordinairement les armes
de leur famille, & celles des terres auxquelles ils ont
des prétentions.

t) V. liv. 4. ch. 13. §. 1.

u) *Palatia, Cortes, Villæ regiæ.*

dence fixe. Louis V. de Baviére fut le premier des Empereurs qui établit la fienne dans fes Provinces héréditaires. Ses fucceffeurs imitèrent fon exemple. Charles IV. & Wenceslas réfidoient la plûpart du tems en Bohême. Robert dans le Palatinat; Sigismond en Hongrie. Charles V. & fes Succeffeurs jusqu'aujourd'hui, ont tous tenu la leur à Vienne. Il eft dit à cet égard dans la capitulation x) que l'Empereur réfideroit continuellement en Allemagne; à moins que les circonftances des tems ne s'y oppofaffent.

x) Art. 23. §. 1.

L 5   CHAP. IV.

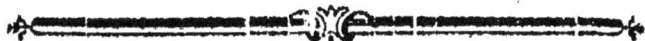

CHAP. IV.

Du Roi des Romains.

§. 1.

Définiti-
on.
Nous appellons ici Roi des Romains le Succeſſeur au trône d'Allemagne, élu du vivant de l'Empereur. Ce titre eſt auſſi donné aux Empereurs même avant qu'ils aient reçu la couronne d'Allemagne; & c'eſt dans ce ſens qu'en parle la bulle d'or ᵃ) qui eſt abſolument muette ſur l'élection d'un Roi des Romains, du vivant de l'Empereur, de laquelle nous traitons ici.

Origine. §. 2. L'uſage de nommer un ſucceſſeur à l'Empereur encore vivant n'eſt pas nouveau. Charlemagne, durant ſa vie,

par-

a) Ch. 1. §. 1. 19. ch. 2. §. 1. ch. 18. §. 2. autrefois les Empereurs portoient ce titre après le couronnement d'Allemagne & avant celui de Rome. Charlemagne l'a même porté après le couronnement de Rome.

partagea fes Etats entre fes enfans, &
leur donna le titre de Roi. Ses defcendans en firent de même. Après eux
l'Empire étant devenu électif, les Empereurs qui vouloient afîûrer le trône à
leurs fils, étoient obligés de les faire élire.
Quelques uns croyoient cette élection
vaine fans le confentement du Pape. b)

§. 3. Le filence de la bulle d'or fur
cette matiere engagea les Etats de la ligue de Schmalkalden à s'oppofer à Charles V. lorsqu'il voulut faire élire fon frére Ferdinand I. Roi des Romains, fous
prétexte, que pareille élection nuifoit à
la

Origine des difpu- tes fur le pouvoir d'élire.

b) C'eſt ainfi que Charles IV. lors de l'élection de
fon fils Wenceslas, écrivit au Pape Grégoire XI. *comme l'on ne ſçauroit procéder à la célébration de pareille élection fans votre bon plaifir, confentement,
grace & faveur.* A quoi le Pape répondit: *quoique
pareille élection, de ton vivant, ne puiſſe ni doive
être célébrée de droit: efpérant pourtant qu'à l'aide
de Dieu il en refultera l'utilité publique, nous ac-
cordons, en vertu des prefentes, & de notre autorité apoftolique, pour cette fois feulement, notre
bon plaifir, confentement, faveur & grace pour la
fusditte élection.* Voy. le Cod. diplomat. de *Leibnitz*
Mantiſſa part. 2. n. 50. pag. 261. & *Raynold* à l'an
1376. §. 13.

la liberté germanique, que par conféquent elle ne pouvoit fe faire qu' après
que les Electeurs & les Princes auroient
délibéré fur fa néceffité. Mais nonobftant cette contradiction, Ferdinand fut
élu Roi des Romains. L'Electeur de
Saxe, chef de la ligue de Schmalkalden,
& fes alliés, ratifièrent fon élection par
le traité de Cadam; (1534) pár lequel on
convint en outre, que fi à l'avenir il s'a-
giffoit d'élire un Roi de Romains du vivant de l'Empereur, les Electeurs con-
féreroient entre eux fur les motifs & l'u-
tilité de cette élection, à peine de nullité.

§. 4. On agita, fous le règne de
Rodolphe II. la queftion de fçavoir, fi
l'on pouvoit élire un Roi des Romains
contre la volonté de l'Empereur. c) Les
Electeurs qui avoient à faire à un Empereur foible, foutinrent l'affirmative
avec fuccès, & inférèrent dans la capi-
„tu-

c) V. les moyens pour & contre chez *Limnæus*
dans fon droit public, ch. 15. n. 11. 15. 28. & fuiv.

tulation de Mathias,[d] „qu'ils jouiroient
„librement de leur droit d'élire un Roi
„des Romains, foit pour foulager l'Em-
„pereur, foit que la néceffité ou l'utilité
„de l'Empire l'exigeât; le tout avec ou
„fans le confentement de l'Empereur, au
„cas qu'il l'eût refufé fans raifon légi-
„time.

§. 5. La querelle au fujet d' l'élécti-
on d'un Roi des Romains fut renouvellée au congrès de Weftphalie. Les François & les Suedois[e] vouloient qu'il fût ordonné, qu'à l'avenir l'on n'éliroit un Roi
des Romains qu'après la mort de l'Empereur.   Les Etats proteftans deman-
doient l'exécution de la bulle d'or fans
innovation: mais l'Empereur, les Electeurs & la plûpart des Princes même
s'y oppofèrent.   Les Suédois alors changèrent leurs propofitions; & la France
fit voir, qu'en appuyant les prétentions

des

d) Art. 35.
e) V. leurs propofitions de l'an 1645. §. 5. chez
Meyern, actes de la paix de Weftphalie, tom. I. p. 437.
620. 812. t. 2. p. 201.

des Etats, fon deffein n'étoit aucunement de nuire aux droits des Electeurs,
mais uniquement d'empêcher que l'Empire ne devînt héréditaire. [f]) Ses propofitions furent rejettées comme contraires aux droits & à la liberté des Electeurs; ce qui engagea les Princes à demander fimplement, à ce que l'on tra-
vaillât à trouver un milieu pour terminer ce différeñd. Mais les Electeurs ne
voulurent point les écouter, fous prétexte, que la queftion *an* leur appartenoit, privativement aux Princes, ainfi que celles de fçavoir *quand* & *qui* devoit
être élu Roi des Romains. Ceux-ci en
convenant que c'étoit effectivement aux
Electeurs à décider qui devoit être élû
Roi des Romains, foutinrent en même
tems que c'étoit à Eux, conjointement
avec les Electeurs, à décider s'il faut en
élire un, parceque, fuivant les Princes,
cette derniére queftion étant une affaire
qui regarde tout l'Empire, la décifion
en appartenoit à tout l'Empire. Toutes

f) V. *Meyern* à l'endroit cité.

tes ces queſtions furent renvoyées à la
future diéte; ᵍ) la matiére fut miſe ſur le
tapis en 1653. mais, ſans rien décider, on la
renvoya à la diete qui ſubſiſte encore
aujourd'hui, & à laquelle elle eſt encore indéciſe.

§. 6. Il eſt vrai, que lorsqu'il fut
queſtion entre les Electeurs & les Etats
(1711) de projetter une capitulation perpétuelle, on convint par l'article 3. „que
„les Electeurs, leurs deſcendans & Suc-
„ceſſeurs conſerveroient leur libre droit
„d'élire un Roi des Romains, ſoit con-
„formément à la bulle d'or, ſoit du vi-
„vant de l'Empereur; lequel dernier
„cas pourtant n'auroit lieu, qu'en cas
„que l'Empereur actuellement règnant
„fût abſent de l'Empire, pour toujours
„ou pour longtems; ou qu'il fût empê-
„ché de ſe mêler du gouvernement par
„ſon âge avancé ou par des incommodi-
„tés continuëlles; ou enfin dans le cas
„qu'une

De quelle maniére decidée.

g) Voyez le traité d'Osnabrück, art. 8. §. 3. & toute
la négociation chez *Henniges*, dans ſes méditations
ſur la paix de Weſtphalie, pag. 964. 965.

„qu'une néceffité preffante, & d'où dé-
„pende la confervation & le falut de
„l'Empire, exigcât pareille élection; la-
„quelle dans les cas mentionnés, fe fe-
„roit avec ou fans le confentement de
„l'Empereur actuel, au cas qu'il l'eût re-
„fufé fans jufte caufe. [h])

§. 7. Quoique le projèt de la capitulation perpetuelle n'eût point été reçu, les Electeurs inférèrent néanmoins
l'article ci‑deffus dans la capitulation de
l'Empereur Jofeph, dans celle de Charles VI. Charles VII. & de François I. [i])
fans que jufqu'à prefent cette importante queftion ait été décidée.

Cérémo- §. 8. L'on obferve au couronne-
nies du ment d'un Roi des Romains les mêmes
couron- cérémonies qu'à celui de l'Empereur;
nement. & il eft également obligé de figner une
capi-

h) Cet article avoit déja été inféré dans la capitulation de Mathias.
i) Art. 31 §. 11. où il eft dit fur la fin: „Nous vou-
„lons & devons approuver, ainfi que nous approu-
„vons par les prefentes, le fusdit traité paffé entre
„les Electeurs & les Princes, avec promeffe de nous
„y conformer.

capitulation; mais elle ne lui donne aucun pouvoir actuel, [1]) parcequ'il est obligé de promettre de ne point aspirer au
gouvernement avant la mort de l'Empereur regnant: [m]) aussi n'agit il qu'au
nom & comme délégué de l'Empereur,
auquel il donne le titre de *Majesté*, & de
Maître, tandis qu'il ne reçoit de lui que
celui de *Dilection*; ce qui fait douter avec
justice s'il jouit du droit de Majesté, qui
est en Allemagne, comme dans tous les
autres Etats, un & indivisible. Comment effectivement peut-on concevoir
l'idée de Majesté dans une personne qui
n'a ni droits ni pouvoir actuel, & qui ne
représente par soi même aucun corps qui
jouisse de cette éminente marque du pouvoir suprême?

§. 9.

l) Rodolphe II. promet dans sa capitulation de ne
point se mêler de l'administration de l'Empire, qu'autant que cela lui seroit permis par sa Majesté impériale.

m) D'où l'on peut voir combien est chimérique l'a-
xiome de quelques publicistes qui disent: *Que le Roi
des Romains peut autant que l'Empereur, quoique
pas toujours, ni chaque fois en son nom:* le Baron
d'Andler, tom. 2. de ses constitut. impérial. pag. 11. 42.

M

Armes. §. 9. Les armes du Roi des Romains font un aigle à une tête. Quelques auteurs lui attribuent le droit d'annoblir, d'accorder des privilèges aux Univerſités, de prononcer le ban de l'Empire, & quelques autres femblables: mais ces droits ne font fondés ni fur l'ufage ni fur la loi; ainſi ils doivent tout au moins être regardés comme douteux, auſſi bien que celui de préféance fur les autres Princes couronnés. n)

n) Les principaux auteurs qui ont traité du Roi des Romains font *Nicolas Chriſtophe Lyncker* dans fa diſſertat. de *Romanorum Rege; Jean Chriſtophe Wagenſeil*, fous le même titre; *Hoffmann*, dans fa *bibliothèque de droit publ.* n. 2525. 2573.

CHAP. V.

CHAP. V.
De l'Impératrice.
§. 1.

L'Impératrice participe au rang & à la dignité de l'Empereur: mais elle n'a aucune part au gouvernement de l'Allemagne; & si l'histoire fournit des exemples qu'autre fois quelques-unes ont tenu le gouvernail, ils ne prouvent autre chose sinon que ces Impératrices avoient des Epoux ou foibles ou complaisans. *Son pouvoir.*

§. 2. L'Impératrice a, tout comme l'Empereur, ses Archi-Officiers, dont la première origine est difficile à découvrir. Son Archi-Chancelier est l'Abbé aujourd'hui Evêque de Fulde. Charles IV. lui confirma cette charge en 1358. comme un droit à lui appartenant de tems immémorial. [a] Son Archi-Cha- *Ses Archi-Officiers.*

M 2   pelain

a) V. le diplome chez *Waldschmidt*, de Augustæ Archi-Cancellario §. 11.

pelain eſt l'Abbé de St. Maximin : Il
jouit de cette dignité depuis très longtems ; on en voit la preuve dans le diplome d'Othon I. de Henri III. & de Henri IV. [b] En 1626. l'Empereur Ferdinand II. lui confirma de nouveau cette
dignité. [c] L'Abbé de Kempten eſt Archi-Maréchal de l'Impératrice : l'on in-
gnore l'origine de ſon droit. L'Empereur Léopold le confirma (1683.) à l'Abbaye de Kempten, comme un droit dont
elle jouit depuis un tems immémorial. [d]
La Grand-Maitreſſe de l'Impératrice eſt
très conſidérée. L'on a diſputé autrefois quelle place elle devoit occuper au
couronnement de l'Impératrice : Ferdinand III. a décidé la queſtion par un décret de 1653. [e]

§. 3.

b) V. *Zyllefius*, defenſio Abbatiæ St. Maximini
part. 3. II. 22. pag. 34.

c) V. le diplome chez *Lunig*, continuatio. du
ſpicilegii ecclefiaſt. pag. 318. & chez *Zyllefius*, ibid.
part. 3. n. 86.

d) V. le diplome chez *Schmid*, dans ſon *Audienz-
Saal*, pag. 67. & chez *Lunig*, Reichs-Archiv, ſuple-
ment. 1. à la continuation 3. pag. 179.

e) V. le diplome chez *Londorp*, tom. 7. pag. 31.

§. 3. On prétend que les Impératri- Des pré-
miéres
priéres. ces exerçoient autrefois le droit de premiéres priéres dans les maisons de religieuses: fi cela eft vrai, elles ne l'ont jamais fait qu'en vertu d'une conceffion fpéciale de l'Empereur. f)

CHAP. VI.

Des Archi-Officiers.

§. 1.

Les anciens Rois des Francs, & fur- Des Ar-
chi-Offi-
ciers. tout Charlemagne, célébroient de grandes fêtes avec beaucoup d'éclat & de Pompe. Elles étoient furtout caractérifées par des cérémonies finguliéres;

M 3   par

f) La raifon pour laquelle les eccléfiaftiques font parvenus à ces charges, femble être, qu'autrefois les Impératrices avoient coutume de paffer le tems de leur veuvage ou dans un couvent ou dans le voifinage: par là les Abbés eurent occafion d'obtenir toutes ces diftinctions. Les auteurs les plus étendus fur cette matiére font, *Fritfchius,* de *Augufta Romanorum Imperatrice: Waldfchmid* deja cité: *König* de *Archi-Marefchallis Auguftæ Imperatricis.*

par des proceſſions : par de grands Feſtins
auxquels quelques-uns d'entre les Princes
s'acquittoient de certaines fonctions attachées à leurs charges. Ces Princes
étoient appellés Archi - Officiers de
l'Empire ou Officiers Palatins.

Quelques - uns de ces Archi - Officiers ſont nommés Archi - Officiers eccléſiaſtiques, non pas qu'ils ſoient eccléſiaſtiques par leur nature même; mais
parcequ' anciennement on les conféroit
toujours à des perſonnes eccléſiaſtiques. ᵃ) Les autres ſont ſéculiers.

Des Ar- §. 2. Ces eccléſiaſtiques étoient em-
chi - Offi- ployés à la Cour des Rois pour les cau-
ciers de
l'Empire. ſes eccléſiaſtiques, & pour d'autres fonctions, ſoit qu'elles euſſent un rapport
direct

d) La raiſon en eſt ſimple. Dans le tems où ces
officiers furent établis, l'Allemagne étoit plongée dans
une ſi grande ignorance, qu'il n'y avoit preſque que
les Eccléſiaſtiques qui ſçuſſent le latin: & comme cette langue étoit alors preſqu' uniquement reçue pour
les affaires publiques & pour la Chancellerie, il falloit néceſſairement y employer des perſonnes eccléſiaſtiques.

direct avec leur dignité, soit qu'elles ne la regardassent qu'indirectement. Il y avoit entre autres, *l'Apocrisiaire* ou *Responsalis*, qui étoit chargé de rapporter au Roi les causes ecclésiastiques [b]). Par la suite cet Officier fut aussi chargé de faire les fonctions sacerdotales dans la chapelle du Roi, d'où il eut le titre *d'Archi-Chapelain*.

Dans ce tems les Archives publiques étoient dans la Chapelle du Roi. Celui qui en avoit la direction étoit appellé Archi-Chancelier. Cet office étoit fort souvent réuni en la même personne avec celui d'Archi-Chapelain; l'usage en devint même constant. Mais ce dernier titre fut oublié insensiblement; & celui d'Archi-Chancelier fut seul conservé.

§. 3. Il est vraisemblable qu'ancien- *Du nom-* nement le nombre des Archi-Chance- *bre.* liers dépendoit de la seule volonté de

M 4 l'Em-

b) V. *Pierre de Marca,* Concordantia Sacerdotii & Imperii, liv. 3. ch. 7.

l'Empereur, & qu'ils n'étoient point ir-revocablement attachés à de certains pays. Ils furent peu à peu fixés au nombre de trois: dont chacun eut un dif-trict féparé. L'Archévêque de Mayen-ce devint Archi - Chancelier en Allema-gne; celui de Cologne en Italie; celui de Trèves dans la Gaule Belgique & dans le royaume d'Arles. La premiére époque de cet établiffement eft fort in-certaine: Tout ce que les anciens titres nous apprennent, eft, qu'au 12. & 13. Sié-cle trois Arnouth ont occupé ces trois Archévêchés, & ont tous trois pris la qualité d'Archi - Chanceliers.

Etat ac-tuel.

§. 4. A l'égard des Fonctions de ces trois Archi - Chanceliers, il faut obfer-ver qu'au douziéme & treiziéme Siecle elles s'exerçoient par celui des trois pour le diftrict duquel les diplomes de-voient être expédiés; de façon que les affaires d'Allemagne regardoient l'Ar-chévêque de Mayence, celles d'Italie l'Archévêque de Cologne, & celles de la Gaule Belgique l'Archévêque de Trè-ves.

ves. Dans la fuite l'on ne fit plus attention qu'à l'endroit où les diplomes étoient dreffés: ainfi, par exemple, l'Archévêque de Cologne exerçoit feul les fonctions d'Archi-Chancelier, lorsque l'on traitoit & expédioit en Italie, quand même les objets euffent regardé l'Allemagne. Il en étoit de même des deux autres.

Aujourd'hui l'Archi-Chancelier d'Italie, & celui de la Gaule Belgique & d'Arles, font fans fonctions, parceque l'Empereur ne fait plus aucune réfidence en Italie, & que la plus grande partie de la Gaule Belgique, ainfi que le Royaume d'Arles, ne reconnoiffent plus la domination Allemande. Ces deux Archi-Chanceliers n'ont confervé que le titre.

L'Electeur de Mayence exerce feul les fonctions d'Archi-Chancelier: elles lui donnent beaucoup de crédit & d'autorité dans l'Empire.

Du Vice-
Chance-
lier.

§. 5. L'Archi - Chancelier nomme un Vice - Chancelier, c) *Reichs - Hoff - Vice-Canzler*) qui dirige la Chancellerie Impériale. Anciennement des Evêques occupoient cette place : enfuite des Docteurs en droit : elle eft aujour'hui ordinairement remplie par un Noble. Voici ce que l'Empereur promet d) à fon égard : „Nous n'attirerons point à la Chan-„cellerie de nos païs héréditaires, mais „ferons paffer par les mains du Vice-„Chancelier de l'Empire, tout ce qui „concerne les befoins de l'Empire, les „affaires de la Diéte, les inftructions „pour nos Ambaffadeurs Impériaux, „leurs rélations des les affaires de l'Em-„pire; ainfi que tout ce qui regardera „les guerres, les traités de paix & tou-„tes les autres négociations de l'Empire.

§. 6. Outre cette Chancellerie il y en a encore deux en Allemagne: celle de l'Empire qui eft à la diéte de Ratisbonne.

---

c) V. la capit. de Ferdinand IV. art. 40.
d) V. la capitulat. de François I. Art. 25. §. 4.

ne. Elle eſt dirigée par l'Electeur de Mayence: Et celle de la Chambre Impé‑riale, qui a à ſa tête un Directeur (*Cam‑mer - Canzley - Verwalter*) nommé par l'E‑lecteur de Mayence. e)

§. 7. Les Archi - Officiers ſéculiers, ou Palatins, ainſi que les précédens, ti‑rent leur origine des Cours des premiers Rois des Francs. Les Empereurs de la ra‑ce Carlovingienne les conſervèrent pour la plûpart. *Hincmar* f) nomme les Offi‑ciers ſuivans ſous Charlemagne & Louis le Débonnaire: 1) Le Chambelan (*Camerarius*), 2) le Comte du Palais, (*Co‑mes Palatii,*) 3) le Sénéchal, (*Seneſcallus,*) 4) le Boutellier, (*Buticularius,*) 5) le Con‑nétable, (*Comes Stabuli*) 6) le Fourier, (*Manſionarius,*) 7) les Veneurs princi‑paux

Archi‑Officiers ſéculiers.

e) V. *Mallincrot*, De Archi‑Cancellariis S. R. I. *Wagenſeil* de S. R. I. Summis Officialibus: *Maſcov* de Origine Archi‑Officiorum: *Struve* Bibliothéque de droit, ch. 16. §. 17. *Frank*, Notitia ſcriptorum de Officiis S. R. I. Aulicis.

f) Epiſtola pro inſtitutione Carolomanni Regis ad proceres regni.

paux, (*Venatores principales*) 8) un Faul-
connier, (*Falconarius.*)

Mais il faut remarquer que ces offices étoient alors très différents de ce
qu'ils font aujourd'hui. Ce n'a été que du
tems de la Bulle d'or qu'ils ont obtenu
leur forme actuelle. Suivant cette loi 8)
le Roi de Bohême eft Archi - Echanfon,
(*Archi - pincerna, Erz - Schenk*); le Comte
Palatin du Rhin, Archi-Sénéchal ou Ar-
chi-Maitre d'Hôtel, (*Archi-Dapifer, Erz-
Truckfes,*) l'Electeur de Saxe, Archi-Maréchal (*Erz - Marfchall*;) le Marggrave de
Brandebourg, Archi-Chambelan (*Erz-
Cammerer, Archi - Camerarius.*)

§. 8. Le nombre des Electeurs
De la
création
des nou-
veaux of-
fices.
ayant été augmenté deux fois, on a chaque fois penfé à la création d'un Archi-
Officier. En 1652. on inventa celui d'Archi - Tréforier en faveur de l'Electeur Palatin dont la charge d'Archi - Sénéchal
avoit paffé à l'Electeur de Bavière. Lorsqu'au commencement de ce Siécle le Duc
de

8) Tit. 4. §. 5. tit. 22. §. 27.

de Hanôvre fut élevé à la dignité électorale, on fongea également à un Archi-
office: on propofa çelui d'Archi-porte-
banniere de l'Empire: mais le Duc de
Würtemberg s'oppofa par la raifon, qu'
il en étoit invefti; que par conféquent
on ne pouvoit le lui enlever. Cet obftacle fut levé lorfqu'après la profcription
de l'Electeur de Bavière, le Comte Palatin rentra dans la charge d'Archi Sénéchal, & céda à la maifon de Hanôvre
celle d'Archi-Tréforier. Mais la queftion fut renouvellée lorsque l'Electeur
de Baviére fut rétabli dans fon Electorat & dans fa charge d'Archi-Sénéchal.
Alors l'Electeur Palatin foutint que fa
charge d'Archi-Tréforier lui retournoit;
la Maifon de Hanôvre au contraire prétendit en avoir été inveftie irrévocable-
ment.

Cette difpute n'eft point encore terminée: & en attendant qu'on ait trouvé
un Archi-Office convenable pour l'E-
lecteur de Hanôvre, ces deux Electeurs prennent chacun le titre d'Archi-
Tré-

Tréforier, avec proteftation réciproque.
L'Empereur promet [h]) de veiller à la décifion de cette affaire.

**Des Offi-
ciers hé-
réditai-
res.** §. 9. Les Archi - Officiers ont chacun leurs Vicaires [i]) appellés Officiers
héréditaires [k]) (*Erb - Beamte*). Leur origine eft incertaine. [l])

Aujourd'hui le Vicaire du Roi de
Bohême eft le Comte d'Althan : celui
de l'Electeur de Baviére, le Comte de
Waldbourg : celui de l'Electeur de Saxe, le Comte de Pappenheim : celui de
l'Electeur de Brandebourg, le Prince
de Hohenzolleren : celui de l'Archi-Tréforier, le Comte de Sinzendorf.

Chacun de ces Officiers héréditaires reçoit l'inveftiture de fon Office des
mains de l'Archi - Officier dont il eft le
Vicaire. L'Empereur promet [m]) de les
main-

---

h) Dans fa capitul. art. 3. §. 5.

i) Leur établiffement ne remonte point jusqu'à l'inftitution des Archi - Officiers.

k) V. la bulle d'or, tit. 27. §. 2.

l) V. *Ludewig*, dans fon commentaire fur la bulle d'or.

m) Dans fa capitulat. art. 3. §. 24.

maintenir dans tous les droits attachés à leurs offices, & d'empêcher que ces officiers °) ne faffent au préjudice des premiers, les fonctions, & ne perçoivent les émolumens que les loix y attachent.

CHAP. VII.

Des Vicaires de l'Empire.

§. 1.

L'Allemagne ayant par la nature mê- Motif. me de fon gouvernement, toujours été affujettie aux interregnes, & aux defordres qui d'ordinaire les accom- pagnent, on a établi les Vicaires de l'Empire, pour empêcher qu' à la mort de l'Empereur, l'Empire ne fût entiére- ment fans chef. Ces Vicaires, (*Provifo- res Imperii*, Reichs - Verwefer,) font cer- tains Princes de l'Empire que les loix au- Définition tori-

n) Outre les Archi-Officiers & les Officiers hérédi- taires dont nous parlons dans ce Chapitre, les Empe- reurs ont encore à leur Cour des Officiers ordinaires, ainfi que les autres Souverains.

toriſent de gouverner l'Allemagne pendant la vacance du trône. ᵃ)

§. 2. La bulle d'or nomme Vicaires de l'Empire,   l'Electeur Palatin
& l'Electeur de Saxe.   Le tems où
chacun d'eux a été revêtu de cette
dignité eſt auſſi incertain,   que le vrai
motif ſur lequel on a fondé cette prérogative,   eſt obſcur. ᵇ)   Pluſieurs publiciſtes ont fait des recherches pénibles
pour en découvrir la véritable ſource;
mais aucun d'entre eux ne ſemble avoir
réuſſi tellement qu'il n'y ait rien à répon-
dre

a) Le droit des Vicaires de l'Empire, autoriſé &
limité par les loix pnbliques, eſt univerſel & perpétuel; ainſi il faut le diſtinguer I.) des Vicaires des
Empereurs, dont le pouvoir ne ſubſiſtoit que pendant
les voïages que les Empereurs avoient ci-devant coutume de faire en Italie; & finiſſoit à leur retour.
II) des Vicaires particuliers dont le pouvoir ne s'é-
tendoit que ſur des provinces particulieres. III) des
Vicaires temporels qui n'étoient nommés que pour un
certain tems.

b) La négligence des écrivains du moyen âge en eſt
la cauſe; parcequ'ordinairement ils ſe contentoient
d'écrire la vie de l'Empereur, ſans faire mention de
ce qui ſe paſſoit après ſa mort.

Origine de l'Electeur Palatin.

dre à fes conjectures. ᶜ)   Quant à l'E-
lecteur Palatin; il eft très vraifemblable
que fa qualité de Juge du Palais de l'Empereur lui en ait fraïé le chemin, d'autant plus que l'influence de fon autorité dans le gouvernement lui fourniffoit
l'occafion la plus favorable de profiter de
la mort de l'Empereur: auffi fçavons
nous que Rodolphe de Habsbourg lui
affûra ce droit par un diplome de l'an
1276. ᵈ) comme une prérogative qui depuis longtems appartenoit à fon Electorat.

§. 3.

c) V. *Auguftin de Canufio* ou *Gundling*, Bedenken von dem Urfprung der beyden Reichs-Vicarien.
Bourch. Gotth. Struve, hiftorifche Nachricht von denen Vicariaten des heil. röm. Reichs. *Ludewig* dans
fon commentaire fur la bulle d'or. *Spener* dans fon
droit public.

d) Le diplome fe trouve chez *Leibnitz*, dans fon
code du droit des gens diplomatique, part. 2. p. 101.
en voici les termes: *Ut cum clariffimus gener no-*
fter Princeps Magnificus Ludovicus C. P. R. Dux
Bavariæ inter alias fuorum principatuum præroga-
tivas hoc infigne jus habeat ab antiquo, quod va-
cante imperio, principatus, terras, poffeffiones, &
alia jura imperii cuftodire debeat, & finceritate de-
bita confervare, quousque romano Imperio de Prin-
cipe fit provifum, per eos, vel majorem partem
eorum, ad quos provifio hujusmodi nofcitur perti-
nere.

N

De celui
de Saxe.

§. 3. L'origine du droit de l'Electeur de Saxe eſt beaucoup plus obſcure,
& fournit d'avantage matiére aux conjectures par le ſilence tant des hiſto-
riens que des diplomes mêmes. Mr. Ludewig ꭼ) fait dériver ce droit de la dignité de l'Archi - Maréchal, en vertu de
laquelle l'Electeur de Saxe exécutoit les
ſentences rendues ſoit par l'Empire,
ſoit par le Comte Palatin, exerçoit la
jurisdiction criminelle, & partageoit en
quelque ſorte par là, les fonctions du
vicariat avec le Comte Palatin. Cette
conjecture de Mr. Ludewig a beaucoup
d'apparence ; mais elle n'eſt point ſatis-
faiſante.

Contenu
de la bul-
le d'or.

§. 4. Quoi qu'il en ſoit, ces droits
ont été confirmés aux deux Electeurs
par la bulle d'or, ꭼ) dont voici les termes: „chaque fois que le St. Empire
„viendra à vâquer, l'illuſtre Comte Pa-
„latin

ꭼ) M. *Ludewig* à l'endroit cité, au titre des Vicaires de l'Empire.

f) Ch. 5. §. 1. 2.

„latin du Rhin, Archi - Sénéchal du St.
„Empire, fera proviſeur au dit St. Em-
„pire, au nom du futur Roi des Ro-
„mains, à cauſe du privilège de ſa Prin-
„cipauté ou Comté du Palatinat, dans
„les parties du Rhin, de la Souabe, &
„dans le droit franconique; avec le pou-
„voir d'adminiſtrer la juſtice, de préſen-
„ter aux bénéfices eccléſiaſtiques; de
„percevoir les revenus de l'Empire; de
„donner l'inveſtiture des fiefs: de rece-
„voir le ferment de fidélité au nom du
„St. Empire, lesquels pourtant, (l'in-
„veſtiture & le ferment de fidélité,) ſe-
„ront renouvellés par devant le Roi des
„Romains enſuite élu, à l'exception
„toute fois des fiefs princiers & ceux
„appellés communément *Vanlehn*, dont
„l'inveſtiture & la collation ſont ſpécia-
„lement reſervées au Roi des Romains,
„ou à l'Empereur. Qu'au ſurplus le
„Comte Palatin ſçache que toute eſpece
„d'aliénations ou engagemens des biens
„de l'Empire lui ſont interdites durant
„ſon vicariat.

L'il-

„L'illuſtre Duc de Saxe, Archi-
„Maréchal du St. Empire, jouira du
„même droit dans les endroits qui ſui-
„vent le droit ſaxon, de la même manié-
„re & ſous les conditions exprimées ci-
„deſſus.

En cas
d'abſen-
ce.

§. 5. A l'égard des termes dans lesquels la bulle d'or eſt conçue, il faut obſerver, qu'elle n'attribue de fonctions
aux Vicaires de l'Empire que dans le cas
d'un interrègne, & aucunement en cas
d'abſence de l'Empereur; auſſi les ſucceſſeurs de Charles IV. choſiſſoient-ils
encore des Vicaires à leur gré, lorsqu'il
ſortoient de l'Empire: mais les deux Vicaires nommés par la bulle d'or, &
principalement le Comte Palatin, s'oppoſèrent à cette nomination comme à
un attentat fait à leur droit; de façon
qu'ils obtinrent enfin la confirmation de
leur droit des Vicaires, tant lors d'un interrègne, que lorsque l'Empereur ſeroit
ou abſent ou empêché. g)

Ce

g) Quand les Empereurs, depuis Sigismond, nommoient d'autres Vicaires pour gouverner l'Allemagne
pen

Ce dernier cas fouffre encore une exception; c'eft lorsqu'il y a un Roi des Romains: car alors c'eft lui qui gouverne l'Allemagne au nom de l'Empereur abfent, & non les Vicaires; les traités faits avec les Etats de l'Empire par Ferdinand I. Roi des Romains, au nom de fon frere Charles V. fervent d'exemples.

§. 6. La bulle d'or fixe les limites de chaque vicariat: elle nomme l'Electeur Palatin pour les parties du Rhin,

Limites des Vicariats.

N 3　　　　de la

pendant leur abfence, l'Electeur Palatin & celui de Saxe obtenoient des lettres reverfales, pour empêcher que cette nomination ne nuifît à leur droit; c'eft ainfi que Maximilien I. en créant un Confeil de régence, & Charles V. en le réftituant, donnèrent pareilles lettres aux Electeurs. V. *Struve*, corps de droit public ch. 14. §. 25, 27. Ce droit leur eft encore confirmé par les capitulations, en ces termes: ,, Nous ,, voulons également conferver aux Vicaires leur ancien droit d'adminiftrer l'Empire, fondé fur la bulle d'or & fur un ufage conftant, tant après la mort ,,de l'Empereur ou d'un Roi des Romains, que lors ,,d'une longue abfence hors de l'Empire; ou lorsque ,,quelque autre circonftance l'empêcheroit de conduire le gouvernement par lui - même: & Nous ne ,,fouffrirons pas, que les Vicariats, & les droits y attachés, foient difputés ou reftraints par qui que ce ,,puiffe être. ,, Ce §. fut inféré pour la première fois dans la capitulation de Charles VII. Art. 3. §. 15.

de la Souabe , & dans le droit franconique ; [h]) & l'Electeur de Saxe pour les
Provinces qui fuivent le droit faxon. [i])

§. 7.

h) *Dans le droit Franconique,* ou *in jure fran-
conico:* cela veut dire dans la Franconie, & non dans
les endroits qui fuivent les droit de la Franconie, ainfi que quelques publiciftes ont voulu l'interpréter.
Nous trouvons fort fouvent dans les monumens de
de ce tems, les termes , *in jure Saxonico, Franco-
nico, Suevico,* mis au lieu de ceux-ci; les provinces de Saxe, de Franconie, de Souabe. Et la traduction allemande de la bulle d'or, qui a été faite
par l'autorité de Wenceslas, dit: *und in Francken,*
(& en Franconie:) & l'exemplaire de *Goldaft* dit : *und
im Franckifchen Gebiet,* (& dans le diftrict de Franconie). On ne pouvoit alleguer aucune raifon plau-
fible, pourquoi Charles IV. fe fût fervi d'une autre
phrafe, lorfqu' il parle du Vicariat de l'Electeur de
Saxe, fi fon intention n'eût été telle. V. *Griebner*
dans fa differtation de terris juris Saxonici.

i) Les termes: *ubi jura faxonica fervantur,* ne
font pas équivoques; ils ne peuvent fignifier autre
chofe finon que le Vicariat de l'Electeur de Saxe ne
doit s'étendre que fur les endroits qui fuivent le droit
faxon; & c'eft pour cette raifon que la traduction allemande porte: *in allen orten wo fæchfifche rechte
find:* (partout où eft le droit faxonique). Il faut donc
établir ici deux regles: I) que felon l'efprit de la bulle d'or, le Vicariat de Saxe a lieu dans tous les endroits où l'on fuivoit, du tems de Charles IV, le droit
faxon, quoiqu'il n'y foit plus en ufage aujourd'hui.
II) Que le vicariat de Saxe n'a pas lieu dans les endroits où l'on ne fuivoit pas le droit faxon du tems de
Charles IV, quoiqu'on l'y pratique aujourd'hui. Mais
il eft bien difficile de fpécifier les provinces qui fous
le regne de Charles IV. fuivoient le droit faxon. *Pri-
zenius*

§. 7. Avant que d'entrer dans quelque détail fur l'étenduë du pouvoir des
Vicaires de l'Empire, il eft à propos de
rendre compte auparavant des difputes
qui s'élévèrent au fujet du Vicariat Palatin, entre la maifon Palatine et celle de Baviére.

N 4 *Ces*

zenius dans fon abrègé du droit civil faxon;
Goldaft, dans la préface qui précède fes Conftitutions impériales, et *Gribner*, dans fon traité
de *terris iuris Saxonici*, traitent amplement de
cette matiére, et foutiennent entre autres contre
Ludewig & Pierre de Homfeld, que la Frife
orientale a fuivi le droit Saxon du tems de l'Empereur Charles IV. Or quand il y a des provinces qui ne reconnoiffent aucun des deux vicariats
particuliérement, dira-t-on qu'elles en font abfolument exemptes? On foutient que non; & que
plutôt, en fuivant toujours l'efprit de la bulle d'or
qui, pour prévenir les fuites funeftes des interregnes, a voulu que toute l'Allemagne, & par conféquent chaque province, foit foumife à un vicariat;
ces provinces là doivent être gouvernées par les
deux vicaires conjointement, de forte pourtant que
la prévention ait lieu. On foutient la même chofe
à l'égard du Cercle de Bourgogne. Mais quant
à l'Autriche, il en faut raifonner autrement; car
elle a été entiérement exemptée du pouvoir des
Vicaires, par le diplome de l'Empereur Léopold
de l'an 1658. auquel perfonne ne s'eft oppofé. A
l'égard de la Baviére il n'y a plus de différend à
craindre aujourd'hui, à caufe de l'accommodement
paffé entre l'Electeur Palatin & celui de Baviére.

Diſputes
entre les
maiſons
Palatine
& de Ba-
viére.
Ces deux maiſons ont pour ſouche
Otton de Wittelbach, dont les deſcendans formérent deux branches principales, la Palatine, qui eſt l'ainée, et celle de Baviére. La dignité électorale
cauſoit beaucoup de déſunion entre ces
deux branches; parceque la puînée prétendoit la partager avec l'ainée, tandis
que celle-ci la ſoutenoit indiviſible et
attachée au droit d'aineſſe. Cette diſpute fut terminée par la bulle d'or, qui confirma à la maiſon Palatine, (à laquelle
Charles IV. étoit allié par ſon mariage
avec Anne, fille de l'Electeur Rodolphe,)
à l'excluſion de celle de Baviére, la dignité électorale, la charge de Grand-
Sénéchal, et le vicariat. La maiſon
de Baviére reclama contre cette excluſion; mais la puiſſance de la maiſon
Palatine rendoit toute proteſtation inutile. [i])

Cette

---

i) *Aventin*, auteur du 16e. Siécle fit beaucoup
d'efforts pour éclaircir le droit de la maiſon de Baviére

Cette difpute fut renouvellée lorsqu'en 1614. le Duc de Baviére chargea
fes Jurisconfultes de mettre au jour fes
droits, tant fur la dignité électorale,
que fur le vicariat; ce qui donna matiére à un combat littéraire entre les
fçavans de Heydelberg et ceux de Mu-
nick qui dura jusqu'à la profcription de
Frédéric V.[m]) dont les domaines paffèrent (1623.) au Duc de Baviére, avec
le Vicariat & la dignité électorale. Le
fils de Fréderic V. ayant, par le traité
de Weftphalie, [n]) été rétabli dans le
Bas - Palatinat & dans tous les droits en
dépendans; et l'Empire ayant créé en
fa faveur un huitiéme Electorat, il pré-

N 5   tendit

viére; mais fes bonnes intentions demeurèrent fans
effet. La déduction qu'il fit à ce fujet, fuivant le
témoignage de Ludewig, fubfifte encore dans les archives de Baviére.

m) Frédéric V. ayant accepté inconfidérément la
couronne de Bohême que les Etats de ce royaume
lui offroient, fut mis au ban de l'Empire en 1621,
par Ferdinand II. fans confulter l'Empire.

n) V. le traité d'Osnabruck Art. 4. §. 6. 6.

tendit à la mort de Ferdinand III. (1657.)
exercer le vicariat dans la partie que la bulle d'or lui affigne. L'Electeur de Baviére
de fon côté, prétendit être feul Vicaire légitime à la place de l'Electeur Palatin;
de forte que tous les deux firent afficher
des lettres patentes pour annoncer leur
vicariat. Mais l'Electeur de Baviére
fut feul reconnu comme Vicaire par l'E-
lecteur de Saxe & par la Chambre impériale.

L'Electeur Palatin fondoit fon
droit tant fur la bulle d'or, qui le déclare Vicaire de l'Empire *à caufe du Palatinat,* °) que fur le traité de Weftphalie,
qui

°) Il prouva que le vicariat n'étoit attaché ni a
l'Electorat ni à la dignité d'Archi-Sénéchal, mais
uniquement au Palatinat, parceque I) la rubrique du
titre de la bulle d'or eft *de Jure Vicariatus Comi-
tis Palatini,* et non *Electoris Palatini.* II.) Les termes du texte même de la bulle d'or font affez clairs;
ratione principatus feu comitatus palatini. III.)
Les Comtes Palatins ont exercé le vicariat avant l'inftitution du collége électoral. IV.) Enfin parcequ'à-
près l'inftitution même de ce collége, il y a des exemples que des Comtes Palatins ont exercé le vicariat
avant que d'être Electeurs.

qui le rétablit dans la poſſeſſion du Palatinat avec tous les droits en dépendans.
Outre cela cet Electeur trouvoit un moyen péremptoire dans l'omiſſion faite du
vicariat, dans les lettres d'inveſtiture
obtenuës en 1652. par Ferdinand - Marie
Electeur de Baviére, ce qui au moins
enlevoit à celui - ci l'avantage du poſſeſ-
ſoire, & le mettoit dans le cas du pétitoire.

L'Electeur de Baviére au contraire
alléguoit en ſa faveur la tranſaction qui
lui avoit été faite, lors de la proſcripti-
on de Frédéric V. tant de la dignité électorale palatine que du vicariat; & les
lettres d'inveſtiture de 1638. ᵖ) qui lui
donnent nomément le vicariat, l'Electorat & l'office d'Archi - Sénéchal; auxquels derniers d'ailleurs le vicariat étoit
attaché; ᵠ) qu'ayant conſervé cet office
ainſi

p) V. ces lettres chez *Londorp* t. 2. pag. 795.
q) Pour prouver que l'office de vicaire eſt attaché
à l'électorat & à l'*Archi - Sénéchalat*, l'Electeur de
Baviére ſe fonde ſur la traduction allemande de la bulle

ainſi que l'électorat, par le traité de Weſtphalie, il avoit néceſſairement auſſi conſervé le vicariat. ')

Ces contradictions agitèrent beaucoup, pendant l'interrègne qui précéda
l'élection de Leopold, la partie de l'Allemagne ſoumiſe au Vicariat palatin; &
troublèrent le cours de la juſtice; parceque tant les Princes que la Nobleſſe
craignoient de s'attacher au plus foible:
on ne ſe hâta cependant pas de leur rendre le calme; ') quoiqu'on propoſât, mais
ſans ſuite, l'expédient d'exercer le vica-

riat

le d'or, qui dit; *Que le vicariat appartient au Comte Palatin à cauſe de ſon électorat.* V. au chap. de
la bulle d'or ce qu'il faut penſer de cette traduction.

r) Il faut obſerver que le Vicariat fut omis dans
les lettres d'inveſtiture données à Ferdinand - Marie,
Electeur de Baviére, en 1652. Cela eſt d'autant plus
remarquable, qu'il en eſt fait mention expreſſe dans
celles de ſon pere.

s) V. ce qui s'eſt paſſé à ce ſujet au collège électoral, dans le théatre de l'Europe tom. 8. pag. 377.
Londorp. tom. 8. ch. 221. *Ludewig* ſur la bulle d'or
pag. 529.

riat en commun, ou d'en créer un troifiéme. ')

L'occaſion d'éxercer le vicariat ſe
preſenta de nouveau à la mort de l'Empereur Joſeph: & l'Electeur Palatin en
fit ſeul les fonctions ſans aucune contradiction, parceque celui de Baviére étoit
au ban de l'Empire. Mais celui-ci ayant
été entiérement réſtitué par le traité de
Baaden (1714.) les deux maiſons commencèrent à ſe rapprocher, & firent enfin en 1724. une tranſaction, par laquelle
ils convinrent, qu'à l'avenir ils exerce-
roient le vicariat en commun dans une
ville libre de l'Empire. Cette tranſaction ne parut qu'à la mort de Charles VI.
moment où elle devoit avoir ſon exécution: mais elle deplût aux Electeurs &
aux autres Etats de l'Empire, qui refuſé-
rent de reconnoitre ce vicariat commun.
Charles VII. dans ſa capitulation, promit
inutilement ") de faire terminer cette affaire

t) V. *Schilter* diſſertation des Vicaires de l'Empire.
u) Art. 3. §. 18.

faire à la diéte. Après fa mort les deux
Electeurs refolurent d'exercer le vicariat alternativement ᵛ). Ce projet fut approuvé par les Electeurs; & l'Empereur
François I. le fit enfin ratifier à la diéte de l'Empire, le 7. Aout 1752. ˣ) & c'eſt
conformément à cette ratification que le
vicariat s'exerce par les deux maiſons.

§. 8. Le vicariat de Saxe n'a fouffert aucune ce ces viciſſitudes; il a con-
ſtamment été attaché à la perfonne de
l'Electeur comme Archi-Maréchal. Venons aux droits des Vicaires.

De l'é-
tenduë
du pou-
voir des
vicaires.

§. 9. Trois queſtions générales fe
prefentent au fujet des droits des vicaires de l'Empire; la premiére: ſi l'étenduë de leur pouvoir eſt tellement fixée
par la bulle d'or, qu'ils ne puiſſent exercer que les droits dont elle fait l'énumération. Pour décider cette queſtion il
ne

y) L'Electeur de Baviére en fit effectivement les
fonctions le premier, après la mort de cet Empereur:
x) V. le *Staats-Spiegel*, 1752. p. 578. 604. 825.
Moſer, vermiſchte Abhandlungen, pag. 70. & ſuiv.
Staats-Archiv 1752. tom. 1. pag. 774. tom. 2. pag.
421. 583. 923.

ne faut que fe rappeller le motif & l'o-
rigine des vicaires: Or l'unique que nous
trouvions dans l'hiftoire, & le plus vraifemblable, a été de prévénir les defordres qui accablent infailliblement un
Empire fans chef & abandonné à lui même: cela pofé, il s'enfuit néceffairement
que le pouvoir des Vicaires ne fçauroit
être borné aux feuls droits detaillés dans
la bulle d'or; parceque l'exercice de ces
drcits feuls, n'affureroit point la tranquilité & le falut de l'Empire, auxquels
pourtant les Vicaires font obligés de
veiller. D'ailleurs indépendamment de
ces raifons l'obfervance de l'Empire af-
franchit fuffifamment les Vicaires des
prétendues bornes pofées par la bulle
d'or.

§. 10. La feconde queftion a quelque analogie avec la précédente, & fa
décifion eft puifée dans la même fource:
l'on demande fi le pouvoir des Vicaires
eft le même que celui de l'Empereur,
c'eft à dire, s'ils peuvent exercer tous
les droits attachés à la dignité impériale.

S'il eft le même que celui de l'Em-pereur.

Nous

Nous croyons pouvoir dire qu'en général le pouvoir des Vicaires s'étend auſſi
loin que celui de l'Empereur: parcequ'
ils tiennent ſa place, à l'exception néanmoins des droits que les loix de l'Empire leur ont expreſſément refuſés, comme par exemple, les droits d'inveſtir des
fiefs d'étendart.

Sont liés par la capitulation. §. II. La troiſiéme queſtion eſt de
ſçavoir, ſi les Vicaires de l'Empire ſont
aſtraints à l'obſervance de la capitulation. Les auteurs ſont partagés à cet
égard. Ceux qui ſoutiennent la négative *y*) prétendent que la capitulation
étant perſonelle à l'Empereur, elle eſt
anéantie à ſa mort, & ne paſſe point
aux Vicaires; ce qui, diſent ils, eſt d'autant plus certain, que le pouvoir des Vicaires de l'Empire n'eſt point un pouvoir
délégué ni dépendant de l'Empereur;
mais un pouvoir propre & patrimonial:
qu'outre cela les droits des Vicaires devoient

_____

y) *Wernher* dans ſa ſeconde diſſertation du vicariat §. 8. ſuiv. *Arumæus* des diétes ch. II. n. 44.

voient être les mêmes, que du tems de Charles IV. Or alors la capitulation formelle étoit encore inconnuë.

Mais il faut bien obferver, que les droits des Vicaires ne font pas feulement fondés fur la bulle d'or, mais auffi fur l'obfervance de l'Empire ; qu'il n'eft donc pas vraifemblable que les Etats, jaloux de leurs prérogatives & de leur liberté, aient voulu plus accorder aux Vicaires qu'à l'Empereur même. Je vois donc que les partifans de l'affirmative ont raifon de dire, que le pouvoir des Vicaires doit être autant limité que l'eft celui de l'Empereur, & que par confequent ils font liés par la derniére capitulation, auffi bien que par les autres loix publiques de l'Empire.

§. 12. Les droits portés par la bulle d'or font : I) celui d'adminiftrer la juftice : les Vicaires l'éxercent de la façon fuivante : chacun d'eux érige pour fon diftrict une régence du vicariat, qui fait les fonctions du Confeil aulique de l'Empereur, à la mort duquel celui ci ceffe,

Droit d'adminiftrer la juftice.

O ainfi

ainſi que la Chancellerie. Il n'en eſt pas
de même de la chambre impériale : elle
continuë ſes fonctions au nom des deux
Vicaires, & ſe ſert du ſceau de leurs armes pour ſceller ſes expéditions.²)

Droit
d'évo-
quer.

§. 15. Les Vicaires peuvent évoquer à eux toutes les cauſes déja com-
mencées & pendantes au Conſeil aulique,
& ſe faire remettre aux dépens des parties, tous les actes originaux qui les
concernent; Ils peuvent en outre connoitre de toute action nouvelle, de quelque nature qu'elle puiſſe être; à la charge néanmoins de remettre, auſſitot après
l'interrègne, tous les actes & procédu-
res ſaites par leurs régences, aux archives de l'Empire.ᵃ)

§. 14.

---

¹) Le Conſeil de Rothweil, comme Conſeil provincial enclavé dans le reſſort du Vicaire Palatin,
continuë de juger au nom de l'Electeur palatin.

a) V. la capitulation de François I. art. 3. §. 16.
„& attendu, qu'au contenu de la bulle d'or, les Vi-
„caires de l'Empire ont le pouvoir de rendre la juſ-
„tice dans l'Empire; ce droit doit s'étendre non ſeu-
„lement ſur les actions nouvelles, ou ſur celles où
„il y auroit péril dans la demeure, ou dont le retar-
„dement pourroit cauſer quelque trouble ou quelque
voie

§. 14. Le second droit est celui de nommer aux bénéfices ecclésiastiques. Depuis la transaction de 1122. & les Concordats de 1448. il ne comprend plus que quelques bénéfices mineurs auxquels l'Empereur nomme comme Collateur, & qui sont connus sous le nom de prébendes royales, (*Koenigspfründen.*) b) Ce droit donne aussi aux Vicaires celui de premiéres priéres; puisque dans toutes les loix du droit canonique & en géneral dans tous les instrumens publics

ce

„voïe de fait; mais aussi sur toutes celles qui auroient „déja été intentées auparavant par devant le Conseil „aulique, & lesquelles ils pourront évoquer à leur „régence du vicariat; pour quel effet ils pourront „faire remettre à la dite régence, par l'ordre de l'Elec-„teur de Mayence comme Archi-Chancelier de l'Em-„pire, & aux dépens des parties, tous les actes ori-„ginaux dressés auparavant par le Conseil aulique, & „déposés en la chancellerie de l'Empire, à la charge „néanmoins par lesdits Vicaires d'en donner leur re-„cepisse, & en outre une déclaration au sujet de la „restitution de ces mêmes actes aux Archives de l'Em-„pire aussitôt après l'interrègne.

b) Il y a de cette espece de prébendes dans les chapitres de Strasbourg, Spire, Cologne, Aix-la-Chapelle & Bamberg. V. la Chronique d'Alsace de *Königshofen*, observ. 14.

ce droit eſt compris ſous le terme géneral *preſenter.* c)

§. 15. Le troiſiéme eſt celui de percevoir les revenus de l'Empire. Ce droit eſt aujourd' hui plutôt honoraire que lucratif, à cauſe de la modicité des revenus que l'Empereur tire de l'Empire. d) Ces revenus appartiennent aux Vicaires ſans qu'ils ſoient obligés d'en rendre compte.

§. 16

c) Pluſieurs publiciſtes revoquent ce droit en doute 1) parceque, ſuivant eux, il eſt reſervé à l'Empereur en vertu du couronnement: mais il y a lieu de croire au contraire, qu'il doit être enviſagé comme un reſte du pouvoir eccléſiaſtique univerſel qui appartenoit aux premiers Empereurs. II) parcequ' il ne peut être exercé qu'une fois par l'Empereur: donc ſi l'Empereur l'a deja exercé ſon droit eſt accompli & ceſſe; & ne peut plus paſſer aux Vicaires; de là vient que quelques auteurs qui tâchent de modérer cette opinion, n'accordent aux Vicaires le droit de premiéres priéres que dans les égliſes où l'Empereur ne l'a pas exercé. Mais ces deux opinions ne ſont point exactes; car il faut obſerver que les Vicaires ne ſont pas Vicaires du deffunt Empereur, mais Vicaires établis par la loy même; en ſorte qu'ils peuvent exercer tous les droits que les loix & l'obſervance leur accordent. Au reſte ils ne peuvent exercer ce droit qu'une fois dans une égliſe ainſi que l'Empereur.

d) V. liv. 4. et ˄.

§. 16. Enfin le quatriéme droit énon- Le droit
cé dans la bulle d'or est celui de donner d'investi-
l'investiture des fiefs de l'Empire, & de re.
recevoir le serment de fidélité en son
nom. ᶜ) La bulle d'or excepte les fiefs
Princiers ᶠ) & ceux appellés communément *Vanlehn* ᵍ) dont elle reserve l'investiture à l'Empereur.

En suivant la bulle d'or, à l'endroit
cité au commencement de ce chapitre,
ceux qui ont reçu l'investiture de leurs
fiefs des mains des Vicaires, sont obligés
de la recevoir encore des mains du nou-

O 3 vel

---

e) Ce droit ne peut avoir lieu qu'au cas de l'année
accordée pour demander l'investiture soit révolue pendant l'interregne.

f) Il ne faut point comprendre sous cette dénomination les seuls fiefs des Princes, mais aussi les fiefs
ecclésiastiques qui donnent la dignité de Princes à ceux
qui en sont investis.

g) Le nom de *Vanlehn* est composé de *Van* (étendart) & *Lehn*, (fief,) ce qui veut dire fief d'étendart.
Il vient de ce qu'anciennement l'investiture de ces fiefs
se faisoit par le simbole de l'étendart. Ainsi tous les
fiefs dont l'investiture se donoit par l'étendart du
tems de Charles IV. sont reservés à l'Empereur. Cette
maniére d'investir n'est plus en usage aujourd'hui;
mais la distinction que la bulle d'or fait, subsiste toujours.

vel Empereur; mais cette partie de la
bulle d'or a été changée par la capitulation de l'Empereur, ʰ) par laquelle il re-
lève tous ceux qui auroient reçu l'inveftiture de leurs fiefs des Vicaires, de l'o-
bligation de la renouveller pardevant lui,
& de payer fa taxe une feconde fois.

Autres droits. §. 17. Outre ces droits, les Vicaires
en exercent beaucoup d'autres, foit en
matiére de juftice, foit en matiére graci-
eufe; par exemple, ils annobliffent, accordent des privilèges, des lettres de légitimation & de répit; réhabilitent &c.

Droit de convo-quer & continu-er la di-éte. §. 18. On difputoit autrefois aux Vicaires le droit de convoquer des diétes:
mais par la capitulation de l'Empereur
Charles VII. on leur accorde le droit
tant d'ordonner de nouvelles diétes que
de continuer en leur nom & fous leur
autorité, celles qui feroient déja com-
mencées. ¹) Il faut obferver à cet égard,
que

h) V. la capitulat. de François I. art. 11. §. 7.
i) Art. 13. §. 9. „Et comme après le décès de l'Em-
„pereur, ou pendant fa minorité, ou même dans le
„cas d'une longue abfence hors de l'Empire, il appartient

que les Vicaires ne peuvent faire ni l'un
ni l'autre fans le confentement des Electeurs, tant parceque cela eſt enjoint aux
Empereurs par la capitulation, [l]) que parceque ce droit des Electeurs a paſſé en
obſervance. Au reſte les Vicaires tiennent à la diéte la place de l'Empereur,
& y exercent les mêmes droits que lui.

§. 19. Le pouvoir des Vicaires finit
au retour de l'Empereur, ou après que le
nouvel Empereur a juré en perſonne l'obſervance de la capitulation; [m]) par la-

Quand
leur pou-
voir finit

O 4 quelle

,,tient inconteſtablement aux Vicaires de l'Empire, de
,,convoquer & tenir la diéte à la place de l'Empereur,
,,ou de la continuer au cas qu'elle fût deja commencée.
,,Ils feront en ce cas obligés de ſe conformer à ce qui
,,eſt preſcrit ci deſſus touchant la convocation d'une
,,nouvelle diéte; & feront pareillement autoriſés à
,,continuër celle qui ſubſiſteroit encore; de forte que
,,dans l'un & l'autre cas les diétes ne pourront être
,,convoquées ni continuées que fous leur autorité.

l) V. la capitulat. Art. 13. §. 1.

m) Art. 3. §. 20. Art. 30. §. 5. ,,Nous promettons
,,de renouveller ce ferment en perſonne encore avant
,,que de recevoir la couronne; & de nous engager de
,,nouveau à l'obſervance de la capitulation ———
,, Et de ne point Nous mêler du gouvernement avant
,,que d'avoir fait ce que deſſus; mais de fouffrir qu'en
,,attendant les Vicaires de l'Empire nommés par la
,,bulle d'or continuent à notre place l'adminiſtration
,,de l'Empire.

quelle il confirme tout ce que les Vicaires ont fait pendant l'interrégne, n) foit en matiére de juftice où de grace; ceuxci font obligés d'en remettre les actes à la Chancellerie de l'Empire. °)

Vicaires d'Italie. §. 10. Les Vicaires ordinaires de l'Italie étoient anciennement les Comtes du Palais de Latran; outre lesquels les Empereurs en nommoient d'autres, foit pour toute l'Italie, foit pour des Provinces ou des Villes en particulier. Les Papes fe croïoient autrefois Vicaires nés de l'Italie; mais leur droit n'a jamais été prouvé, & il n'en eft plus queftion aujourd'hui. Le Duc de Mantoue fut nommé Vicaire par Ferdinand III; mais il fut revoqué en 1658. & remplacé par le Duc de Savoye, qui eft aujourd'hui feul Vicaire en Italie. P)

d'Arles. §. 21. Le Royaume d' Arles avoit auffi fes Vicaires; mais ils ont ceffé après que la plus grande partie de ce royaume eut paffé à la France.

n) V. la capit. Art. 3. §. 20.
o) V. la capit. Art. 2. §. 17.
p) V. la capitulation. Art. 26. §. 4.

LIVRE III.

LIVRE III.

CHAPITRE I.

Des Etats de l'Empire en général.

§. 1.

On a vû dans le difcours préliminaire comment les Etats de l'Empire ont eû infenfiblement part au gouvernement d'Allemagne, & font comme
par degré parvenus à ce comble de grandeur qui depuis longtems les fait participer à la fouveraineté. Dévelopons
maintenant l'effence de cette qualité &
les conditions néceffaires pour l'acquérir.

§. 2. Les Etats font des membres
immédiats de l'Empire, qui jouiffent du
droit de féance & de fuffrage aux affemblées de l'Empire. Ce droit de féance
& de fuffrage eft la marque qui caractéri-
fe un Etat; mais il faut, pour l'obtenir,

*Défini-
tion.*

O 5   fa-

conditi-
ons.

fatisfaire aux conditions fuivantes: I) les Princes, Comtes & Seigneurs doivent être pourvus d'une Principauté, Comté, ou Seigneurie immédiate: II.) Ils doivent fe faire infcrire & aggréger à un Cercle; III.) payer une taxe convenable à un Etat de l'Empire, fuivant qu'elle fera reglée à la diéte: enfin IV) ils doivent obtenir, outre le confentement de l'Empereur & des Electeurs, celui du Collége & du banc auquel ils demandent d'être admis. ᵃ)

§. 3.

a) „Nous n'admettrons aucun Prince, Comte ni „Seigneur au Collège des Princes ou Comtes, qu'ils „ne foient au préalable fuffifamment qualifiés par „l'acquifition d'une Principauté, Comté, ou Seigneu- „rie immédiate; qu'ils fe foient fait aggréger à un „Cercle, en fe foumettant à une contribution conve- „nable à un Etat de l'Empire, (au fujet de laquelle „on fera préalablement à la diéte les réglemens né- „ceffaires;) & qu'outre les Electeurs, le Collège ou „le banc auquel ils doivent être reçus, ait formelle- „ment confenti à leur admiffion.„ Capitul. de Franç. I. Art. 1. §. 5.

Les Villes impériales prétendirent, lors de l'introduction du Duc de Marlboroug au Collège de ces Princes, que leur confentement étoit néceffaire pour la validité de cette introduction: mais leur prétention demeura fans effet. Elles la renouvellèrent lors- qu'il

§. 3. La possession de terres immé- diates n'étoit point requise ci devant; b) & la qualité d'Etat étoit personelle à ceux qui en jouissoient, comme étant attachée à leurs offices. Mais depuis le dernier récès de l'Empire cette possession est de- venue nécessaire pour aspirer à la quali- té d'Etat: ce récès c) ordonne, que ceux des Princes nouvellement admis à la diéte, qui ne possèdent point encore de biens

Possession des terres im- médiates.

qu'il fut question dans l'Empire de convenir d'une ca- pitulation perpétuelle: mais elles ne purent empêcher qu'on n'inférât dans le premier article: que pour être reçu au nombre des Etats, il suffiroit, (outre les au- tres conditions portées au même article,) d'obtenir le consentement de l'Empereur, des Electeurs & du banc auquel le postulant demandoit d'être admis. Cet article a depuis été inféré dans toutes les capitulations; (c'est celui que nous venons de rapporter:) & a ren- du jusqu'a présent les plaintes des Villes infructueu- ses. Quant à la légitimité de cette prétention des Villes, elle ne paroit fondée ni sur les loix, ni sur l'usage, pas même sur quelques motifs réels d'intérêt.

b) Cela est si vrai, qu'encore au siécle passé, en 1653. l'on reçut au nombre des Etats le Prince d'Ec- kenberg, quoiqu'il ne possédât pas un pouce de ter- rein dans l'Empire.

c) §. 197.

biens immédiats dans l' Empire, s'en
pourvoyent; finon, que leurs héritiers
& fucceffeurs ne jouiroient du droit de
féance & de fuffrage qu' après s' en
être ainfi pourvus; à quoi les Princes
ont foufcrit par des lettres reverfales.
L'on fit de cette décifion une loy générale qui fut inférée dans la capitulation de
Ferdinand IV. ^d) & dans celles de tous
fes fucceffeurs; ^e) de façon qu' aujour-
d'hui, pour ofer prétendre à la qualité
d'Etat, cette acquifition eft devenue une
condition néceffaire. Il eft vrai que l'Empereur & ceux dont le confentement eft
requis, pourroient en difpenfer; mais
ce ne fera jamais qu'en exceptant de la
regle. Au refte il n'eft point néceffaire
que cette terre immédiate foit précifé-
ment fiéf de l'Empire: elle peut être allodiale; pourvû qu'elle foit immédiatement foumife à l'Empereur & à l' Empire. Nous avons à la vérité des exemples,

---

d) Art. 45.
e) V. la note a) de ce chap.

ples, entre autres en la maison de Würtemberg, que l'on peut être Etat de
l'Empire sans posséder des terres immédiates; puisque cette maison possédoit ci
devant son Duché de Würtemberg comme fiéf de la maison d'Autriche. Mais
I) ce cas a existé antérieurement à l'article mentionné ci dessus.f) II) Le lien
féodal entre ces deux maisons ne subsiste
plus depuis Rodolphe II. qui en a relevé
le Duc de Würtemberg, & ne s'est re-
servé que la succession en cas d'extinction
de la maison de Würtemberg.

§. 4. Quelques anciens auteurs ont
soutenu que le droit de suffrage étoit personnel: mais cette opinion est entiérement abandonée aujourd'hui comme contraire aux loix publiques de l'Empire;
& il est universellement reçu, que ce
droit est réel, c'est à dire attaché au domaine, dont il dépend.

Droit de suffrage est réel.

§. 5. L'insertion dans la matricule
n'en donne point la qualité d'Etat: pour
le

Insertion dans la matricule.

f) V. la not. a)

le prouver il fuffira de remonter à l'origine & à l'objet de la matricule: fon origine eft due aux guerres entreprifes par
l'Empire foit contre les Huffites, foit contre les Turcs, pour lesquelles les Princes,
Comtes, Nobles, Villes &c. contribuoient,
& dont on notoit les noms, pour fçavoir
ceux qui avoient contribué: §) Or l'on ne
trouve dans toute cette opération rien qui
puiffe prouver la qualité d'Etat, d'autant
moins, que plufieurs Etats ne font point
compris dans la matricule, & qu'il feroit
pourtant ridicule de vouloir, à caufe de
cette omiffion, leur en difputer la qualité.

§. 6. Il en eft de même de l'immédi-
De l'im-
médiate-
té.
ateté h) & de la contribution aux charges de l'Empire; car par exemple le Prélat de St. Maximin poffede des biens
immédiats & eft compris dans la matricule

g) V. le titre de la matricule liv. 4. ch. 7.
h) Un fujet de l'Empire eft immédiat, lorsqu'il a
l'Empire, ou en fon nom les tribunaux fupérieurs,
pour juge immédiat. La marque infaillible de l'im-
mediateté eft l'entier exercice de la fupériorité territoriale, avec laquelle il ne faut point confondre les
droits régaliens.

cule, fans qu'il foit Etat de l'Empiré; aufli peu que la Nobleffe immédiate, qui contribuë pourtant aux charges de l'Empire.

§. 7. Les Etats font ou eccléfiaftiques ou féculiers. L'on comprend fous les premiers les Archévêques, Evêques, Prélats, Abeffes: fous les derniers les Electeurs, Ducs, Princes, Landgraves, Marggraves, Burggraves, Comtes, Barons, & les villes impériales.

§. 8. Depuis la paix de religion les Etats font divifés en Etats catoliques & Etats proteftans.

§. 9. Les Etats affemblés à la diéte, font divifés en trois Collèges: celui des Electeurs, celui des Princes ¹) & celui des Villes. Nous en traitons dans les chapitres fuivans. Quant au rang que les Etats tiennent à la diéte, nous en parlerons au chapitre de la diéte.

> i) Ces deux collèges s'appellent les collèges fuperieurs.

❦ ✿ ❧

CHAP. II.

CHAP. II.
Des Electeurs.

§. 1.

Nous avons traité de l'origine des Electeurs au chapitre premier du livre fecond, où nous avons fait voir comment ils s'attribuèrent infenfiblement le droit exclufif d'élire les Empereurs. Nous entrerons ici dans quelque détail fur les droits & les prérogatives qui leur font propres, & qui les diftinguent des autres Etats. Mais auparavant nous donnerons une idée des révolutions qui font arrivées dans leur nombre.

Du nombre des Electeurs. §. 2. La bulle d'or dit que les Electeurs font au nombre de fepts, fçavoir: Les Archévêques de Mayence, de Trèves & de Cologne; le Roi de Bohême, le Comte Palatin du Rhin, le Duc de Saxe & le Margrave de Brandebourg. Quelques anciens auteurs ont crû trouver du miftérieux dans ce nombre: il étoit au contraire très naturel; puisque les

les Archi - Officiers, qui, feuls étoient Electeurs, fe trouvoient précifement au nombre de fept: & il ne paroit point dans l'hiftoire que Charles IV. y ait ajouté ou en ait retranché, pour adapter le Collège électoral au fens miftique du nombre feptenaire.

§. 2. Ce nombre a invariablement fubfifté jufqu' au traité de Weftphalie; par lequel on créa un huitiéme électorat en faveur de Charles Louis Comte Palatin dont le Pere avoit été mis au ban de l'Empire & dépouillé de fa dignité électorale en faveur de la maifon de Baviére. Voici dans quels termes cette érection s'eft faite. „Pour ce qui concerne „la Maifon Palatine, l'Empereur & l'Em „pire confentent, pour la tranquilité pu „blique, qu'en vertu de la prefente con „vention il foit inftitué un huitiéme élec „torat, dont le Seigneur Charles - Louis „Comte Palatin du Rhin, & fes héritiers „& Agnats de toute la ligne Rudolphi „ne, jouiront fuivant l'ordre de fucceffi „on exprimé dans la bulle d'or: enforte

De l'E.
lectorat
Palatin,

P néan-

„ néanmoins que ledit Seigneur Charles-
„ Louis, ou fes fuccefeurs, ne puiffent
„ avoir d'autres droits que l'inveftiture
„ fimultanée fur ce qui a été attribué avec
„ la dignité électorale à l'Electeur de Ba-
„ viére & à toute la branche Guillelmine.„ ª)

De celui
de Hano-
vre.
    §. 3. L'Empereur Léopold s'occupa
vers la fin du fiécle paffé, à créer un
neuviéme électorat pour la maifon de
Brunfvic - Lunebourg - Hanôvre, avec
laquelle il étoit dans une étroite alliance.
Les négociations à ce fujèt commencèrent en 1690. & Léopold affûra la dignité électorale au Duc de Hanôvre par un
traité ᵇ) conclu à Vienne le 19. Decembre
1692. fans la participation des Electeurs & des autres Etats de l'Empire.
Ce traité, conclu dans le filence, ne fut
point approuvé de tous les Electeurs,
furtout des Catoliques, qui voyoient avec
peine

a) Traité d'Osnabruck art. 4. §. 5. V. auffi *Pfanner* hiftoire du traité de Weftph.
b) V. ce traité chez *Lunig* part. fpec. fect. 1. pag.
167.

peine que le nombre des fuffrages proteftans alloit s'augmenter dans le collège électoral.

Les Princes de leur côté s'oppofèrent avec force à cette nouveauté [c]); parcequ'elle afloibliffoit la puiffance de leur
collège; & ils infinuèrent par une déclaration du 14. Février 1693. qu'ils la regardoient comme nulle [d])

Le Duc de Hanôvre avoit jusqu'à
fa propre famille pour adverfaire: le
Duc de Brunfvic-Wolfenbüttel prétendoit, qu'étant chef de la branche ainée
de la maifon de Brunfvic, il devoit être
préféré à toute la branche de Hanôvre,
qui n'eft qu'une branche cadette.

Ces contradictions interrompirent
le projèt de Léopold, qui mourut fans

P 2   avoir

---

c) Les Evêques de Münfter & de Hildesheim; les
Ducs de Saxe-Gotha, de Brunfvic-Wolfenbüttel, de
Hollftein-Glückftatt, de Mecklenbourg-Guftrow,
& le Landgrave de Heffe-Caffel s'unirent entre eux
le 16. Janvier 1693. fous le nom de *Princes correfpondans,* pour mieux foutenir leur réfiftence.

d) V. cette declaration dans le *Europæifcher Herold,* traité I. pag. 318. 319.

avoir pu le faire réuffir. L'Empereur
Joseph fon fuccefleur, qui crut ne pouvoir, fans fe compromettre, manquer à
la parole donnée par Léopold à la maifon de Hanôvre, tâcha de l'effectuer en
fe pliant aux prétentions des Etats: Il
déclara par un decret de commiffion du
21. Juillet 1706. „que tout ce qui avoit été
„fait jusqu'à prefent dans cette affai-
„re, ne pourroit aucunement préjudi-
„cier aux droits des Princes & autres
„Etats; & qu'à l'avenir on n'érigeroit
„aucune nouvelle dignité électorale fans
„le confentement de tout l'Empire. „
Il follicita en conféquence les Etats de
reconnoître la dignité électorale de la
maifon de Hanôvre. e) Les Etats la re-
connûrent fous les conditions fuivantes:
Qu'au cas qu'à defaut de fuccefleurs catoliques tant de la branche Rodolphine
que de la branche Guillelmine, la dignité électorale palatine vînt à tomber à un
Prin-

e) V. le corps de droit public de *Schmaus*, pag.
1157. édition de 1745.

Prince de la confession d'Augsbourg, tandis que la branche électorale de Hanôvre subsisteroit encore; qu'alors les catoliques jouiroient d'un suffrage surnummeraire, lequel seroit donné par l'Electeur catolique premier en rang. f) Mais qu'au cas que la branche masculine de Hanôvre vînt à s'éteindre avant les dittes branches Rudolphine et Guillelmine, ou que la dignité électorale palatine fût de nouveau possédée par un Prince catolique; qu'alors le suffrage surnummeraire cesseroit de soi-même. Qu'au surplus l'Electeur de Hanôvre se chargeroit d'une taxe continuelle de 300 Florins pour l'entretien de la Chambre impériale. g)

L' Empereur approuva et ratifia toutes ces conditions par son décret du 6. Septembre 1708. après que le Duc George Louis, premier Electeur de Ha-

P 3   [nôvre

f) Ce suffrage appartiendra donc à l'Electeur de Mayence chaque fois qu'il se trouvera au collège électoral; à son absence à l'Electeur de Trèves &c.

g) V. le corps de droit pub. de *Schmaus* pag. 1160.

nôvre, eut promis de payer la taxe ordinaire des Electeurs, et en outre 300
florins pour la Chambre impériale. ʰ)

Par qui doit se faire une nouvelle érection. §. 4. Il resulte donc de toute cette
négociation, un principe de droit public
qui avoit été indécis jusqu'à cette époque, sçavoir: que la création d'une nouvelle dignité électorale ne peut se faire
sans le consentement de l'Empereur et
de tous les Etats de l'Empire. ¹) Il n'en

est

h) V. le Corp de droit public de *Schmaus* p. 1163.
1165.

i) Plusieurs auteurs ont crû que la décision conte-
nüe au décret de commission de 1706. cité ci-dessus,
devoit être regardé comme loi formelle; que par conséquent il étoit certain, que suivant les loix, la création d'une nouvelle dignité électorale ne pouvoit se
faire que du consentement de tout l'Empire. Mais
ce sentiment n'est pas juste, car ce décret de commission, en ce qui concerne ce consentement n'a point été
approuvé par l'Empire. Ainsi il ne fait point loi à
cet égard. Si donc nous disons, que la création d'un
nouvel électorat ne peut se faire que du consentement
de tout l'Empire, c'est parceque cela s'est ainsi pra-
tiqué au vû & sçû de tous ceux qui avoient part à la
legislation; que conséquemment ce fait doit être en-
visagé comme formant une observance, qui est d'autant plus certaine qu'elle est conforme au §. *gaudeant*
8. du traité d'Osnabruck, qui exige le consentement
des Etats dans toutes les affaires qui concernent l'Empire, et parmi lesquelles il faut compter l'érection
d'un nouvel électorat.

eft pas de même, lorsqu'il s'agit de con- Par qui
un Elec-
férer un électorat retourné à l'Empire torat va-
par l'extinction de la famille qui en étoit cant eft
conféré.
invdftie; car alors l'Empereur n'exige
que le confentement des Electeurs[l]): eft
c'eft encore un point à l'égard duquel la
bulle d'or a été changée, puisqu'elle at-
tribuoit à l'Empereur feul le droit de conférer un électorat vacant. [m]) Revenons
aux droits des Electeurs.

§. 5. Les Electeurs jouiffent de beau- Droit
d'électi-
coup de droits par preférence aux autres on.
Etats de l'Empire. Le plus remarquable de tous, & celui qui eft leur vraie
marque caractériftique, c'eft le droit d'é-
lire feuls un chef à l'Empire. Nous en
avons parlé au chapitre de l'élection.

§. 6. Les Electeurs forment à la di- Collége
féparé.
éte [n]) un collège féparé. Quelques. au-

P 4   teurs

---

l) V. la capit. de François I. Art. II. §. 10. en ces termes : „Nous ne conférerons aucun électorat, ni „ne donnerons d'expectative fur iceux, fans le confente- „ment des Electeurs „ .

m) V. la bulle d'or, ch. 7. §. 5.

n) V. le Chap. 1. du liv. 4. §. 12.

teurs croient qu'ils ont eû ce droit de ce qu'autrefois ils affiftoient, comme Archi-Officiers, au Confeil privé de l'Empereur. Mais cette affiftence n'étoit anciennement un droit attaché à leurs Archi-Offices: elle étoit plutôt le fruit de leur préfence à la Cour de l'Empereur, qui par là étoit à même de recevoir d'eux de prompts confeils. Ainfi nous croyons pouvoir dire, que cette prérogative eft une fuite tant du droit d'élection que des unions électorales.°)

Ces unions ont en outre donné naiffance aux affemblées électorales extra-ordinaires, (*Chur-Fürften-Täge*), que les Electeurs peuvent tenir fans le confentement

o) Les Electeurs ont fait entre eux fept *unions principales* : La 1e.) l'an 1338. à Reufé, pour s'oppofer aux entreprifes de Jean XXII. La 2e.) en 1399. à Mayence, contre Wenceslas. La 3me.) en 1424. à Bingen, à l'occafion des Huffites. Le Roi de Bohême n'eft point compris dans cette union. La 4me.) en 1438. à Francfort, à l'occafion des troubles qui divifoient Eugene IV. & le Concile de Basle. La 5me.) en 1446. encore à Francfort, à caufe du grand Schifme. La 6me.) en 1502. à Gelhoufen, au fujet des fubfidès demandés contre les Turcs par Maximilien I. enfin la 7e) à la diete de Wormbs, pour s'oppofer à la puif-fance de Charles V.

ment préalable de l'Empereur & fans fon concours; ils peuvent y délibérer foit fur les affaires de l'Empire, foit fur leurs propres befoins. La bulle d'or^p) en confirmant ce droit aux Electeurs, leur enjoint de s'affembler tous les ans une fois: mais ils convinrent en 1503. de ne plus s'affembler que tous les deux ans. Dans le projet d'union de 1550. ils mirent le terme de 4. ans. Aujourd'hui comme la diéte de l'Empire eft devenue perpétuelle, les Electeurs s'affemblent à loifir. Ce droit leur eft encore affuré par la capitulation. ^q)

§. 7. Les Electeurs font nommés Confeillers intimes. dans différentes loix *Confeillers intimes de l'Empereur.* C'eft en vertu de cette qua

P 5 lité

p) Ch. 12. §. 2.

q) V. celle de François I. Art. 3. §. 12. 13. „Nous „confentons auffi, que, conformément à la bulle d'or „& à l'union électorale, les Electeurs s'affemblent „fuivant que la fituation de l'Empire, ou leurs pro„pres befoins paroîtront l'exiger; avec promeffe de „ne les pas empêcher ni troubler; — — — ni même „d'exiger que ces affemblées fe faffent de nôtre fçu & „fous nôtre autorité; ou que nos Ambaffadeurs doi„vent y être admis; mais de nous conformer entiére„ment à la teneur de la bulle d'or.

lité que l'Empereur promet, d'écouter leurs repréfentations & leurs avis dans toutes les affaires d'importance [r]); de demander leur confentement lorsqu' il voudra ordonner une nouvelle diéte; ou même d'en ordonner fur leurs réquifitions [s]). C'eft auffi par cette raifon qu'ils délibèrent feuls avec l'Empereur & décident avec lui des affaires dont le retard pourroit être préjudiciable à l'Empire: ce qui peut arriver en matière de guerre, de paix, d'alliance &c. [t]) Les Electeurs jouiffent de ce droit malgré les contradictions des Princes.

Concours avec les Rois.

§. 8. Tous les publiciftes enfeignent que les Electeurs font égaux aux Rois, parcequ' ils jouiffent des droits de la majefté. C'eft de ce principe que découlent, felon eux, plufieurs des prérogatives des Electeurs, comme celle de précéder les Rois: Elle n'a lieu fuivant la bulle

---

r) V. la capit. Art. 11. §. 21. Art. 3. §. 3.
s) V. la capit. Art. 13. §. 1.
t) V. la capit. Art. 4. §. 2. La lenteur de la diéte rend cette difpofition néceffaire.

bulle d'or,[u]) que lorsqu'à la Cour impériale les Electeurs font les fonctions de leurs Archi - Offices: hors de là ils font obligés de céder le pas aux Princes couronnés, à leurs Veuves, & aux pupilles dont le regne n'est suspendu que par le desaut d'age. Les républiques prétendoient aussi cette préséance, sous prétexte, qu'elles marchoient de pair avec les Rois: mais les Electeurs & leurs Envoyés prennent toujours, à la Cour impériale, le pas avant elles,[v]) ainsi qu' avant les Cardinaux.[x])

§. 9. Le droit d'envoyer des Ambassadeurs est accordé aux Electeurs par l'Empereur.[y]) **Droits d'Ambassade.**

§. 10.

u) Ch. 6.

v) V. la capit. Art. 3. §. 21.

x) *Freinshemius*, diatrib. de praecedentia Electorum & Romanae ecclesiae Cardinalium.

y) Voici les termes de la capitulation à cet égard: „nous donnerons prompte audience aux Electeurs, „Princes & Etats, ainsi qu'à leurs Ambassadeurs et „Envoyés. &c.

Les

Crime de léze-Majefté.   §. 10. On peut commettre le crime de léze - Majefté non feulement contre le collége électoral, mais encore contre chaque Electeur en particulier. La bulle d'or ²) contient différentes peines qui doivent être infligées aux coupables.

Exempts de taxe.   §. 11. Les Electeurs ne payent aucune taxe, (*Exenium,*) lorsqu' ils reçoivent l'inveftiture de leurs Electorats, ou de quelque autre fiéf. ª)

Droit de non ap-pellando.   §. 12. Le droit *de non appellando* eft le droit de juger fes fujets en dernier reffort, fans que les tribunaux fupérieurs de

Les Electeurs difputent aux Princes le droit d'envoyer des Ambaffadeurs, & de leur donner le titre d'Excellence: Cette difpute appartient au droit cérémoniel. V. la deffus *Caefarinus Fürftenerius* de Jure fuprematus ac legationis Principum Germaniae,

z) Ch. 24. §. 2. 3. V. auffi *Coccejus* dans fon droit pub. ch. 12. §. 20.

a) V. la bulle d'or ch. 29. §. 1. ,,nous ordonnons que ,,lorsque les Electeurs, tant eccléfiaftiques que fécu- ,,liers, recevront leurs fiéfs ou droits régaliens de ,,l'Empereur ou du Roi des Romains, ils ne feront ,,obligés de payer ni de donner aucune chofe, à qui ,, que ce foit.

de l'Empire puiſſent connoitre de leurs
difïérens. La bulle d'or[b]) aſſûre ce droit
à tous les Electeurs, dont quelques uns
l'exercent en plein, les autres jusqu'à
une certaine ſomme[c])

§. 13. Le droit *de non evocando*, qui De non
appartient également aux Electeurs, leur evocan-
donne le pouvoir d'empêcher que leurs do.
ſujets ne ſoient traduits hors de leur territoire pour être jugés.

§. 14. Il eſt permis aux Electeurs Acquiſi-
d'acquerir des terres immédiates, ſoit tions.
fiéfs, ſoit allodiales, ſans le conſentement de l'Empereur; ſauf pourtant les
droits de l'Empire. [d])

§. 15. Outre les droits que nous venons de détailler, les Electeurs jouiſſent
de tous ceux qui ſont attachés à la ſupériorité territoriale, de laquelle nous traiterons plus bas.

§. 16.

b) Ch. 11.
c) C'eſt une partie du droit public particulier. Les
Princes qui jouiſſent de ce droit, ne l'ont que par conceſſion particuliére.
d) V. la bulle d'or. ch. 10. & 25. §. 1.

Moyens de parvenir à un Electorat. §. 16. Il y a deux voïes pour parvenir à un Electorat; l'élection, e) & la fucceffion. Les trois Electorats eccléfiaftiques s'obtiennent par élection f); les Electorats féculiers font fucceffifs.

Indivifible & attaché à la primogéniture. §. 17. La bulle d'or déclare les Electorats indivifibles g), & foumis au droit de primogéniture. Je crois qu'il eft effentiel de rapporter les termes de la bulle d'or qui ont trait à la primogéniture; les voici: „Nous ordonnons par la pre-„fente loi, qu'au cas qu'un des Electeurs „féculiers vienne à décider, le droit le fuf-„frage & le pouvoir d'élire foit dévolu „librement & fans contradiction au fils „ainé laïc né en légitime mariage; & à fon „deffaut, à fon fils également laïc. Mais „le cas arrivant que l'ainé vînt à mourir „fans héritiers mâles, légitimes & laïcs, „alors le dit droit d'élection retombera à fon

---

e) Ou des actes équivalens, comme la poftulation, l'infpiration, le fcrutin, le compromis.

f) Ainfi ils s'obtiennent fuivant le droit canonique. V. liv. 1. tit. 6. de electione & electi poteft.

g) V. ch. 25. §. 25.

„fon frere puiné[h]) defcendant de la vraie
„ligne paternelle; & enfuite de lui à fon
„fils ainé laïc.

Ainfi fuivant cette difpofition de la
bulle d'or, celui qui prétend fuccéder
dans un Electorat, doit I.) être l'aîné;
II.) né en légitime mariage; III.) laïc.

Le droit de primogéniture n'eft fujet à aucune difficulté dans la ligne paternelle defcendante; mais il en a beaucoup
dans la ligne collatérale. Nous allons
en parler.

§. 18. Pourque les enfans d'un Elec- En quoi
teur foient réputés légitimes à l'effet de confifte
pouvoir fuccéder, il faut non feulement la légiti.
que le mariage dont ils font iffus, ait été mité.
célébré fuivant les rites de l'églife, mais
encore qu'il foit conforme aux loix publiques d'Allemagne, ou à l'obfervance,
qui équivaut à une loi. Or il eft intro-

duit

h) C'eft ainfi que l'on doit traduire le mot *fenior*,
qui eft employé dans ce fens dans un privilége accordé par Frédéric II. pour la fucceffion dans les pays d'Autriche; & dans les bulles accordées par l'Empereur Sigismond au fujet de la fucceffion de Saxe. V. *Ficher*
fur le titre 7. de la bulle d'or.

duit depuis longtems par l'obſervance [i])
non ſeulement pour les Electeurs, mais
encore pour les autres Princes, que les
enfans nés d'un mariage inégal [l]) ſont in-
capables de toute ſucceſſion.   Cette diſpoſition eſt expreſſément confirmée par
la capitulation [m]) qui lui donne même
un effet rétroactif, mais de l'efficacité duquel il s'agit aujourd'hui à la diéte. [n])

Soit laïc.   §. 19. La troiſiéme condition requi-
ſe par la bulle d'or eſt, que le ſucceſſeur
ſoit laïc.   Tous ceux qui n'ont reçu que
les ordres mineurs ſont cenſés laïcs; parcequ'ils peuvent encore retourner au
monde.   Revenons au droit de primogéniture rélativement à la ligne collatérale.

§. 20.

i) *Adamus Bremenſis,* dans ſon hiſtoire eccléſiaſtique, liv. t. ch. 5. dit: *id legibus firmatum, ut
nulla pars in copulandis conjugiis, propriæ ſortis
terminos transferat, ſed Nobilis Nobilem ducat
uxorem, liber liberam; libertus conjugatur liber-
tæ: & ſervus ancillæ —— — ——*

l) Un mariage eſt inégal lorsqu'un des deux con-
joints épouſe hors de ſa condition. —

m) Art. 22. §. 4.

n) A cauſe du mariage du Duc de Saxe-Meinun-
gen antérieur à cette diſpoſition de la capitulation,
qui a été inſérée pour la premiére fois dans la capitulation de Charles VII.

§. 20. On demande fi le droit de primogéniture a lieu dans la ligne collatérale, & fi l'on y fuccède fuivant la proximité de la ligne ou fuivant la proximité du degré? La queftion deviendra claire par l'exemple fuivant: Charles, dernier Electeur Palatin de la ligne de Simmeren, mourut fans enfans en 1685. Sa fucceffion fut difputée entre Philippe-Guillaume de la ligne de Neubourg & Léopold-Louis de la ligne de Veldenz. L'on verra dans la figure fuivante, dans quel degré de parenté étoit chacun des contendans rélativement au deffunt.

Succeffion collatérale.

ETIENNE.

Ligne de Simmeren.	Souche commune.	Ligne de Deuxponts.
Fréderic.		Louis le noir.
Jean I.		Alexandre.
Jean II.	*Ligne de Neubourg*	*de Veldenz.*
Fréderic III.	Louis.	Robert.
Louis IV.	Wolfgang.	George-Jean.
Fréderic IV.	Philipe-Louis.	George-Guftave.
Fréderic V.	Wolfg. Guillaume.	Léopold-Louis, *Contendant.*
Charles-Louis.	Philipe-Guillaume, *Contendant*	
Charles, *de la fucceffion duquel il s'agit.*		

Q   L'on

L'on remarque par cette figure, que
par la mort de Charles, l'Electorat palatin devoit paſſer à la ligne de Deuxponts,
& que cette ligne eſt diviſée en deux
branches, celle de Neubourg & celle de
Veldenz, dont les derniers individus
ſe diſputèrent la ſucceſſion palatine.

Philipe-Guillaume de la branche de
Neubourg avoit en ſa faveur la proximité de la ligne; & Léopold-Louis la proximité du degré. Le dernier auroit eu
raiſon ſi le droit commun eût pu avoir
lieu; °) mais en conſultant les termes
de la bulle d'or que nous avons allégués
ci deſſus, & qui doivent ſervir de régle en cette matiére, l'on ſe perſuadera
aiſément qu'elle décide pour la ſucceſſion
linéale, par conſéquent pour Philipe-
Guil-

°) Nous avons à la vérité quelques exemples, où la
proximité du dégré a été préférée à la proximité de la
ligne: mais des circonſtances particuliéres empêchent de
les regarder comme ſuffiſans pour prouver une obſervance.

Guillaume, qui a effectivement été in-
vesti de l'Electorat palatin. P)

§. 21. Les Electeurs font majeurs à
l'age de dix-huit ans accomplis; 9) jusqu'au quel tems leur tutele appartient à
l'agnat du mineur le plus proche & le plus
âgé). Ainfi les mineurs font foumis à
la tutele légitime.

Quand font majeurs.

§. 22. On difputoit beaucoup dans
l'Empire, fi cette difpofition de la bulle
excluoit la tutele teftamentaire. L'on
commença par difcuter amplement le
pour & le contre. Enfuite Coccejus)crut

De la tutele teftamentaire

Q 2 trou-

p) Les droits réciproques des deux branches ont été
fçavament défendus par *Textor* pour Neubourg, dans
fa differtation de fucceffione ex linea; & par *Schilter*
pour Veldenz, dans un traité intitulé, de natura fuc-
ceffionis feudalis ad 2 feud. 50. Toutes les Univerfi-
tés d'Allemagne, & même le Parlement de Paris, ont
été confultés fur cette queftion, lorfqu'elle fut agitée
fur la fin du dernier fiécle, entre Saxe-Altenbourg &
Saxe-Weimar, au fujet de la préféance que ces deux
maifons fe difputoient: la proximité de la ligne fut
préférée à celle du degré par l'Empereur. V. *Spener*
dans fon droit pub. liv. 5. ch. 2. n. d. & *Ludewig*
dans fon commentaire fur la bulle d'or. tit. 7.

q) V. la bulle d'or ch. 7. §. 4.

r) V. la bulle d'or ibid.

s) Dans fa jurifprudence pub. ch. 29.

trouver un jufte milieu entre les précédentes opinions, en difant, que la tutè-
le légitime devoit avoir lieu pour l'exercice des fonctions attachées à la dignité
électorale ; mais qu'à l'égard des autres
droits , & même de l'adminiftration des
terres électorales toute difpofition ,tefta-
mentaire étoit vallable. *Ludewig* & *Spener* étendirent enfuite la tutele légitime
non feulement aux fonctions électorales,
mais encore à l'adminiftration des terres
auxquelles la dignité électorale eft attachée , (*Chur • Crais*). Cette dernière opinion me femble devoir être préférée à toutes les autres, comme approchant le plus
de l'efprit de la bulle d'or, laquelle dans
tout le chapitre 7. qui difpofe de la fucceffion des Electeurs, n'a d'autre objèt
que de prévenir les diffenfions qui pourroient naitre au fujet des terres électorales ; & ne parle aucunement des autres
poffeffions des Electeurs. Ainfi l'on fuit
l'intention de la bulle d'or en n'étendant
la tutele légitime que fur les fonctions
& les terres électorales. Ce dernier
point

point eſt conforme au ſens littéral de la
bulle d'or, qui nomme le plus proche
Agnat tuteur eſt Adminiſtrateur, ce qui
ne peut être appliqué qu'à la geſtion des
biens ainſi qu'à l'exercice des fonctions
électorales.

CHAP. III.
Des Princes de l'Empire.

§. 1.

Les anciens Germains donnoient le
nom de Prince aux Rois & à leurs
fils.[a]) Ce nom devint enſuite plus général, & comprit les Archévêques, Evêques, Ducs, Marggraves, Comtes[b]).
L'on entend aujourd'hui ſous ce nom les
Archi-Evêques, Evêques, Prélats, Archi-Ducs, Comtes Palatins, Marggra-

A qui
donné.

Q 3 ves

a) Cet uſage a également ſubſiſté en France où le
nom de Prince n'étoit donné qu'à ceux qui deſcen-
doient des Rois de France par les mâles. V. *Mr. de
Thou* liv. 25.

b) V. *Lambert d'Aſchaffenbourg* tom. I. ſcriptorum rerum Germaniæ. *Piſtor*, pag. 356. 357. 359.

ves, Landgraves, Burggraves, les fimples Princes, & les Comtes Princiers.

Divifion. §. 2. L'on divife les Princes en deux
claffes: les eccléfiaftiques & les féculiers.

Princes eccléfiaf-tiquer. §. 3. Les Princes eccléfiaftiques doivent l'origine & l'aggrandiffement de leur
pouvoir temporel à Charlemagne, à
Louis le débonnaire, aux Othons & à
quelques autres Empereurs, qui cro-
Yoient l'élevation des Evêques l'unique
moyen capable de contrebalancer l'autorité que les Princes féculiers commen-
çoient à s'arroger: & c'eft par une fuite
de ce motif qu'ils furent comptez au nombre des Etats.

Archévê-chés. §. 4. Il n'y a dans l'Empire (outre
les trois Electorats eccléfiaftiques), qu'
un feul Archévêché, celui de Saltzbourg.
Ceux de Magdebourg & de Brêmen furent érigés en Duchés féculiers par le
traité de Weftphalie ᵉ). Ceux de Riga
&

e) Art. 7. §. 6.

& de Befançon ne font plus membres de l'Empire d).

§. 5. Dans l'ordre hiérarchique les Evêques dépendent des Archévêques: cette matiére appartient au droit canonique.

§. 6. Il y a en Allemagne vingt-deux Evêques jouiffans de la qualité d'Etats de l'Empire, en comptant ceux d'Osnabruck & de Lubeck. Leur nombre étoit plus grand avant le traité de Weftphalie, par lequel quelquesuns ont ceffé d'être Etats de l'Empire e), quelques autres ont été féecularifés f).

Evêques.

§. 7. Les Evêques ont en Allemagne deux fortes de droits; les droits de

Leurs droits.

Q 4 l'épif-

d) Befançon a paffé fous la domination de la France par les traités qui affurent la Franche-Comté à cette couronne; & c'eft à tort que la plûpart des publiciftes allemands comptent encore cet Archévêché parmi ceux d'Allemagne.

e) Comme Metz, Toul & Verdun. V. le Traité de Münfter Art. 11. §. 70.

f) Comme Verden, Münden, Camin, Halberftadt, Schwerin, Ratzebourg, l'Abbaye de Hirfchfeld, V. le traité d'Osnabruck Art. 10. §. 4. 7. 9. Art. 11. §. 1. 4. 5. 6. 11. 12. Art. 12. §. 1. Art. 15. §. 2.

l'epifcopat, c'eft à dire la jurisdiction eccléfiaftique, & les droits temporels attachés
à leur territoire. Tous les Princes eccléfiaftiques reçoivent de l'Empereur l'inveftiture du temporel : elle leur donne
le pouvoir d'exercer tous les droits de
fupériorité territoriale attachés à leur
territoire, fans qu'ils foient obligés d'attendre la confécration.

Deux
fortes de
Prélats.

§. 8. Quant aux Prélats, il y en a
de deux fortes; les Prélats qui ont le titre de Princes (*gefürftete Prælaten,*) & les
Princes qui ne l'ont point (*nicht gefürftete
Prælaten*). Les premiers ont chacun leur
fuffrage particulier (*votum virile*) à la diéte.
Ceux-ci font divifés en deux bancs, celui de Souabe & celui du Rhin. Chacun
de ces bancs n'a qu'un fuffrage à la diéte
(*votum curiatum*); de façon que tous les
Prélats de la Souabe enfemble n'en ont
qu'un. Il en eft de même des Prélats
du Rhin.

Abbeffes.

§. 9. Il y a auffi en Allemagne quelques Abbeffes, foit Princiéres, foit non-
Prin-

Princieres, qui ont voix & féance parmi les Prélats.

§. 10. La dignité Archi-ducale don- **Archi-**
ne le premier rang entre les Princes **Ducs.**
féculiers: la feule Maifon d'Autriche
jouit de ce titre, qui lui a été donné par
l'Empereur Frédéric III. en 1435. g)

§. 11. Le nom de Duc eft plus ancien **Ducs.**
en Allemagne que celui d'Empereur même. Le pouvoir de ceux auxquels les
anciens Germains le donnoient, fe bornoit à commander les troupes en tems
de guerre: & finiffoit avec elle h). A ces
fonctions, qui étoient toutes militaires,
les Ducs joignirent le pouvoir civil, &
furent infenfiblement regardés comme
maitres des peuples, dont ils n'avoient

Q 5 été

g) V. le privilege chez *Lunig* Reichs-Archiv. partie fpeciale continuat. 1. fect. 4. pag. 33. & *Pfeffinger*
vitriarius illuftratus, liv. 1. tit. 16. §. 9.

h) *Beda apud Reinerium Reineccium*, annales
de geftis Caroli M. Imp. liv. 5. *Quemcumque fors*
oftenderit, hunc tempore belli ducem omnes fequun-
tur & obtemperant huic; peracto autem bello rur-
fus æqualis potentiæ omnes erant fatrapæ.

été auparavant que les Gouverneurs. Leur puiſſance donna ombrage à Charle-magne; auſſi les deſtitua-t-il & mit-il des Comtes à leur place. Rétablis après la mort de cet Empereur [1]); les Ducs re-prirent avec plus d'éclat & d'autorité les fonctions de Gouverneurs de Provinces; mais ils étoient amovibles à la volonté de l'Empereur. Enfin profitant des deſ-ordres où l'Allemagne a ſi longtems ge-mi, ils augmentèrent & affermirent leur puiſſance à meſure que le droit hérédi-taire & le lien féodal perpétuel s'intro-duiſoient ; de façon que l'aggrandiſſe-ment des Ducs a ſuivi les révolutions qui ont changé la face de l'Allemagne juſ-qu'au traité de Weſtphalie.

§. 12. Aujourd'hui le titre de Duc eſt donné à celui, qui eſt inveſti d'un Duché.

Comtes-Palatins. §. 13. Les Comtes Palatins (*Pfalz-graven,*) rendoient la juſtice dans les Pa-lais

[1]) V. les *Annales Bertiniennes*, à l'an 829. & le diplome de Louis le débonnaire chez *Mabillon* tom. 4. p. 570.

lais qui appartenoient aux Empereurs dans les différentes provinces de l'Empire. [k]) Le plus puissant de tous étoit le Comte Palatin du Rhin: il étoit juge de causes personnelles & privées de l'Empereur. La bulle d'or lui confirme ce droit[l]); mais l'état actuel de l'Empire semble rendre cette loi inapplicable à cet égard.

§. 14. Les Marggraves faisoient anciennement les fonctions des juges dans certains districts situés vers les limites de l'Allemagne, ainsi que les simples Comtes les faisoient dans des districts moins grands situés dans le sein de l'Allemagne; Ils étoient, comme les Comtes, subordonnés aux Ducs. La crainte continuelle des invasions fut cause qu'on leur donnoit un district plus étendu que celui des Comtes, & qu'on leur accordoit un pou-

Marg-graves.

k) V. sur leur origine *Pierre Pithou*, observations sur les Comtes Palatins tant de la Germanie que des Gaules, & *Jacqu. Charles Spener*, de vera origine Comitum Palatinorum Cæsareorum, seu Comitum S. Palatii Lateranensis.

l) Ch. 5. §. 3.

pouvoir militaire, pour les mettre en
Etat de garantir les frontiéres de l'Allemagne des incurſions des barbares. ᵐ)
La plûpart des Marggraves ſe rendirent
indépendans des Ducs, & s'élevèrent au
rang des Princes, comme les anciens
Marggraves d'Autriche, qui originairement dépendoient du Duché de Báviére;
& ceux de Brandebourg, qui dépendoient du Duché de Saxe. Quelques uns
demeurèrent dans la claſſe des Comtes,
comme les Marggraves d'Anvers & de
Burgau.

§. 15. Il y a aujourd'hui deux ſortes
de Marggraves: ceux qui ſont inveſtis
d'une province dont les anciens poſſeſ-
ſeurs veilloient à la ſûreté des limites
de l'Allemagne; & ceux qui ſont inveſtis de provinces nouvellement érigées en
Marggraviats.

Aujour-
d'hui de
deux for-
tes.

§. 16.

ᵐ) *Thomaſius*, de jurisdict. & Magiſtratuum
differentia ſecundum mores Germanorum, thes. 90.
Sur l'origine du mot *Marggrave*, v. *Struve* dans
ſa diſſertation de Comitibus & Baronibus §. 25.

§. 16. Les Landgraves n'étoient différens des Marggraves que parce qu'ils
étoient préposés à des provinces situées
dans l'intérieur de l'Allemagne, tandis que
ceux - ci veilloient à la sûreté des frontiéres: ils n'étoient distingués des Comtes
que parceque ceux - ci ayant de moindres
districts, étoient par conséquent plus foibles qu'eux; il paroit que c'est là la seule
raison, pourquoi les Comtes ne s'élevèrent pas au rang des Princes, comme la
plûpart des Marggraves & des Landgraves.

§. 17. Les Burggraves étoient des
Chatelains, (*Castellan, Voigt*) que les Empereurs ou les Evêques préposoient à des
Bourgs, ou à des Abbayes, pour y rendre la justice. Ces Bourggraves avoient
leurs *Ministeriaux*, appellés *Hommes du
Bourg, Burgmänner*, avec lesquels ils jugeoient les causes du Bourg & de ses dé-
pendances. Les publicistes ne sauroient
fixer la véritable époque de l'établissement des Burggraves. L'opinion la plus
vraisemblable est de dire, qu'elle ne remonte

monte pas au delà du 12. Siécle [n]). On
trouve en Allemagne trois fortes de
Burggraves; les Princiers, les non-Prin-
ciers, & les fimples Burggraves. Les
plus confidérables font, les Burggraves de Nüremberg, de Magdebourg, de
Mifnie &c. *Ludewig*[o]) fait une ample énumération de tous ceux qui exiftent encore. Obfervons que beaucoup d'entre
eux ont confervé le titre fans conferver
les fonctions.

Il y avoit encore en Allemagne une
autre efpece de Burggrave; fçavoir ceux
que les *Ganerbes*[p]) choififfoient pour gouverner le Bourg du *Ganerbinat.* Plufieurs
de ces Burggraves ont ceffé avec les *Ganerbinats*

---

n) Nous trouvous le premier exemple d'un Burggrave chez *Mader*, dans fes antiquités de Brunfwic.
Il eft de 1170.

o) *Gelehrte Anzeigen*, part. 1. p. 286. Ajoutons
Pfeffinger Vitriar. illuft. tom. 2. pag. 701-707.

p) On appelle *Ganerbes* les perfonnes qui, lorsque les défis furent le plus en ufage, s'affociérent entre eux; faifoient communion de biens; choifirent un
Bourg pour leur deffenfe commune, & convinrent de
fe fuccéder mutuellement. On nomme *Ganerbinat*
la totalité des biens mis en Communauté.

erbinats : Quelques - uns exiſtent encore, comme le Burggrave de Rotenbourg, de Friedberg, de Salzbourg &c.

§. 18. Les ſimples Princes ſont de deux ſortes : I) ceux qui ſont inveſtis d'u-ne Principauté. II) les Cadets, tant des familles ducales que Princiéres, qui n'ont aucun territoire propre, & ne jouiſſent que d'un appanage. Les premiers ſont preſque tous nouveaux, c'eſt à dire, éle-vés depuis le regne de Ferdinand II. in-cluſivement. On les appelle ſimples Princes, parceque toutes les Maiſons an-ciennes ſont qualifiées ou du titre de Duc, de Landgrave &c. Les anciennes Maiſons ſont difficulté de les regarder comme leurs égaux, ainſi qu'on le verra au chapitre de la diéte.

§. 19. Les Comtes *Princiers* ſont des Comtes que l'Empereur inveſtit de leur Comté ſous le titre de Princes q). Ils

Simples Princes.

Des Comtes Princiers

tien-

q) V. ſur leur origine *Ludewig*, commentaire ſur la bulle d'or part. 1. pag. 44. Voy. la liſte de cette eſpece des Comtes chez *Pfeffinger*, *Vitriarius illuſtra-tus* tom. 2. pag. 709-722. Voy. ſurtout *Jérôme Eber-hardt Linck* de Comitibus - Principibus vulgo Gefür-ſtete Grafen, à Strasbourg 1708.

tiennent un rang intermédiaire entre les Princes & les autres Comtes.

L'Empereur feul peut accorder ces dignités. §. 20. L'Empereur péut feul & fans le confentement des Etats de l'Empire, accorder la dignité de Prince de l'Empire: mais cette dignité ne donne à celui qui en eft ainfi revêtu, aucun droit de féance ni de fuffrage à la diéte¹): Elle ne lui donne qu'une fimple dignité perfonelle.

Forment le fecond collége. §. 21. Les Princes qui font Etats de l'Empire, forment le fecond college à la diéte. Nous en parlerons plus amplement au chapitre de la diéte.

Droits dont jouiffent les Princes. §. 22. Au refte les Princes régnans jouiffent communément de tous les droits attachés à la fuperiorité territoriale: je dis communément; parceque le pouvoir de quelques uns eft limité par des conventions paffées avec leurs Etats provinciaux, ou avec leurs fujets. ²)

---

r) V. les Conditions requifes pour être admis à la diéte, au chap t. de ce livre.

s) Elles font partie du droit public particulier.

࿇࿇࿇

CHAP. IV.

CHAP. IV.

Des Comtes & des Barons.

§. 1.

Les Comtes étoient dans leur origine, des juges prépofés à de petits cantons de Pays, (*qui per vicos & pagos jus dicebant.*) Ils n'avoient pas tous un pouvoir égal; fon étenduë dépendoit des Ducs. Ils augmentèrent & s'approprièrent ce pouvoir à l'exemple des autres Etats de l'Empire, en profitant des troubles de l'Allemagne.

Origine

§. 2. La qualité de Comte eft aujourd'hui une dignité que l'Empereur accorde fuivant fon bon plaifir; de forte que l'on peut être Comte fans poflëder aucune Comté.

Eft une dignité.

§. 3. Nous diftinguons deux fortes de Comtes: les Comtes de l'Empire, qui relèvent immédiatement de l'Empereur & de l'Empire; & les fimples Comtes qui

Deux fortes de Comtes.

R   font

font fujets de quelque Etat, & ne relè‑
vent que médiatement de l'Empire.[a])

Quel‑
ques uns
ont voix
à la dié‑
te,les au‑
tres non.
§. 4. Tous les Comtes de l'Empire
n'ont point féance à la diéte: quelques
uns n'ont féance qu'à la diéte des cercles.
Les Comtes à fimples brevet n'ont en‑
trée à aucune affemblée publique. Ceux
qui ont féance à la diéte de l'Empire, font
divifés en quatre bancs: celui de Wet‑
teravie, de Souabe, de Franconie & de
Weftphalie [b]). Les Comtes de chaque
banc n'ont entre eux qu'une voix, (*votum
curiatum*) de forte que les quatre bancs
ont quatre voix. Les Comtes font par‑
tie du college des Princes.

Droit
de léga‑
tion.
§. 5. Les Electeurs & les Princes
refufoient autrefois aux Comtes de l'Em‑
pire le droit de légation: mais ils en
jouiffent aujourd'hui c).

§. 6.

a) On les appelle *Landfaffen.*

b) Ils n'étoient autrefois divifés qu'en deux bancs,
celui de Wetteravie & celui de Souabe: mais depuis
1643. ils font divifés en quatre bancs.

c) V. *Kopp* de infigni differentia inter Comites &
Nobiles, pag. 491. & *Struve*, dans fon corps de droit
publ. chap. 29, §. 63.

§. 6. Il y a dans l'Empire deux for- Des Ba-
rons.
tes de Barons: les uns ont voix & féance
parmi les Comtes ^d); les autres ne l'ont
point.

Le mot de *Baron* eft un titre de di- Origine
du nom.
gnité qui fuit immédiatement celle de
Comte. Les publiciftes varient tant fur
fon origine que fur fa fignification ^e): du
tems de la bulle d'or ceux là étoient nommés Barons, qui poffédoient un bien noble; avoient des arrieres - vaffaux, &
étoient exemts de la jurisdiction des Com-
tes ^f): on les nommoit alors *Seigneurs ban-*
nerets, Libres, Seigneurs libres, toujours libres
&c.(Banner - Herren, Freye, freye Herren, al-
lezeit Freye.)

§. 7. Ce titre, ainfi que tous les au- Com-
ment tous
ces titres
s'obtien-
nent au-
jourd'hui.
tres, s'obtient à la chancellerie impéria-
le, moyennant une certaine taxe; mais
il ne donne alors qu'une fimple dignité
perfonelle.

R 2   Etat

d) V. le récès de l'Empire de 1548. §. 66.
e) V. ladeffus *Lymnæus*, dans fon droit public liv.
4. ch. 5. *Paul Matthieu Wehner*, obfervat. pract.
édition de Schilter pag. 135. *Pfeffinger Vitriarius*
illuftratus, tom. 2. liv. 1. tit. 17. §. 18. not. c. pag. 727.
f) V. *Ludwig* fur la bulle d'or, part. 1. p. 45.

ETAT
du Collège des Princes.

Princes eccléfiaftiques.

L'Archévêque de Saltzbourg.

Le Grand - Maitre de l'Ordre Teutonique. } *fe conteftent la préféance.*

L'Evêque de Bamberg.

L'Evêque de Würtzbourg. } *alternent par feffion.*

L'Evêque de Wormbs.

L'Evêque d'Eichftätt.

L'Evêque de Spire.

L'Evêque de Strasbourg.

L'Evêque de Conftance.

L'Evêque d'Augsbourg.

L'Evêque de Hildesheim.

L'Evêque de Paderborn.

L'Evêque de Freyfingen.

L'Evêque de Ratisbonne.

L'Evêque de Paffau.

L'Evêque de Trente.

L'Evêque de Brixen. } *alternent.*

L'Evêque de Basle.

L'Evêque de Liége

L'Evêque d'Osnabruck.

L'Evêque

L'Evêque de Münster.$\Big\}$ *alterne avec Liége.*

L'Evêque de Lubeck.

L'Evêque de Cur.

L'Evêque & Abbé Princier de Fulde.

L'Abbé Princier de Kempten.

Le Prevôt Princier d'Ellwangen.

Le grand-Maitre de l'Ordre de St. Jean.

Le Prevôt Princier de Berchtolsgaden.

L'Evêque de Spire, à caufe de la Prevôté Princiére de Weiffenbourg.

L'Archévêque de Trèves, à caufe de
la Prevôté Princiére de Prinn.

L'Abbé Princier de Stablo.

L'Abbé Princier de Corvey.

Princes féculiers.

L'Archi-Duc d'Autriche.

Le Duc de Bourgogne.

Le Duc de Baviére.

Le Duché de Magdebourg.

La Maifon Palatine-Lautern.

Celle de Simmeren.

Celle de Neubourg.

Le Duché de Brêmen.

La Maifon Palatine des Deux-ponts.

Celle de Veldenz.

Le

Le Duc de Saxe - Cobourg.
Celui de Saxe - Gotha.
Celui de Saxe - Altenbourg.
Celui de Saxe - Weimar.
Celui de Saxe - Eifenach.

> Alternent
> fuivant les
> Jours de
> deliberati-
> on.

Brandebourg - Onolzbach.
Brandebourg - Culmbach.
Brunfvic - Zell.
Brunfvic - Wolfenbütttel.
Brunfvic - Calenberg.
Brunfvic Grubenhagen.
La Principauté de Halberftadt.
La Poméranie antérieure.
La Poméranie citérieure.
Verden.
Mecklenbourg - Schwerin,
Mecklenbourg - Guftrow.
Würtemberg.
Bade - Bade.
Bade - Durlach.
Bade - Hochberg.
Heffe - Darmftatt.
Heffe - Caffel.
Hollftein - Glückftatt.
Hollftein - Gottorp.

> Alternent.

Saxe

Saxe-Lauenbourg.

Principauté de Minden.

Duc de Savoye. } *N'exerce point son suffrage.*

Landgraviat de Leuchtenberg.

Anhalt.

La Comté Princiére de Henneberg.

Principauté de Schwerin.

De Camin.

De Ratzebourg.

De Hirfchfeld.

Marggraviat de Nomeny.

La Comté Princiére de Montbelliard.

Le Duc d'Aremberg.

Nouveaux - Princes introduits dans le Collége.

Hohen - Zolleren.

Lobkowitz,

Salm.

Dietrichftein.

Naffau - Hadamar & Siegen.

Naffau - Dillenbourg, Siegen & Dietz.

Auersperg.

Olt - Frife.
} *Alternent.*
Fürftenberg.

Schwart-

Schwartzenberg.

Lichtenſtein.

Tour & Taxis,

Schwartzbourg.

Prélats & Abeſſes du banc de Souabe.

Salmansweil.

Weingarten.

Ochſenhauſen.

Elchingen.

Yrſée.

Urſperg.

Roggenbourg.

Münchenroth.

Weiſenau ou Minderau.

Schuſſenried.

Marchthal.

Petershauſen.

Wettenhauſen.

Zwiefalten.

Gengenbach.

Les Abeſſes Princiéres de Lindau & de Buchau près du lac de Conſtance.

Les Abeſſes de Heggebach, de Guttenzell, de Rotenmünſter & de Baind.

Prélats

Prélats & Abeßès du Banc du Rhin.

Kayfersheim.

La Commanderie de l'Ordre Teutonique
de Coblence.

Celle d'Alface & de Bourgogne.

L'Evèque de Spire, comme Prevòt d'O-
denheim.

Werden & Helmftädt.

St. Ulric & Afra d'Augsbourg.

St. George d'Ifny.

Corneli-Münfter.

L'Abbaye noble de Bruchfaal.

Les Abeßes Princiéres d'Eßen, de Qued-
linbourg, de Herford, de Gernrode,
de Nider-Münfter & d'Ober-Mün-
fter de Ratisbonne, de Gandersheim.

L'Abeße de Burfcheid.

Banc des Comtes de Wettéravie.

Naßau-Saarbrück.

Naßau-Weilbourg.

Hanau.

Solms.

Yfenbourg.

Stollberg.

R 5   Wit-

Witgenftein.

Les Wild - & Rheingraves.

L'Electeur de Mayence à caufe de la Seigneurie de Königftein.

Linange.

Mannsfeld.

Prince de Waldeck.

Reuffen de Plauen.

Hatzfeld & Gleichen.

Schönbourg.

Ortenbourg.

Wartenberg.

Banc des Comtes de Souabe.

Fürftenberg.

De Waldbourg.

Oettingen.

Montfort.

Le Prince de Schwartzenberg pour la
Comté de Sultz.

Königseck.

Les Comtes de la Leyen pour la Seigneurie de Gerolzeck.

Fugger.

Grafeneck.

Hohen.

Hohenems.

Rechberg & Pappenheim.

Trautmannsdorf.

Schlick.

Ungnad, Comtes de Weiſſenwolf.

Sintzendorf.

Les Barons de Freyberg, comme poſſeſ-
feurs de la Seigneurie de Juſtingen en
Souabe.

Stadion.

Traun.

Waldſtein.

Banc des Comtes de Franconie.

Hohenlohe.

Caſtell.

Löwenſtein - Wertheim.

Erbach.

Le Prince de Schwartzenberg pour la
Seigneurie de Seintzheim.

Noſtitz pour la Comté de Reineck.

Wolfſtein.

Shönborn pour Reichelsberg & Wieſend-
heit.

Windiſchgrætz.

Roſen-

Rofenberg.

Stahrenberg.

Wurmbrand.

Grævenitz.

Pülcker.

Giech.

Banc des Comtes de Weftphalie.

Le Marggrave de Brandebourg-Onoltz-
bach pour la Comté de Sayn & comme
co - poffeffeur de Sayn - Alten - Kir-
chen.

Le Burggrave de Kirchberg pour Sayn-
Hachenbourg.

Le Comte de Wied, Comte de Wied-
runkel.

Le Landgrave de Heffe-Caffel & le Comte de la Lippe à Bückebourg, pour la
Comté de Schaumbourg.

Le Roi de Dannemarck, pour les Comtés d'Oldenbourg & de Delmenhorft.

Le Comte de la Lippe.

Les Comtes de Bentheim.

L'Electeur de Brunfvic - Lunebourg,
pour les Comtés de Hoya, Diepholt
& Spiegelberg.

Les

Les Comtes de Löwenftein - Wertheim
pour la Comté de Birnebourg.

Le Comte de Kaunitz, pour la Comté
de Rittberg.

Le Prince de Waldeck, pour la Comté
de Pirmont.

Le Comte de Gronsfeld.

Le Comte d'Afpermont, pour la Comté
de Reckum.

Le Prince de Salm, pour la Comté d'An-
holt.

Le Comte de Metternich - Beilftein pour
la Comté de Winnebourg - Beilftein.

Le Comte de la Lippe, pour la Comté
de Holzapfel.

Le Comte de Manderfcheid - Blancken-
heim.

Le Comte de Giech, pour la Seigneurie de Witten.

Le Comte de Limbourg - Styrum, pour
la Seigneurie de Gehmen.

Le Prince de Schwartzenberg, pour la
Seigneurie de Gymborn - Neuftadt.

Le Baron de Quad, pour la Seigneurie
de Wickerad.

Le

Le Comte de Berlepfch, pour la Seigneurie de Mylendonck.

Le Comte de Neflelrod, pour la Comté de Reichenftein.

Le Comte de la Marck & Schleiden.

Le Comte de Schærberg, pour la Comté de Kerpen - Lommertzheim.

La Maifon - Electorale de Saxe, pour la Comté de Barby - Mühlingen.

Le Comte de Salm, pour la Comté de Reiferfcheid.

Le Comte de la Marck & Schleiden, pour la Seigneurie de Saffenbourg.

Le Comte de Wehlen, pour la Seigneurie de Bretzenheim.

L'Electeur de Brandebourg, pour la Comté de Rheinftein.

L'Electeur de Brunfwic - Lunebourg pour la Comté de Hallermund.

Le Roi de Pruffe prétend devoir être admis pour la Comté de Lingen.

CHAP. V.

CHAP. V.
Des Villes Impériales.

§. 1.

Nous appellons Villes impériales celles qui relèvent immédiatement de l'Empire; qui jouiſſent de la ſupériorité territoriale, & qui ont voix & ſéance à la diéte de l'Empire. Les autres ſont municipales, c'eſt à dire, immédiatement ſoumiſes à des Etats de l'Empire.[a])

Définition.

§. 2. L'on ſçait qu'il n'y avoit aucune Ville dans l'ancienne Germanie.[b]) Charlemagne, après l'avoir conquiſe, commença à en batir. Henri l'oiſeleur ſuivit ſon exemple pour donner des retraites aux habitans de la campagne contre

Origine des Villes.

a) Il n'y a en Allemagne aucune Ville mixte, ainſi que pluſieurs Auteurs le prétendent; car ſi une Ville eſt immédiatement ſoumiſe à l'Empereur & à l'Empire, elle eſt Ville libre; ſi au contraire elle eſt ſoumiſe à un Etat, elle eſt Ville municipale, tels amples que puiſſent être ſes privileges & ſes immunités.

b) *Tacite* de moribus Germanorum ch. 16. *Nullas Germanorum populis urbes habitari ſatis notum eſt.*

tre les incurfions des Huns.^c) Mais aucune de ces Villes ne jouiffoit encore de
l'immédiateté, ni des droits régaliens:^d) ce
n'a été qu'en achetant leur liberté de leurs
Seigneurs territoriaux, ou en l'obtenant
des Empereurs, ou enfin en l'ufurpant,
que plufieurs devinrent immédiates: &
c'eft principalement en fe liguant ^e) entre elles, pendant le grand interregne,
contre les entreprifes des Grands, & en
les

c) *Witichind*, dans fes annales liv. 1. pag. 639.
Siegebert de Gemblours à l'an 925. & parmi les modernes, *Conring* de Vrbibus Germaniæ & *Brun-
mann* de incrementis urbium germanicarum.

d) Ainfi il eft faux que les ftatues Rolandines aient
été érigées du tems de Charlemagne pour preuve de
l'immédiateté & des regaliens. Ces ftatues, qui ne
commencerent à être en ufage que vers le 11e Siécle,
(*Conring* de urbibus germaniæ, thes. 72.) & qui n'e-
xiftoient presque qu'en Saxe, ne fignifioient que le
pouvoir de juger le civil & le criminel, accordé par
l'Empereur: (v. *Gryphiander* de Weichbildis faxoni-
cis ch. 71.) eft c'eft par cette raifon que ces ftatues
étoient appellées *Rügen - Land - Seulen*, du mot *rügen*, qui veut dire *juger*. Ce n'a été que par corruption qu'on les a appellées *Roland - Säulen*, ftatues de Roland.

e) De là l'union du Rhin conclue entre elles, chez
Leibnitz in prodromo codicis diplomatici, tom. 2.
pag. 95.

détruifant le pouvoir des Juges Impériaux (Reichs - Vögte, [f]) qu' elles poférent
les vrais fondemens de leur liberté, de
leur pouvoir & de leur participation au gouvernement d' Allemagne. Le traité de Weftphalie leur
confirme tous leurs droits en ces termes:
„Les villes libres de l' Empire auront,
„ainfi que les autres Etats de l' Empire,
„voix décifive tant aux diétes univerfel-
„les que particuliéres: & elles jouiront
„en leur entier des régaliens, péages,
„revenus annuels, libertés, privilèges
„de

f) C'étoient des juges prépofés aux villes par l'Empereur, particuliérement pour exercer la jurisdiction
criminelle. (V. *Heider von den alten Reichs - Vog-
teyen*, pag. 49. & 282.) & pour préfider aux affemblées, (v. *Urflifius*, chronique de Basle liv. 2. ch. 11.
pag. 9.) Il ne faut point les confondre avec les *Avoués*
des Villes (*Vitzthumen, Schutz-und Schirm-Herren*);
Ceux - ci n'avoient d'autre devoir que de protéger les
Villes contre les entreprifes que les Seigneurs faifoient
fur leurs droits pendant que le droit manuaire étoit
en ufage, & particuliérement pendant le grand interregne; après lequel la plûpart des Villes s'en libére-
rent, foit à prix d'argent, foit autrement: quelques
unes les ont confervés. V. le gloffaire de *Du Frefne*
au mot *Advocatus*. *Ifaac Peyer* de advocatis liberarum civitatum imperialium circuli Franconici, à
Altorf. 1722.

S

„de confifcation, de collecte & de tout
„ce qui en dépend; ainfi que tous les
„droits qu'elles auront légitimement obte-
„nus de l'Empereur, ou acquis par un
„long ufage avant les troubles prefens;
„avec jurisdiction quelconque dans leurs
„murs & dans leur territoire [g]).

Ont la fupério-rité ter-ritoriale, & font E-tats de l'Empire.

§. 3. Cet article confirme donc aux Villes libres de l'Empire, toutes les par-ties de la fupériorité territoriale, & le droit de féance & de fuffrage aux diétes de l'Empire: c'eft donc fans aucune rai-fon que quelques auteurs leur refufent la fupériorité territoriale, & la qualité d'Etats de l'Empire, qualité qu'elles ob-tinrent dès 1582. [h])

Forment le 3e. col-lège. Sont di-vifés en deux bancs.

§. 4. Ces Villes forment le troifiè-me college à la diéte. Elles font divifé-es en deux bancs, [i]) celui du Rhin, & ce-lui de Souabe. Chaque Ville a un fuffra-ge particulier. Elles n'ont à la diéte que des

g) Art. 8. §. 4. & traité de Munfter §. 65.
h) V. *Lehmann*, Chronique de Spire liv. 4. ch. 4.
i) C'eft depuis 1474. qu'elles font ainfi divifées, v. *Lehmann*, chronique de Spire liv. 6. ch. 113.

des Députés; au lieu que les autres Etats
y ont des Envoyez.

§. 5. Les Villes ont à leur tête un Gouver-
Sénat, (appellé Magiſtrat), dont les mem- nement
bres ſont tirés, ſoit du corps de la bour- des villes
geoiſie, ſoit du corps des Nobles ou Pa-
triciens, ou de tous les deux; ce qui les
rapproche plus ou moins d' une eſpece
de gouvernement Ariſtocratique ou Dé-
mocratique. Chaque Ville peut changer
cette forme; pourvû que ce changement
ne ſoit point contraire aux loix de l'Empire.

§. 6. Les Villes & la Nobleſſe im- Diſpute
médiate ſe diſputent depuis longtems la de préféance en-
préféance: le traité de Weſtphalie avoit tre les
pris un ſage parti, en la faiſant dépen- Villes &
les No-
dre de la poſſeſſion: mais cette déciſion bles.
n' aſſoupit point le différend, parceque
tant les Villes que les Nobles croÿoient
avoir la poſſeſſion pour eux. [1])

S 2 §. 7.

1) V. *Meyern*, actes de la paix de Weſtphalie, tom.
3. p. 589. jusqu'à 591. & *Londorp.* tom. 6. pag. 108.

Des Vil-
lages im-
médiats.

§. 7. On trouve auſſi en Allemagne
quelques villages qui relevent immédiatement de l'Empereur & de l'Empire.
La plûpart ſont ſous la protection de quelque Etat de l'Empire; mais ils ne ſont
pas pour cela ſoumis à leur jurisdiction.

LISTE
des Villes Impériales.

Banc du Rhin.

Cologne, Aix-la-Chapelle, Lubec,
Wormbs, Spire, Francfort ſur le Main,
Goslar, Brêmen, Mühlhauſen, Nord-
hauſen, Dortmund, Friedberg, Wetzlar, Gelnhauſen, Hambourg.

Banc de Souabe.

Ratisbonne, Augsbourg, Nuremberg,
Ulm, Eslingen, Reutlingen, Nörd-
lingen, Rotenbourg ſur le Tauber,
Schwäbiſch-Hall, Rotweil, Ueber-
lingen, Heilbronn, Schwäbiſch-Ge-
münd, Memmingen, Lindau, Dünc-
kelsbühl, Biberach, Ravensbourg,
Schweinſurt, Kempten, Windsheim,
Kauf-

Kaufbeuren, Weil, Wangen, Isni, Pfullendorf, Offenbourg, Leutkirchen, Wimpfen, Weissenbourg dans le Nordgau, Giengen, Gengenbach, Zell an Hammersbach, Buchhorn, Aalen, Buchau, Bopfingen.

CHAP. VI.

De la Noblesse immédiate.

§. 1.

La Noblesse immédiate est un corps de Nobles, qui ont pour chef immédiat l'Empereur & l'Empire. Elle n'existoit point encore ni sous les Empereurs Carlovingiens, ni sous les Empereurs Saxons: il n'y avoit alors de nobles que ceux qui, par leurs charges, avoient droit d'assister & de délibérer aux Assemblées de l'Empire, comme les Ducs, les Marggraves, les Comtes, connus aujourd'hui sous le nom de Noblesse supérieure. Le reste des habitans de l'Allemagne étoit divisé en hommes libres &

Définition.

Origine.

S 3 en

en Serfs.   Quelques uns d'entre ceux
qui compofoient la premiére claffe, com.
mencèrent infenfiblement à fe féparer
des autres,   en acceptant des emplois
militaires ou civils: Ceux qui fervirent
dans la Cavallerie obtinrent le nom de
Chevalier, (*Eques, miles* [a]) & d'*Esquire, Ecuyer*;
& ceux qui occupoient des emplois ci-
vils, étoient appellés *Miniflériaux (Minifle-
riales)*: Mais les uns & les autres demeurèrent foumis au pouvoir des Ducs,
& n'étoient aucunement puiffans par
leurs poffeffions: Ils les augmentèrent
fous l'Empereur Philipe, Duc de Souabe, qui preffé par des befoins d'argent,
en obtint en engageant la plus grande
partie de fes domaines fitués en Sóua-
be [b]).   L'extinction même des Ducs de
Souabe,   ainfi que celle des Ducs de
Franconie, délivra pour jamais ces Chevaliers & ces Miniftériaux du pouvoir

des

a) V. *Antoine Mathieu* de nobilitate liv. 4. ch. 10.
p. 966. & fuiv.   *Henry Spelmann,* differtation de
milite, parmi fes œuvres pofthumes, pag. 172.
  b) *Conrad d'Urfperg* pag. 311.

des Ducs: ainsi c'est là la véritable époque de leur immédiateté; elle fut affer-
mie par les desordres que causa le grand
interregne: c'est depuis ce tems là que
la Noblesse immédiate existe veritable-
ment; quoique quelques auteurs prétendent qu'elle n'a eû le titre de Noble qu'au
quinziéme siécle. c)

§. 2. Ceci détruit l'opinion de quelques publicistes qui soutiennent, que la
Noblesse immédiate avoit dès les premiers tems de l'Empire le droit d'assister
& de deliberer aux diétes, & de concourir aux élections des Empereurs. Il est
vrai qu'en 1686. la Noblesse immédiate se
servit de ce moyen pour obtenir trois
suffrages à la diéte: mais les Princes &
les Villes s'opposerent à leur réception;
de façon que leur demande fut sans suc-
cès, malgré la bonne volonté de l'Empereur & de l'Electeur de Mayence d).
Ainsi l'on ne peut point dire que les Nobles immédiats soient Etats de l'Empire.

S 4

§. 3.

c) *Kranzius* liv. 3. ch. 11.
d) V. les actes chez *Londorp* tom. 13. ch. 23.

Nobleſſe
médiate.

§. 3. Il y a donc en Allemagne deux
ſortes de Nobleſſe : l'immédiate dont nous
parlons ici, & la médiate : ceux qui
compoſent la derniére eſpece ſont ſujets
de quelque Etat de l'Empire, dont ils
ſont vaſſaux & juſticiables.

Diviſés
en trois
cercles.

§. 4. La Nobleſſe immédiate eſt diviſée en trois cercles : celui de Franconie, celui de Souabe & celui du Rhin :
Le cercle Franconique eſt ſous-diviſé en
ſix diſtricts : l'Odenwald ; le Steigerwald ;
Gebirg (les monts) ; l'Altmühl ; Pan-
nach & Daun ; le pays entre la Rhæne &
la Werra. Celui de Souabe eſt ſous-divi-
viſé en cinq quartiers : celui d'entre le
Danube, l'Iller & la Lech ; le Hegow &
l'Algow ; l'Ortenau & la Forêt noire ; le
Kochergow ; le Kreichgaw. Celui du
Rhin comprend trois diſtricts : le Gow
& Wasgow ; la Wetteravie, le Weſter-
wald, le Heimrich & le Rheingow ; le bas
Rhin, le Hundsruck & l'Eberswald.

Directoi-
re.

§. 5. Ces trois cercles ont un directoire commun, qu'ils exercent alternativement tous les trois ans. Chaque
cercle

cercle a en outre un Capitaine, des Confeillers, un Sindic, qui jugent en premiére inftance les Nobles & les fujets
de leur cercle. Les appels de leurs jugemens reffortiffent au Confeil aulique
ou à la Chambre impériale. Il faut excepter les différends qui regardent des
fiéfs relevans d'un Etat de l'Empire; car
alors les poffeffeurs font obligés de fe
pourvoir par devant la Cour féodale du
Seigneur direct. ᵉ)

Du Ca-
pitaine,
Confeil-
lers &c.
Juges
de pre-
miére in-
ftance.

En ma-
tiére féo-
dale.

§. 6. Quant au droit de juger la Nobleffe immédiate pour fes caufes criminelles, il n'eft point encore décidé à qui il
appartient: On diftingue deux cas: ou
un Noble a délinqué fur le territoire d'un
Etat de l'Empire, ou fur fes propres terres: dans le dernier cas, le droit de juger appartient à l'Empereur. Mais dans
le premier, le Seigneur territorial le re-
clame fuivant l'axiome: *forum in loco deli-
Eti: le délit faifit le tribunal du m.: où il a été
commis.* La Nobleffe immédiate au con-

En ma-
tiére cri-
minelle.

S 5   traire

---

e) V. *Burgermeifter,* thefaurus juris equeftris,
part. 1. pag. 729. & la *Reichs-Fama* part. 3. ch. 33.

traire, ne veut reconnoitre pour fon juge
que le Confeil Aulique, fur le fondement
que celui qui eft exempt quant à fa perfonne, l'eft auffi pour fes délits. Cette
importante queftion n'eft point encore
décidée; & c'eft inutilement qu'on y a
penfé lors de l'élection de l'Empereur
Charles VII. ᶠ)

Affem-
blées cir-
culaires. §. 7. La Nobleffe immédiate peut
tenir des affemblées generales, (*gemeine*
ritterliche Täge), ou particuliéres: dans
celles - là les trois cercles s'affemblent.
Les particuliéres font de trois efpeces:
la premiére, quand les Nobles du même
cercle s'affemblent; on les appelle diétes
circulaires: la feconde, quand les Nobles d'un feul canton s'affemblent; on
les appelle diétes locales: la troifiéme
enfin, quand les Députes des trois cercles s'affemblent, ou une partie d'eux;
on les appelle diétes de députation. Le
droit

ᶠ) V. fur cette queftion *Le Baron de Lincker*,
dans fon traité de libertate ftatuum imperii, feĉt. 2.
§. 6. *Meyer*, Londorp continué tom. 3. à l'an 1622.
Burgermeifter, cod. diplom. pag. 723. & fuiv.

droit de convoquer appartient au Directeur & aux Capitaines. —

§. 8. La Noblesse immédiate jouit de plusieurs droit: I) elle a le droit de lé-gation, soit pour tout le corps en géné-ral, soit pour chaque cercle en particu-lier: les personnes qu'elle charge de ses plein-pouvoirs sont appellés *Abgeordnete.*g)

Droit de légation.

II.) La jurisdiction ecclésiastique lui est confirmée par le traité d'Osnabruck h) en ces termes: „la Noblesse libre & im-„médiate de l'Empire, & tous & un cha-„cun de ses membres, ainsi que leurs su-„jets & biens féodaux & allodiaux, (à „moins que pour raison de quelques biens, „ou à cause du territoire & domicile, ils „ne soient assujettis à quelques autres „Etats) auront en vertu de la paix de „religion, & de la presente convention, le „même pouvoir que les Electeurs, Prin-„ces

Jurisdic-tion ec-clésiasti-que.

g) V. la capitul. Art. 23. §. 2. Et *Kulpisius* de le-gatione statuum imperii, ch. 9. §. 2. pag. 638.

h) Art. 5. §. 28. ajout. *Henniges*, dans ses médita-tions sur le traité de Westphalie, à cet article, & *Mayern*, actes de la paix de Westphalie liv. 23. §. 16. & liv. 38. §. 1.

„ces & Etats, fur les droits concernant
„la religion, & les bénéfices y attachés:„
ainfi l'on peut voir à cet égard le ch. 3. du l. 5.

Droit de collecte. III) Elle a le droit d'impofer fes fujets (autrement appellé *droit de collecte.*)
Elles les impofe foit pour les befoins de
l'Empire, foit pour fes befoins perfonels.
Depuis que la Nobleffe immédiate a
ceffé de rendre à la guerre des fervices
perfonnels, elle fournit aux dépenfes de
l'Empire en argent; mais ce n'eft qu'à ti-
Don gra- tre de don gratuit, appellé *fubfidium chari-*
tuit. *tativum*: La Nobleffe le paya pour la premiére fois à Fréderic III. Et l'ayant refufé (1495.) à Maximilien I. elle obtint le
droit de le répartir fur fes fujets[i]): C'eft
depuis ce tems qu'elle le paye réguliérement fur les réquifitions de l'Empereur,
en obtenant chaque fois l'affûrance, par
des lettres reverfales, que cela ne nuira
point à fon exemtion ni à fa liberté.[k])

La

i) V. la deffus *Jean David Kœhler*, de ortu & pro-
greffu fubfidii charitativi nobilitatis immed. Altorf 1728.
v. auffi la note fuivante.

k) L'Empereur Léopold défendit en 1688, de fouftrai-
re à ces collectes aucuns biens immédiats, qui y avoient
été

La Noblesse immédiate a en IVme lieu le droit de retrait (*Einstands-recht:*) par ce droit les plus proches Agnats ou Cognats du vendeur, à leur défaut chaque membre de son district, & enfin le corps entier de la Noblesse, peuvent retirer un bien immédiat ou des droits en dépendans, vendus à un étranger quelconque. Ce droit lui a été accordé en 1624. par Ferdinand II. Il a été confirmé par Ferdinand III. (1652) & par Léopold (1688) qui prorogea la faculté du rétrait d'un an à trois.[l])

Droit de retrait.

§. 9. Quant au droit de se faire juger par des Austregues, un Noble immédiat peut l'exercer, lorsqu' il est traduit en justice par un autre sujet immédiat[m])

Droit d'Austregues.

§. 10. Chaque cercle a encore des priviléges & des usages particuliers; mais dont le détail paroit être étranger à notre objet.

Droits particuliers.

été assujettis jusqu'alors; v. *Burgermeister* dans son code diplomat. de la Noblesse immédiate. pag. 287. *Lunig* Thesaurus juris comitum pag. 752. 755.

l) Ce droit lui a été confirmé par le Conseil aulique le 20 May 1684. V. *Londorp* tom. 12 actorum public. pag. 53. V. aussi *Burgermeister* ibid. pag. 326. & *Londorp* tom. 14. ch. 17.

m) V. l'ordon. de la chambre impériale de l'an 1521. tit. 33. de 1555. tit. 3. 4. 5.

objet. Ceux qui veulent s'en inſtruire, peuvent conſulter *Limnæus* dans ſon droit public. ")

§. 11. Au ſurplus tous les droits & privileges de la nobleſſe immédiate, tant généraux que particuliers, ſont confirmés par la capitulation de l'Empereur. °)

§. 12. La Nobleſſe, ainſi que l'on vient de le voir, jouit de la plus grande partie des droits de ſupériorité : néanmoins on ne peut pas dire abſolument qu'elle ait la ſupériorité territoriale : ᵖ) les parties qu'elle en poſſede, ne lui appartiennent qu'à titre de privilege ou de convention. Il reſulte de là un point de droit eſſentiel, qui eſt, que tout Noble immédiat qui prétend un droit, doit prouver qu'il lui appartient; parceque ſans cela la préſomption eſt en faveur de la liberté : au lieu que celui qui jouit de la ſupériorité territoriale, eſt cenſé jouir de toutes les parties qui la compoſent, jusqu'à ce que celui qui prétend l'exemption, en ait fait la preuve.

N'a point le droit de ſupériorité territoriale.

n) liv. 6.

o) Art. 1. §. 9.

p) V. *Luuig* continuat. 4.' pag. 806. *Ludolf* jus camerale pag. 18. & ſuiv.

LIVRE IV.

LIVRE IV.

CHAPITRE I.
De la Diéte de l'Empire.

§. 1.

La nature du gouvernement de l'Al- Origine
lemagne exigeoit de tous tems des
Affemblées publiques, où l'Empereur &
les Princes de l'Empire délibéraffent fur
les affaires d'état. Ces affemblées, con-
nues fous le nom de *Comices,* ou *Diétes,*
étoient ordinaires ou extraordinaires.
Celles-là fe tenoient réguliérement deux
fois par an [a]). Celles-ci étoient convo-
quées fuivant que les Empereurs le jugeoient

a) V. *Baluze,* appendix actorum veterum ad capi-
tularia, nombre 26. 27. 32. & tom. 1. pag. 461. *Hincmar,* Epitre 14. ad proceres Germaniæ pro inftitutio-
ne Caroli magni §. 29. ,, Confuetudo autem tunc
,, temporis talis erat, ut non fæpius, fed bis in anno
,, placita duo haberentur.

geoient à propos, ou que les besoins ou l'utilité publique l'exigeoient.

Outre ces *Comices* ou *Diètes*, les Empereurs tenoient des Cours, *(curiæ principum)* pour célébrer des fêtes publiques. Tous les Princes y paroissoient avec éclat & avec pompe. Comme les diétes devinrent peu à peu plus rares [b]), les Empereurs commencèrent à tenir des Cours plus fréquemment; l'on ne s'y bornoit point aux cérémonies qui caractérisoient les Cours précédentes; mais on y délibéroit sur toutes sortes d'affaires, sur celles principalement qui regardoient des Princes. C'est de ces Cours que les diétes de l'Empire, qui sont encore en usage aujourd'hui, tirent leur véritable origine [c]). La forme de ces diétes a souffert.

b) Les anciennes diétes commencèrent à diminuer sous Henri IV. Voy. *Rahlmann*, dans son traité intitulé: Nachricht von den Reichs-tægen, pag. 92.

c) C'est en adoptant, & en soutenant cette origine vraye, qu'avant le traité de Westphalie, les Etats ne voulurent point accorder aux villes impériales, le droit de séance & de suffrage à la diéte qu'elles prétendoient comme une suite du droit que le Peuple avoit anciennement

fert des changemens fous Maximilien I.
En fuivant celle qui fubfifte aujourd'hui,
l'on peut dire, que la diète de l'Empire
eft une Affemblée des Etats de l'Empire,
convoqués par l'Empereur, pour délibérer & décider conjointement avec lui
des droits & des befoins de l'Empire.

§. 2. Les Etats concourrent avec
l'Empereur, à l'exercice de tous les droits
de Majefté qui appartiennent à l' Empire *comme Corps*; à l' exception de quelques - uns qui font comptés parmi les refervats de l'Empereur. Ainfi nous pouvons, fous la même reftriction, pofer
deux principes; le premier, que tous les
droits de Majefté à l'égard de l'Empire,
doivent être exercés à la diète : le fecond,
que toutes les affaires dont la décifion
dépend du confentement de l' Empereur
& des Etats, doivent également y être
trai-

Défini-
tion.

nement d'affifter aux diètes   Les Villes en invoquant
cette affiftence du Peuple, confondoient vifiblement
les diètes avec les Cours des Empereurs : le Peuple comparoiffoit effectivement aux premiéres; mais il n'étoit
point admis aux fecondes.

T

traitées. Nous parlerons des plus effentielles dans les chapitres fuivans. On peut
confulter les loix publiques, furtout le
traité de Weftphalie ^d) & la capitulation
de l'Empereur. ^e)

Droit de convoquer.

§. 3. Le droit de convoquer les diétes appartient aux Empereurs, comme
réfervat ^f). Ils convoquoient autrefois
par des Edits: mais depuis l'Empereur
Frédéric III. ^g), ils fe fervent de lettres
patentes inprimées qu'ils addreffent à
chaque Etat féparement. Ces lettres
contiennent en abrégé les articles principaux qui feront mis en délibération. ^h)
Autrefois les termes de ces lettres étoient
impératifs ⁱ): ils font plus mitigés aujourd'hui.

§. 4.

d) Traité d'Osnabruck Art. 8.

e) Art. 17. §. 9. Art. 24. §. 5. & fuiv.

f) C'eft par cette raifon qu'elle eft quelquefois appellée *Kayfers Reichs - tag*, (diète de l'Empereur.)

g) Quelques auteurs obfervent, que ces lettres
étoient déja en ufage avant ce tems: mais il eft certain, que cet ufage n'étoit point encore conftant.

h) V. l'indiction de la diéte de 1662. faite par l'Empereur Léopold, chez *Lunig* Reichs - Archiv, tom 1.
pag. 640.

i) „*Nous enjoignons, difons, ordonnonnons.* V.
un écrit intitulé: *das Ausfchreiben auf den Reichstag.*

§. 4. Suivant un ancien privilége [k]) de la Ville de Nüremberg, l'Empereur doit tenir fa premiére diéte dans cette ville. Charles IV. confirma ce privilége par la bulle d'or. [l]) Il n'a gueres été fui- vi depuis Charles **V.** Mais la Ville de Nüremberg a obtenu chaque fois, pour la confervation de fon privilége, des let- tres reverfales, ou fe l'eft fait affûrer par le récès même [m]). La diéte doit être te- nue dans une ville fituée dans l'Empire [n]): ce qui a été ordonné pour la premiére fois par la capitulation de Ferdinand III. [o])

Endroit ou fe tient la diéte.

T 2 &

tag *zu Augsbourg, A. 1530.* Et *Arumæus,* dif- cours 9. §. 10.

k) V. l'oraifon de *Reichersdorf*, de Curiis regiis Comitiisque ante fanctionis Carolinæ tempora Norim- bergæ celebratis.

l) Tit. 28. §. 5.

m) V. le récès de 1566. §. 180. de 1613. §. 16. de 1641. §. 2.

n) Ainfi la diéte ne pourroit point être tenue en Bohème; parceqn'elle ne fait point partie du territoi- re de l'Empire, quoiqu'elle jouiffe de tous les droits qui appartiennent aux terres de l'Empire; (*juris ger- manici, non tamen territorii germanici eft*). Elle ne pourroit également point être tenue ni en Hon- grie, ni dans le Pays-bas.

o) Art. 13.

& a été répeté dans toutes celles qui l'ont fuivies P). Elle fe tient communément dans une ville impériale, quoiqu'aucune loi ne l'ordonne.

En quel tems.

§. 5. L'Empereur ne peut convoquer la diéte qu'après avoir délibéré avec les Electeurs 9) fur le tems & fur le lieu où elle doit être tenuë. Celle d'aujourd'hui fe tient à Ratisbonne depuis 1663. fa longue durée l'a fait appeller la diéte perpétuelle (*fürwehrender Reichstag*); effectivement elle femble y être fixée pour jamais. Néanmoins fi le cas arrivoit qu'elle ceffât, l'Empereur promet, d'en convoquer une au moins tous les dix ans; „& chaque fois que les befoins & la tran- „quillité de l'Empire ou de quelque cer- „cle paroitront l'exiger; le tout du con- „fentement des Electeurs, ou lorsqu'ils „l'en folliciteront„ ')

Du commiffaire impérial

§. 6. Autrefois l'Empereur comparoiffoit à la diéte en perfonne: mais depuis

puis

p) V. la capitul. de François I. Art. 13. §. 1.
q) ibid.
r) ibid.

puis qu'elle continuë ſes ſéances ſans in-
terruption, ſa préſence eſt devenue en
quelque ſorte impoſſible. C'eſt par cette raiſon, qu'il promet, ˢ) d'aſſiſter à la
diéte ou en perſonne, ou par des Commiſſaires. L'uſage d'en envoyer a vrai-
ſemblablement commencé ſous l'Empereur Sigismond, qui en 1429. répondit aux
ſollicitations que lui firent les Etats de
venir à la diéte, qu'attendu qu'il lui étoit
impoſſible de s'y trouver en perſonne, il enverroit ſon Chancelier &
d'autres perſonnes, pour l'y repré-
ſenter ᵗ). On les nommoit alors *Macht-*
Bothen, Send-Bothen, Plénipotentiaires ᵘ).

T 3 On

s) Capitulat. Art. 13. §. 2.

t) V. *Wencker*. apparatus Archivorum, pag. 318.
& ſuiv. *Treverus* dans ſon traité, de Jure ſtatuum
imperii circa legatos exteros in comitiis, ch. 2. §. 5.
& quelques autres auteurs ſoutiennent, que cet uſage
exiſtoit déja ſous Charles IV. & ſous Wencéslas, parceque ces deux Empereurs, lorsqu'ils faiſoient des voïages hors de l'Empire, nommoient des Vicaires à leur
place. Mais ces Vicaires n'ont rien de communs avec
les Commiſſaires dont il s'agit ici: ceux-là étoient en
uſage longtems avant le tems de Charles IV. v. le liv.
2. ch. 7. §. 1.

u) V. chez *Wencker* à l'endroit cité pag. 337. les
lettres convocatoires de l'Empereur d'Albert II.

On commença fous Charles V. à leur donner le titre de Commiffaires ᵛ) qui fut reçu dans le ftile fous l'Empereur Léopold.

Il y a aujourd'hui à la diéte un Commiffaire principal ˣ), qui eft Prince de l'Empire, & qui repréfente l'Empereur. On lui adjoint un Con - Commiffaire ᵞ) qui eft ordinairement un Jurifconfulte. Tous les deux font obligés de fe légitimer par des lettres de créance. ᶻ)

Du Directoire. §. 7. L'Electeur de Mayence eft directeur de la diéte en qualité d' Archi-Chancelier de Germanie. Ses Envoyés préfentent leurs lettres de créance au Commiffaire principal de l'Empereur, qui en donne avis à l'Empire par un decret. ᵃ)

Légitimation des envoyez. §. 8. Les Envoyez des autres Etats de l'Empire préfentent les leurs tant au Commmiffaire de l'Empereur qu'à l'Electeur

---

ᵛ) V. le récès de Spire de 1525, §. 15. de Ratisbonne de 1542. d'Augsbourg de 1567.
ˣ) Le Prince de Tour & Taxis.
ᵞ) Charles Jofeph Comte de Seitewitz.
ᶻ) *Lunig*, Reichs - Archiv. tom. 1. pag. 643. & fuiv.
ᵃ) Ibid. tom. 4. pag. 666. & fuiv.

teur de Mayence[b]). Celui - ci en fait part à l'Archi - Maréchal de l'Empire & aux directoires des Colleges.

Les Ambaſſadeurs des Royaumes ou Etats étrangers ſe *légitiment* devant l'Electeur de Mayence par des lettres de créance conçuës en allemand ou en latin. [c])

L'orsque l'Electeur de Mayence eſt abſent, ſon Envoyé *directorial* fait ſes fonctions. Mais ſi le ſiége de Mayence vâque, il n'eſt point encore décidé à qui le directoire appartient. Le cas ſe préſenta en 1679. & en 1690. L'Electeur de Saxe voulut chaque fois s'arroger le directoire : mais les Electeurs de Trêves & de Cologne s'y oppoſèrent comme premiers en rang au College électoral. Cette diſpute fut cauſe chaque fois, que l'on interrompit les délibérations.

§. 9. L'ouverture de la diéte ſe fait avec pluſieurs ſolemnités. L'Empereur

Maniére de traiter les affaires.

T 4

b) Ibid. tom. I. pag. 1129. & 680. & ſuiv.
c) Ibid. tom. I. pag. 646.

y fait fa propofition par écrit, & la fait lire par un de fes Confeillers. L'ouver-ture doit [d]) fe faire auffitôt après que le terme auquel la diéte a été fixée, eft echu ou au plûtard dans quinze jours. La propofition contient tous les Articles qui doivent être traités à la diéte.

L'Empereur, pour accélérer la dé-cifion de tels points qu'il jugeoit à propos, arrangeoit quelquefois à fon gré les ar-ticles de la propofition, & prétendoit que dans les délibérations on devoit fui-vre l'ordre obfervé dans la propofition. Mais les Etats s'y oppoférent; parcequ' ils croyoient, & avec juftice, qu'il falloit décider les affaires fuivant qu'elles in-fluoient plus ou moins fur les befoins de l'Empire, & non pas fuivant l'ordre ar-bitraire que l'Empereur voudroit pré-fcrire. Cette difpute commença en 1530. & en 1608. Les Etats pouffèrent leurs pré-tentions au point, que la diéte fut rom-pue. Enfin cette decifion fut terminée

par

d) V. la capitulat. Art. 13. §. 2.

par la capitulation de Charles VII.) ou
il eſt dit: „que les Electeurs, Princes
„& Etats ne feront point tenus de ſui-
„vre l'ordre des matiéres contenu en la
„propoſition.„ Cette déciſion fut renouvellée par la capitulation de François I.

§. 10. Après que la propoſition a été
ainſi prélue, l'Empereur addreſſe aux
Etats des decrets de Commiſſion, ou de
decrets auliques, (*Commiſſions - oder Hoff-
Decreta*), pour commencer leurs délibérations.

§. 11. L'Electeur de Mayence, comme Directeur de la diéte, donne aux Etats
lecture des Articles contenus dans la propoſition de l'Empereur, ainſi que de toutes les requêtes, memoires, écrits, quels
qu'ils puiſſent être. Leurs ſécretaires
les mettent par écrit; c'eſt ce que l'on
appelle la *dictature*. Les Proteſtans prétendoient, il y a quelque tems, que l'on
aſſociàt à l'Electeur de Mayence un Directeur qui fût de leur confeſſion. Mais
leur

Dictatu-
re.

e) Ibid. §. 4.

leur prétention demeura fans fuccès f);
& le droit de l'Electeur de Mayence a été
confirmé par la capitulation. g)

§. 12. La dictature achevée, le Maréchal héréditaire de l'Empire annonce
les délibérations, c'eft ce qu'on appelle
die Reichs - Anfage: Les délibérations fe
font dans les trois colleges, celui des
Electeurs, celui des Princes, & celui
des Villes impériales. Cette divifion en
trois colleges, a pris naiffance fous l'Empereur Frédéric III. h). Auparavant
les Electeurs & les Princes ne formoient
qu'un feul college i). Aujourd'hui ils fe
retirent & déliberent dans des fales fe-
parées.

Délibé-
ration.

§. 13. L'Electeur de Mayence eft directeur du college des Electeurs. Il re-
cueille les fuffrages; & donne le fien à l'E-
lecteur de Saxe.

College
des Elec-
teurs.

§. 14.

f) V. *Pfanner,* hiftoria comitiorum, liv. 6. pag.
865.

g) Art. 13. §. 6. 7.

h) V. *Struve,* corps de droit publ. ch. 23. §. 21.

i) Voyez en un exemple à la diéte de Francfort en
1344. *Albertus Argentinenfis,* pag. 134.

§. 14. Le College des Princes est divisé en deux bancs, celui des Princes eccléfiastiques, & celui des Princes séculiers. Les Evêques proteftans ont séance parmi les premiers; mais ils font affis
fur un banc transversal (*Querbanck*) k)
Ce college eft dirigé alternativement par
l'Archi-Duc d'Autriche & par l'Archévêque de Saltzbourg l.) Ils alternent à
chaque matière: l'Archiduc d'Autriche
commence.

Les fuffrages ne font point recueillis
par le Directeur, mais par le Maréchal
héréditaire de l'Empire. Il les demande
en allant alternativement d'un Prince
eccléfiaftique à un Prince féculier. m)

§. 15.

k) Les Evêques Proteftans affis fur ces bancs font
l'Evêque de Lubeck, & celui d'Osnabruck, lorsqu'il
eft proteftant.

l) Autrefois l'Archévêque de Saltzbourg exerçoit ce
droit feul: mais Charles V. ayant accordé à fa Maifon
féance parmi les Princes eccléfiaftiques, elle prétendit
auffi le droit de diriger le college.

m) Si le Comte de Pappenheim, Maréchal héréditaire, eft abfent fans avoir un Envoyé à fa place, le
Directeur du College reçoit le fuffrages.

Ceci

§. 15. Dans le Collegedes Villes impériales, le directoire appartient à celle,
ou la diéte fe tient, fuppofé qu' elle foit
ville impériale; car fi elle eft médiate, il
appartient à la premiére ville du banc du
Rhin. ")· La Ville qui a le directoire,
demande le fuffrage en allant alternativement du banc du Rhin à celui de Souabe, ainfi que cela fe pratique au College
des Princes.

Collegedes villes (margin)

§. 16. La pluralité des voix décide
réguliérement dans chacun des trois colleges, toutes les matiéres qui regardent
l'Empire & les Etats en général (*ubi fla-
tus poffunt tanquam unum corpus confiderari.*)
Mais fuivant le traité de Weftphalie, °)
la

De la pluralité des voix dans cha-que col-lege. (margin)

Ceci a rarement lieu dans la pratique; parcequ'
ordinairement les Envoyez forment un cercle, & donnent lecture de leurs fuffrages qui font enfuite infcrits
dans le protocolle, (*protocollum Directorii.*)

n) C'eft par cette raifon que la ville de Strasbourg
a eû le directoire a Osnabruck lors du traité de Weftphalie.

o) Traité d'Osnabruck art. 5. §. 52. Ce paffage
du traité de paix applique au corps germanique les
vrais principes du droit public univerfel. Voici comment s'explique *Ziegler* dans fon commentaire fur
Grotius, de jure belli & pacis, liv. 2. ch. 5. §. 17.
Plu-

la pluralité ceſſe de faire loi, I) dans les
cauſes de religion; II) dans celles où les
Catoliques & les Proteſtans ſont diviſés; P) III) l'orsqu' il s'agit d'un droit de
quelque Etat en particulier q).

§. 17. Pour juger les cauſes de religion, les Etats ſe diviſent en deux corps;
celui des Catoliques, & celui des Proteſtans, appellé corpus *evangelicum*. Chaque
corps délibère ſéparément; & les Directeurs ſe communiquent réciproque-
ment les reſultats; c'eſt ce qu'on appelle
dans le ſtile, traiter *de corps à corps (de cor-
pore ad corpus* r). Cette maniére de délibérer

Du corps évangéli- que.

Pluralitas votorum tunc demum attenditur ubi res,
de qua ſuffragia colliguntur, pertinet ad univerſi-
tatem. In iis vero rebus, quæ ad ſingulos de uni-
verſitate, ut ſingulos, non ut univerſos, ſpeċtant,
non ſufficiunt majora vota, ſed omnium & ſingulorum approbatio eſt neceſſaria.

p) C'eſt ce qu'on appelle *jus eundi in partes*. Ce
droit n'a pas lieu ſeulement dans les affaires de religion mais dans pluſieurs autres. Dans ces cas les déliberations ne ſe font point en plein college, mais dans
des conférences particuliéres, dont les arrêtés ſont
portés au protocolle par les Directeurs.

q) C'eſt à dire lorsqu'il s'agit *de jure ſingulorum
ut ſinguli*.

r) V. le reſultat de 1720. chez *Faber Staats-Cantzley*,
T. 47. pag. 540.

bérer a pris naiſſance des diſputes de religion: ce fut alors que les Proteſtans,
pour mieux ſoutenir leurs entrepriſes,
commencèrent à traiter ſéparément. De
cet uſage, introduit à la faveur des troubles qui alors déſoloient l'Allemagne, les
Proteſtans en firent inſenſiblement un
droit; enſorte que depuis le traité de
Weſtphalie, ils compoſent un véritable
corps.

Ce corps donna de l'ombrage à Charles VI. qui crut que l'autorité impériale
en étoit bleſſée; & le traitant de monſtre
politique uniquement capable de perpétuer à jamais l'eſprit de diſcorde *) entre
les deux religions, il tacha de le diſſou-
dre & de le détruire. Les Proteſtans,
pour le maintenir, ſoutinrent qu'ils
étoient autoriſés par le traité de Weſtphalie, à former un corps ſéparé, lorsqu'il s'agiſſoit de religion; que d'ailleurs la
na-

---

*) V. *Moſer*, dans ſon droit public, tom. X. ch. 1,
Kœnig diſquiſitio de modo intercedendi corporis evan-
gelici; *Trever*, diatribe de Comitiis corporis evange-
lici.

nature même des objets fur lesquels ils
délibéroient, rendoit ce corps féparé abfolument néceffaire; puisqu'il feroit dangereux pour eux de foumettre des points
de leur religion à la décifion des Etats
catoliques: enfin qu' étant autorifés à
former des alliances avec des puiffances
étrangeres, ce feroit contrevenir à ce
droit, que d'interdire la faculté d'en faire
entre eux, tant qu'ils ne porteroient aucun préjudice à l'Empereur & à l'Empire. Sans entrer dans la difcuffion des
moyens allégués de part & d'autre, il
nous fuffit d'obferver, que *le corps évangelique* s'eft foutenu, & qu'il fubfifte encore aujourd'hui.

§. 18. Dans les commencemens Du Di-
le *corps évangelique* étoit dirigé tantôt par recteur.
l'Electeur de Saxe tantôt par l'Electeur
Palatin. Aujourd'hui l'Electeur de Saxe
eft feul en poffeffion du directoire, &
cela depuis près d'un fiécle. Ayant en
1718. embraffé la religion catolique, les
Etats Proteftans ne voulurent plus le
reconnoitre pour leur Directeur: mais
l'Elec-

l'Electeur de Saxe le maintint dans sa possession; & il continuë de faire les fonctions de Directeur en attendant que son droit soit réglé par un resultat de l'Empire.　Mais revenons.

De la ré-
& co-ré-
lation.

§. 19. Après que les trois Colleges ont délibéré sur la matiére proposée, chacun fait son resultat séparément.　Delà les Electeurs & les Princes s'assemblent dans une salle,　où ils continuent leurs délibérations jusqu'à ce qu'ils soient convenus d'un avis commun ⁺) c' est ce que l'on appelle la *ré- & co-rélation*.　Le College des Villes n'est point admis à cette conférence; mais on lui communique l'avis des deux Colleges superieurs; & soit que son avis soit conforme au leur,

ou

⁺) Quelques auteurs croient qu'il y a entre le College électoral & celui des Princes cette différence, que le premier peut appeller celui-ci à la ré- & corélation quand il le juge à propos, ce que celui-ci ne peut point.　Voici ce qui se pratique aujourd'hui.　Le Directeur du College qui a le premier fini ses délibérations, envoye son sécretaire de légation au Directeur de l'autre college, pour sçavoir s'il est prêt à conférer.　Si la réponse est affirmative, le College Electoral propose son avis au College des Princes, & ensuite les conférences continuent.

ou non ; l'on dreſſe conformément à l'avis des premiers, un reſultat que l'on appelle *bon plaiſir de l'Empire, Reichs-gutachten.* Ce reſultat eſt préſenté à l'Empereur. S'il l'approuve, l'on en forme un *reſultat de l'Empire, (Reichs-Concluſum* ou *Reichs-Schluſs;)* & dèslors il a force de loi [v]). L'acte par lequel l'Empereur confirme le reſultat des Colléges, s'appelle *décret de ratification.* Tous les reſultats d'une diéte ne reçoivent le nom de *Récès,* que lorsqu'à la fin de la diéte ils ſont publiés & rédigés en un ſeul corps d'ouvrage.[x])

Mais ſi l'Empereur ou les trois Colléges ſont d'avis contraires, la matiére demeure indéciſe, & les délibérations ſont remiſes à un autre tems [y]).

Contrarieté d'avis.

Lors-

---

[v]) Ceux qui cherchent à montrer du zéle pour les Etats, comme *Hippolytus a Lapide* & quelques autres, ſoutiennent qu'un reſultat des Etats doit avoir force de loi : mais ils pêchent contre la nature de la convention, qui ne peut exiſter que du moment où toutes les parties ont conſenti : or le conſentement de l'Empereur eſt eſſentiellement néceſſaire pour faire une loi. Voy. *Kulpis,* de placitis imperii.

[x]) V. liv. 1. ch. 3.

[y]) V. les ſources de ce principe au liv. 1. ch. 1.

Lorsque l'avis des Villes eſt contraire à celui des deux Colléges ſupérieurs, on en fait mention ;mais c'eſt ſans
le moindre effet.

Cette maniére de procéder à la diéte
prouve que malgré la paix de Weſtphalie qui accorde aux villes un ſuffrage dé-
ciſif, elles n'en jouiſſent pas effectivement, & qu'elles n'en jouiront jamais, ſi
elles ne ſont admiſes à la *ré- & co-rélation*. On pourroit peut-être objecter que
l'avis des villes ne ſeroit pas inutile, dans
le cas où l'un des deux Colléges ſupérieurs tombât d'accord avec elles dans une
matiére ou la pluralité l'emportât. Mais
ce cas eſt impoſſible, puisque les avis de
ces deux Colléges ne ſont communiqués
aux Villes, que lorsque tous les deux
ſont d'un avis uniforme. [2])

§. 20.

_____

2) Il n'eſt point décidé ſi avant le traité de Weſtphalie les villes impériales ont joui d'un ſuffrage dé-
ciſif à la diéte, ou non. Suivant ce que nous avons
remarqué au §. 1. de ce chap. not. c. il paroit certain
qu'elles ne pouvoient point l'exiger comme un droit
inconteſtable. Ce qui n'empêcha néanmoins pas qu'elles n'aient pû en jouir de fait. Cette queſtion eſt inutile

§. 20. De tout ce que nous venons de dire on voit aifément qu'il eft des cas, où l'on n'a point égard à l'unanimité des trois colléges, pour faire un refultat. Il eft vrai qu'aucune loi de l'Empire ne

De l'una-nimité des trois colléges.

V 2 l'or-

utile depuis le traité de Weftphalie, qui accorde aux Villes le droit de féance & de fuffrage décifif à la diéte. Il eft vrai que ce droit fera dans le cas d'être rendu illufoire par les deux Colléges fupérieurs auffi long-tems que le Collége des Villes ne fera point admis à la ré-& co-rélation. Ce Collége fent tellement cette vé-rité, qu'il y a longtems, mais fans aucun effet, qu'il s'eft plaint de cette exclufion. Les deux Colléges fupérieurs publiérent en 1653. un écrit qui du premier coup d'œil, fembloit favorifer les prétentions des vil-les: (il a pour titre : *Erklärung der beyden höheren Collegien wegen des Reichs-ftättifchen voti decifivi,* chez *Londorp,* actes publics part. 7. liv. 6. ch. 306. *Herden, Grundvefte,* part. 2. ch. 6. pag. 140. & fuiv. *Plitter* liv. 2. ch. 4. §. 243. not. c.) mais en l'exami-nant de près, on s'apperçoit qu'en effet il ne leur ac-corde rien. Voici la claufe qu'il contient : „mais les „Colléges des Electeurs & Princes fe réfervent expref-„femement, qu'il leur fera libre, comme du paffé, „de tenir leurs ré-& co-rélations, & de convenir „entre eux, fans la participation du collége des Vil-„les,, Ajoutez *Sueder,* de voto decifivo civitatum Imper. in Comitiis. *Schæue,* de voto decifivo in co-mitiis civitatibus Imper. non minus quam fuperiori-bus collegiis competente. *Wickh.* de jure liberarum Imperii Civitatum adfpirandi ad fimultaneam re-&co-relationem in Comitiis, ex voto decifivo ipfis com-petente, fluente. V. *Struve* biblioteq. de droit ch. 16. §. 18. pag. 803. & fuiv.

l'ordonne; néanmoins en fuivant l'analogie du droit public, il fembleroit que
cette unanimité devroit être obfervée,
puisque les refultats font faits par maniére
de convention entre l'Empereur & l'Empire; & que la nature des conventions
exige le confentement de toutes les parties contractantes.

§. 21. Après que le refultat de l'Empire eft ainfi arrêté, quelques Commiffaires au nom de l'Empereur, & quelques Députés au nom des Etats, s'affemblent dans la falle du Collége electoral: la ils en font la lecture, l'examinent
& y font les corrections qu'ils jugent néceffaires. Enfuite on en expedie deux
exemplaires autentiques, au bas desquels le fécretaire de l'Electeur de Mayence met les noms des Etats & de leurs
Envoyez. L'Empereur & l'Electeur
de Mayence ainfi que quelques Députés
des Etats, fouſcrivent le refultat & y
appofent leurs fceaux. Enfin l'Empereur le publie folemnellement, & l'ad-
dreffe aux Cours fouveraines de Juftice,
                                    pour

Des re-
fultats.

pour qu'elles l'enregistrent & le suivent dans leurs jugemens. L'un de ces deux exemplaires est déposé aux Archives de l'Empereur, & l'autre aux Archives de l'Empire, qui sont sous la garde de l'Electeur de Mayence.

§. 22. On fait aussi en Allemagne décider des affaires par des députations. Elles sont ordinaires ou extraordinaires. La première des députations ordinaires a été ordonnée en 1555. à la diète d'Augsbourg: elle a eû pour motif le maintien de la paix publique. On les employa dans la suite pour différens autres objets. Par le même récès il a été enjoint à l'Electeur de Mayence, de nommer une pareille députation au nom de l'Empereur, & d'y employer les Electeurs & quelquesuns des autres Etats accompagnés d'un Commissaire impérial ᵃ). Les loix postérieures, surtout la paix de Westphalie & les derniers récès de l'Empire, ont ajouté plusieurs dispositions au récès de

Des députations.

V 3   1555.

a) V. *Mascov.* droit public, liv. 5. ch. 5. §. 40. & suiv. *Fritschius*, de conventibus deputatorum.

1555   Mais nous ne nous y arrêterons
point; parceque les députations ordinaires ne font plus en ufage, & femblent
être oubliées pour jamais, quoique l'Empereur fe foit engagé à les rétablir [b]). La
derniére de ces députations a été ordonnée en 1655.

Députa-
tions ex-   §. 23. Les députations extraordi-
traordi-   naires font très fréquentes dans l'Empi-
naires.   re, foit à la diéte même, foit au congrès
de paix, ou ailleurs. Une des plus fa-
meufes, eft celle qui fut ordonnée en 1681.
à Francfort, dans le tems que la France
établit des Chambres de réunion. c)

Les formalités requifes pour cette
forte de députations font expliquées dans
la paix de Weftphalie [d]) & dans la capitulation de l'Empereur [e]). Suivant ces
loix

b) Art. 12. §. 6. 7. de la capitul.

c) V. *Henniges*, Meditationes ad Inftrumentum
Pacis, fpecimen 5. Mantifta I.

d) Traité d'Osnabruck, art. 5. §. 51.

e) Art. 12. §. 7.

loix, les députés doivent être pris des
deux religions en nombre égal. La maniére de les nommer occafionna plufieurs
difputes. Les Catoliques foutenoient
que les Députés devoient tous être nommés par la diéte, à la pluralité des voix.
Les Proteftans convenoient que la queftion, *s'il faut députer*, appartenoit à la diéte; mais ils foutenoient en même tems,
que la nomination même devoit fe faire
de façon que les députés catoliques fûf-
fent nommés par les Etats catoliques, &
les députés proteftans par les Etats de
leur communion. La méthode propofée
par les derniers fut adoptée. f)

§. 24. Nous ajouterons, pour finir ce
Chapitre, quelques remarques généra- Remar-
les fur la Diéte préfente qui fe tient à Ra- ques gé-
tisbonne depuis 1663. I) Il paroit que cet- nérales.
te longue durée de la diéte doive faire
croire qu'elle durera toujours: La per-

V 4

petuité

---

f) V. un traité d'un auteur anonime, intitulé, *um-
ftändlicher Bericht &c.* chez *Henniges*, ibid.

pétuité n'eft aucunement nuifible à l'Empire: elle doit au contraire paroitre très
avantageufe, puisque par là les Etats
font plus à portée de décider fur les befoins de l'Empire. g)   II) Cette continuation de la diéte, quoique très falutaire en
elle même, devient fouvent infructueufe
& même nuifible par des défauts qui font
comme inhérens à la diéte. Le plus fenfi-
ble de tous eft la lenteur avec laquelle la
plûpart des affaires font traitées & terminées. h)

Ce

g) Le traité de Weftphalie a beaucoup contribué à
la prolongation de la diete en y renvoyant quantité
d'affaires d'une difficile difcuffion.   L'Allemagne n'étoit
point encore affez calme pour que tout eût pû être décidé à la diéte de 1653.   Auffi renvoya-t-on à la diéte
qui fubfifte encore aujourd'hui, plufieurs points dé-
licats, comme l'affaire touchant la capitulation perpetuelle; la maniére de mettre un Etat au ban de l'Empire; l'election d'un Roi des Romains: les alliances
des Etats & plufieurs autres. La difficulté de décider ces
points au gré de tous les Etats, les différentes guerres qui ont fouvent donné de preffantes occupations
aux Etats, enfin la lenteur même de la diéte, femblent en garantir la perpetuité.

h) V. *Henniges*, ibid. *Puffendorf*, fous le nom
de *Monzambano*, donne les raifons pourquoi de fon
tems, ce vice regnoit à la diéte.

Ce n'eſt point ici lieu de donner un détail de toutes les cérémonies qui ſont uſitées à la diéte. L'on peut, pour les connoitre, recourir aux écrivains ^k) qui en ont donné des traités particuliéres·

Cérémo-·
niel.

i) V. *Moſer*, réflexions ſur les diſputes touchant le cérémoniel à la diéte de l'Empire: dans ſon commentaire ſur la capitulat. de Charles VII. tom. 3. ſur l'art. 13. §. 3. *Lunig*, Theatrum ceremoniale. Parmi les auteurs qui ont écrit de la diéte, les meilleurs ſont, *Ludolf, Beſchreibung eines Reichstags,* & ſurtout *Eitel Frédéric de Herden,* (nom ſuppoſé) *Des H. R. R. teutſcher nation Grundveſte;* la derniére édition eſt de 1750.

CHAP. II.

CHAP. II.

De la puissance législative de l'Empereur & de l'Empire.

Le plus essentiel des droits de Majesté qui appartienne à la diéte, est celui de donner & d'interpréter les loix [a]). Comme nous avons déja suffisamment expliqué dans le discours préliminaire, la nature des loix publiques de l'Empire, & que nous avons parlé dans le chapitre du gouvernement de l'Empire & dans celui de la diéte, de tout ce qui a rapport à cette matiére, nous éviterons de nous répéter ici. Nous nous contenterons d'observer que l'Empereur s'engage par sa capitulation [b]), de gouverner l'Allemagne suivant les loix faites à la diéte & toutes celles qui sont reçuës en Allemagne; de les maintenir, & de ne rien entreprendre qui leur soit contraire.

a) V. le §. *gaudeant*, art. 8. §. 2. du traité d'Osnabruck.
b) Art. 2. §. 3. 45.

CHAP. III.

CHAP. III.

Du droit de guerre, de paix, d'allian-
ces & d'ambaſſades par rapport
au Corps de l'Empire.

§. 1.

Nous traitons dans ce chapitre de l' exercice des droits de Majeſté & de Souveraineté de l'Empire vis-à-vis des étrangers. Il ſe réduit à trois objets; I) le droit de guerre & de paix, II) celui de recevoir & d'envoyer des Ambaſſa- deurs & Miniſtres publics, III) celui de contracter des alliances & de faire des conventions.

Objet de ce chapi- tre.

§. 2. Il n'eſt point de notre ſujet d'examiner ces droits en eux-mêmes, ni quand ils doivent ou peuvent être exer- cés: ces diſcuſſions font du reſſort de la politique & du droit des gens. Notre ob- jet exige uniquement que nous faſſions voir la maniére dont les loix veulent que ces droits s'exercent, & la portion d'autorité & de pouvoir qui appartien- nent

nent au Chef & aux Membres de l'Empire dans tout ce qui concerne ces matiéres.

De la
Guerre.
§. 3. On fçait que le droit de guerre appartient à la puiſſance qui a droit
de commander aux volontés de chacun,
& de réunir les forces particuliéres pour
procurer par la force générale, la confervation de l'état attaqué ou menacé. Charlemagne & ſes fuceſſeurs dont le pouvoir
étoit patrimonial, jouiſſoient à cet égard
d'une liberté preſqu'entiére; car les pro-
poſitions qu'ils portoient aux Aſſemblées
de la nation, faiſoient moins matiére à
délibérations, qu'elles ne ſervoient de
moyens pour intéreſſer les ordres de
l'etat à une guerre qu'ils ſembloient refoudre. Ce n'eſt proprement que ſous
les Empereurs franconiens qu'on peut
dire que les délibérations des Etats com-
mencérent à devenir déciſives. Frédéric I. conſulta les Etats lorſqu'il reſolut
de détruire Milan. Leur influence ſur
cet objet prit dans la ſuite des accroiſſe-
mens proportionnés aux progrès que faifoit

foit leur fupériorité territoriale. La
guerre des Huffites en 1431. celle
contre la France en 1444. celle contre Charles le téméraire, Duc de Bourgogne en 1474. furent toutes précédées
de la délibération & du confentement des
Etats. Depuis le regne de Charles V.
l'hiftoire nous préfente plus de guerres
civiles que d'étrangeres. Mais on peut
dire dans un fens, qu'elles ne firent qu'af-
fermir le pouvoir des Etats; & que même elles l'étendirent. Cependant il n'y
avoit point encore jusque là de loi pofi-
tive qui interdît à l'Empereur d'entreprendre une guerre au nom de l'Empire;
& cette limitation de fon pouvoir n'étoit
fondée que fur un ufage affez équivoque.
Les Etats firent promettre[a]) à Charles V.
de ne point entreprendre de guerre fans
le confentement des Etas, ou au moins
des Electeurs. L'experience fatale de
la guerre de trente ans, & les efforts que
les Empereurs firent toujours pour fai-

re

---

a) Dans fa capitulation, Art. 11.

re époufer à l'Empire leurs querelles domeftiques & perfonelles ; engagèrent les
Contraêtans des traités de Weftphalie à
ftipuler b), que le droit de guerre & de
paix appartiendroit uniquement à l'affemblée des Etats.　Par là la prérogative des
Electeurs fembloit détruite: mais comme dans le cas de quelque irruption fu-
bite il eût été dangereux d'effuyer les
longueurs de la convocation de la diéte,
on a fenti qu'il falloit une loi particuliére
pour ce cas.　Ferdinand IV. Roi des Romains obtint par fa capitulation le pouvoir de s'y conduire felon l'avis du Collége électoral.　Cette décifion eft répétée
dans la derniére capitulation c).

Maniére
de l'or-
donner.
§. 4. L'Empereur doit mettre cette
matiére en délibération par un décret de
commiffion, ainfi que toutes celles qui fe
traitent à la diéte.　La pluralité des fuffrages décide d); & tous les Etats, même

b) Art. 8. §. 2.
c) Art. 4. §. 2.
d) V. le récès de 1512. §. 7. de 1555. §. 44. de 1654.
§. 183.

me ceux qui auroient refufé de confentir
à la guerre, font obligés de fournir leurs
contingens; c'eſt à dire le nombr des
troupes déterminé par la matricul.

§. 5. La premiére origine de cette
forme de concourir à la guerre doit être
cherchée dans les expéditions romaines;
on appelloit ainſi la marche des Empereurs, lorsqu'ils alloient prendre la Couronne de Lombardie & de Rome. Tous
les Vaſſaux étoient tenus de les y accom-
pagner, avec leurs arriére-vaſſaux armés. Ce cortége, ou plutôt cette armée
s'avançoit jusqu'au champs de Roncale
en Lombardie, où les Vaſſaux d'Italie devoient s'y joindre. Là l'Empereur fai-
ſoit une revuë générale. Ceux qui avoient
manqué de s'y trouver étoient punis réguliérement par la perte de leurs fiéfs.
Le terme de ces expéditions, & celui des
ſervices militaires que chaque Vaſſal étoit
tenu de faire, étoit fixé à ſix ſemaines:
C'eſt là l'origine des mois romains: ceci
tenoit encore au gouvernement féodal.
Mais du tems de l'Empereur Sigismond,

Comment les Etats contribuent pour ſoutenir la guerre.

on

on commença à entretenir des milices
réglées & foudoyées. On arrêtoit dans
les diètes les liftes des fecours que chaque Etat fourniroit: Cela fe pratiqua furtout à l'occafion des guerres contre les
Huffites & les Turcs. Ces taxes dépendoient des circonftances, & fouvent de
la bonne volonté des Etats; c'eft ce qui
forma les différentes matricules de l'Empire. Mais depuis la confommation de
la diftrubution circulaire, les cercles fe
chargèrent de faire trouver ces fecours.
La matricule dont on fe fert aujourd'hui a
été faite en 1681. mais il s'en faut bien qu'elle foit exacte & au gré de tous les Etats.

De la
neutrali-
té des E-
tats.
§. 6. Lorsque l'Empire a déclaré la
guerre, il n'eft permis à aucun Etat de
garder la neutralité[e]). Les loix le portent expreffement [f]) & la nature de la
conftitution l'exige.

§. 7.

e) Quelques Auteurs croient qu'un Etat peut opter
la neutralité, purvû qu'il paye fon contingent. Mais
ceci eft contradictoire; car dès qu'un Etat contribue aux frais d'une guerre, il ceffe par là même d'être
neutre.

f) V. le récès de 1641, §. 85. 87.

§. 7. Le droit de faire la paix appartient De la paix. naturellement à celui qui a le pouvoir de faire la guerre. Le traité d'Osnabruck, à l'endroit que nous avons cité, l'attribue formellement au Corps de l'Empire. Cette décision n'empêcha pas que les Etats ne fussent exclus des négociations de Nimègue. Les Ministres impériaux les engagèrent d'abord, sous divers prétextes, à se contenter de la communication qu'ils promettoient de leur faire de tout ce qui se passeroit: mais cela ne les empêcha pas de conclure: ils ne laissèrent à la diète que le soin de leur donner sa ratification.

Lors de la négociation de Riswick, la diète nomma à la vérité des députés pour traiter en son nom; mais ils n'arrivèrent que lorsque tous les articles du traité étoient arrêtés; & il ne leur resta que l'honneur de les voir signer par quelques-uns d'entre eux.

L'Empereur conclut seul la paix de Rastatt. Il fit part des conditions à la diète, qui lui donna plein pouvoir de signer en son nom le traité diffinitif.

X

Les

Les Etats n'eurent pas plus de part
au traité de Vienne qui termina la guerre déclarée à la France en 1733. Les
préliminaires ayant été conclus fans leur
concours, ils crurent inutile de refufer
à l'Empereur le pouvoir d'arrêter le traité
diffinitif: mais ils ne fe plaignirent que
plus amérement de l'exclufion qu'on leur
donnoit dans toutes les occafions; on
prit de nouvelles précautions contre ces
fortes d'entreprifes par la capitation ᵍ)
de Charles VII. où il eft dit: „que l'Em-
„pereur n'entreprendra, ni bien moins
„conclurra aucun traité obligatoire, foit
„préliminaire ou diffinitif fans le con-
„cours & le confentement de tous les
„Etats; fi ce n'eft dans le cas qu'il y eût
„une véritable & preffante néceffité; au-
„quel cas avant de pouvoir rien conclu-
„re, il prendra au moins l'avis & le con-
„fentement des Electeurs affemblés col-
„légialement, en attendant que l'affaire
„puiffe être portée à la diéte de l'Empire.
$. 8.

g) Art. 6. §. 11.

§. 8. Le deuxiéme droit de Majeſté Des alli-
de l'Empire relativement à l'adminiſtra- ances.
tion extérieure, eſt celui de contracter
des alliances pour des affaires qui concernent tout le Corps germanique.

La ſuite des faits hiſtoriques paroit
prouver, que les Empereurs jouiſſoient
autrefois à cet égard d'une liberté illimi-
tée. Frédéric I. avoit à la vérité coutume de conſulter les Etats, mais nous
doutons fort qu'on puiſſe en conclure avec
Hippolytus a Lapide, que cette conſultation
étoit indiſpenſable & tenoit à la conſtitution.

Maximilien I. fut le premier qui prît
des engagemens à ce ſujet. Il promit
par la paix publique b) (1495.) pour lui
& pour ſon fils Philipe, Archi-Duc &
Duc de Bourgogne, de ne contracter aucune alliance qui pût être préjudiciable à
l'Empire, ſans le conſentement de l'aſſemblée annuelle. Mais le projet de cette aſſemblée étant abſolument évanoui,

X 2 Char-

b) §. 7.

Charles V. promit par fa capitulation, [i]) de ne contracter aucune alliance en fa qualité de Roi des Romains, fans prendre l'avis des Electeurs affemblés, ou de la plûpart d'entre eux. Ses fucceffeurs ayant négligé d'affembler les Electeurs, on fit promettre à Ferdinand IV. [k]) qu'il ne fuivroit pas la méthode de ne leur demander leur confentement que par des déclarations féparées, à moins que les affaires n'exigeaffent une grande célérité.

Les Etats mécontens de voir ainfi le fort de l'Empire entre les mains des Electeurs, murmuroient depuis longtems, mais inutilement. Enfin la paix de Weftphalie [l]) les fit participer à un droit auffi précieux, en ordonnant, qu'ils jouiroient du droit de fuffrage dans toutes les affaires de l'Empire, & en particulier, lorsqu'il s'agiroit de contracter des alliances. La capitulation de 1653. dont nous venons de parler, fut rédigée en conféquence

---

i) Art. 7.
k) Capitul. art. 7
l) Art. 8. §. 2. du traité d'Osnab.

quence de cette nouvelle difpofition : elle
laiffa néanmoins à l'Empereur le pouvoir
de fe conduire felon l'avis des Electeurs
dans les cas preffans.

Les Princes craignant une interpré-
tation trop étendue de cette exception,
en demandèrent fouvent la fuppreffion.
Mais ils obtinrent uniquement en 1741,[m])
que le confentement des Electeurs feroit
unanime.

De ce qu'on vient de rapporter il re-
fulte, que la régle veut, que l'Empire,
en Corps contracte les alliances qui concernent le Corps de l'Empire. Mais l'exception permet à l'Empereur dans les
cas d'une véritable & preffante néceffité,
de fe contenter du confentement unanime des Electeurs.

§. 9. Les deux droits dont nous venons de parler en fuppofent néceffairement un troifiéme; c'eft celui de rece-

Des Am-
baffades.

X 3

voir

---

m) Capitul. de Charles VII. art. 6. §. 1. 2. & la dernière capitul. ibid.

voir & d'envoyer des Miniſtres publics & des Ambaſſadeurs.

Il eſt conſtant que ce droit appartient réguliérement à l'aſſemblée des Etats: mais comme ce droit n'eſt qu'un moyen pour parvenir à contraĉter des alliances, ou à faire la paix, il ſuit dans les cas particuliers, les mêmes modifications & ſouffre les mêmes exceptions que les régles établies ſur les deux premiers objets.

De celles que l' Empire envoye. §. 10. Autrefois les Ambaſſades ſolemnelles de l'Empire étoient fort uſitées; & ces majeſtueuſes cérémonies n'étoient pas de pure oſtentaticn. On peut citer parmi les plus illuſtres exemples de cette eſpece, l'Ambaſſade envoyée par l'Empire (1167.) au Pape Paſchal II. celle envoyée (1122.) à Calixte II, &c. Je ne crois pas qu'on trouve aucun exemple de ces ambaſſades ſolemnelles depuis la période des Empereurs Autrichiens; & ceux qui ſe préſentent à ce ſujet, ſe réduiſent aux députations qui ont été nommées pour aſſiſter aux différens traités de

paix qui ont été conclus depuis environ cent ans. On en trouve l'indication
plus haut dans ce même chapitre.

§. 11. A l'égard des Miniſtres que
l'Empire reçoit, il y en a de deux ſortes;
ceux des Membres de l'Empire, & ceux
des Puiſſances étrangères. Les premiers
rempliſſent en quelque maniére un double perſonnage; car ils exercent non
ſeulement le ſuffrage de leurs maitres &
participent par là au gouvernement public, mais ils ſont encore chargés de la
deffenſe de leurs intérêts perſonels. Ce
double pouvoir leur eſt acquis en vertu
des lettres de créance dont ils doivent
être munis, & qu'ils doivent remettre au
Directoire de Mayence qui en donne communication aux Etats [n]). Le pouvoir
porté par ces lettres doit être pur & ſimple: c'eſt aux Etats à en limiter l'exercice par leurs inſtructions ſecretes.

De celles qu'il reçoit.

X 4   §. 12.

[n]) V. liv. 4. ch. 1. §. 7. 8.

Des Ministres étrangers près de la diéte.

§. 12. Plusieurs Puissances étrangeres sont dans l'usage d'entretenir des Ministres auprès de la diéte depuis qu'elle est permanente ; & elles y en envoyoient lorsque les diétes n'étoient qu'éphémeres: la France surtout a paru attentive à ne laisser échaper aucune occasion semblable. Autrefois ces Ministres étoient décorés du titre d'Ambassadeurs ; mais depuis qu' on a attaché à ce titre une idée de représentation directe, tous les Envoyés près de la diéte n'ont eû que les caracteres de Ministres, d'Envoyez extraordinaires, ou de Ministres plénipotentiaires.

Forme de négociations.

§. 13. Les Cours étrangeres négocient avec la diéte par des mémoires que leurs Ministres remettent au Directoire de Mayence pour être communiqués aux Etats par la voie ordinaire de la dictature. Mais il est rare de voir une négociation liée. Les fonctions des Ministres étrangers se bornent communément à des insinuations & à des déclarations qui ne demandent point de réponses formelles.

On

On peut même dire, que les formalités & la constitution de la diéte ne permettent pas en ce cas, de délibérer sur les matiéres qui sont proposées; car elle ne peut réguliérement prendre connoissance que de celles qui sont mises en délibération en conséquence des decrets de commission de l'Empereur.

* * *

CHAP. IV.

De la jurisdiction ecclésiastique & de l'état de la religion en général.

§. 1.

Les premiers Empereurs chrêtiens dirigeoient avec une entiére liberté les affaires ecclésiastiques: ils faisoient des loix a); convoquoient des Conciles; nommoient & investissoient les Evêques &c. b). Les Rois francs, les Empe-

De la jurisdiction ecclésiastique avant les Henris.

X 5 reurs

a) Nous trouvons à cet égard plusieurs traits dans le Code Theodosien & Justinien.

b) V. M. de *Marca*, de Concord. Sacerdot. & Imper. *Balduin* in Constantino magno.

reurs de la race Carlovingienne & ceux
de la Maifon de Saxe, imitèrent conftamment leur exemple: l'hiftoire de Charlemagne & d'Othon I. en fournit des preuves inconteftables: le Concile de Francfort de 794. tenu à l'occafion de la difpute des Images, fut convoqué par Charlemagne, qui y préfida, qui en fit dref-
fer les actes fous fon autorité, & qui les
ratifia ᶜ). Le Concile de Rome de 963.
convoqué à l'occafion de la dépofition du
Pape Jean XII. & de l'élection de Léon
VIII. fut ordonné & tenu fous l'autorité
d'Othon le grand. ᵈ)

§. 2.

---

c) V. *Eginhard*, dans fes annales fur l'an 794.
Le Concile tenu à Mayence en 813. fut également
convoqué par Charlemagne: les termes dans lesquels
les Peres de ce Concile s'expliquent vis-a-vis de l'Empereur, font remarquables: *de his tamen omnibus
valde indigemus veftro adjutorio atque fana doctrina
quæ & nos jugiter admoneat, atque clementer eru-
diat, quatenus ea, quæ paucis fupter præftrinximus, a
veftra autoritate firmentur; fi tamen veftrà pietas
ita dignum effe judicaverit, ut quidquid in eis emen-
datione dignum reperitur, veftra magnifica imperialis dignitas jubeat emendare. Eginhard*, fur l'an
813.

d) V. *Lambert d'Afchaffenbourg* fur l'an 963.
Magna Synodus facta eft Romæ, cui Otto Imperator
                                                    præ-

§. 2. Ces droits des anciens Empe- reurs furent insensiblement diminués par les troubles qui ébranlèrent l'autorité des Henris. Henri V. abandonna au Pape une partie considérable de son pouvoir sur les affaires ecclésiastiques. ^e) La Cour de Rome consolida par ses concordats avec la nation germanique ^f) une grande partie des droits dont elle se trouvoit en possession.

§. 3. Les disputes de religion qui s'éle- vèrent sous Charles V. ^g) causèrent de nouveaux changemens dans les affaires ecclésiastiques. La paix de religion ^h) en régla une partie: mais l'esprit d'intérêt qui alors accompagnoit toujours les affaires de religion, ralluma bientôt le flambeau de la discorde mal éteint. Enfin la paix de Westphalie rétablit le calme, & posa des principes certains sur cette matière.

§. 4.

præsidebat. . . Nous trouvons une liste des Conciles convoqués par Charlemagne & ses successeurs, chez *Pfeffinger Vitriarius illustratus,* liv. 3. tit. 2. pag. 22.
e) V. liv. 1. ch. 8.
f) V. ibid.
g) V. liv. 1. ch. 5.
h) Ibid.

Division
de cette
matiére.
§. 4. Pour s'en former une juste idée il faut l'envisager sous trois différens points de vue: I) il faut se former une idée générale de l'état de la religion. II) considérer séparément les droits qui à cet égard sont reservés à l'Empereur seul. III) examiner les droits que chaque Etat peut exercer dans son territoire en matiére ecclésiastique. Quoique ces trois objets soient liés entre eux, néanmoins, pour suivre l'ordre que nous nous sommes proposés dans cet ouvrage, nous en traiterons séparément. Le premier article sera la matiére de ce Chapitre: les deux autres seront traités plus bas. [i]

Des trois
religions
autorisé-
es en Al-
lemagne.
§. 5. La paix de religion [k] accorde aux Electeurs, Princes & Etats de la confession d'Augsbourg, (y compris la Noblesse immédiate,) l'éxercice libre de leur religion: elle proscrit toutes les autres. La paix de Westphalie [l] étendit cette disposition aux Etats réformés en ces termes:

„il

i) Au ch. 18. de ce livre, & liv. 5. ch. 4.
k) Liv. 1. ch. 5. §. 3.
l) Traité d'Osnabr. Art. 7. §. 1.

„il a été convenu, que tous les droits, &
„avantages que les loix de l'Empire, la
„paix de religion & la présente transac-
„tion accordent aux Catholiques & à
„ceux de la confession d'Augsbourg, ap-
„partiendroient également à ceux qui
„font appellés réformés„ [m]).

Il y a donc en Allemagne, trois
religions dont l'exercice est public, la catolique, celle de la confession d'Augsbourg, & la réformée. Ceux qui profes-
sent les deux derniéres sont connus sous
le nom commun de *Protestans.*

§. 6. Quant à la jurisdiction ecclé- De la ju-
risdic-
tion ec-
cléfiasti-
que.
siastique, il faut remarquer que les Cato-
liques suivent les régles du droit canonique, & reconnoissent entiérement la
hiérarchie ecclésiastique. Ainsi les Etats
catoliques & leurs sujets qui sont de la
même religion, sont jugés en matiére
ecclésiastique, par leur Evêque, le Mé-
tropolitain & le Pape. A l'egard des
Protestans, le traité de Westphalie [n]) sus-

pend

m) Ajout. la Capitul. Art. 11. §. 3.
n) Traité d'Osnab. art. 5. §. 4.

pend jusqu'à l'accommodement des querelles de religion, le droit diocésain & toute espece de jurisdiction ecclésiastique. Ainsi suivant cette décision, les causes ecclésiastiques des Etats Protestans ne sont point soumises ni aux Evêques ni au Pape. Ils les font juger par leur Consistoire o) après l'avoir relevé du serment de fidélité p). Mais comme cette maniére de décider a paru dangereuse & sujette à beaucoup d'inconveniens, on a pensé plusieurs fois à établir un Consistoire universel qui jugeât les causes ecclésiastiques des Protestans: mais le grand nombre d'obstacles qu'on rencontra fut cause que jusqu' à présent ce projet est démeuré sans exécution. q)

Cours souveraines incompétentes.

§. 7. La Chambre impériale, ainsi que le Conseil aulique, sont incompétentes

o) V. liv. 5. ch. 4. §. 9.

p) On a suivi cette forme de procedure dans une cause qui s'est présentée en 1649. dans la maison de Brunswic-Lunebourg. V. *Struve*, corps de droit pub. ch. 25. §. 29. & suiv.

q) V. *Lynck*, de immediatorum Protestantium foro in caussis matrimon.

tes pour connoitre des matiéres ecclésiastiques, foit entre Proteftans, foit entre
Catoliques. ')

§. 8. Le traité de Weftphalie diftingue la poffeffion des biens eccléfiaftiques
d'avec l'exercice même de religion: la
poffeffion des biens eccléfiaftiques doit
être remife dans l'état où elle étoit au
1 Janvier 1624. & l'exercice de religion eft
rétabli dans l'état où il étoit pendant une
partie quelconque de la même année
1624.ˢ)

De la poffeffion des biens eccléfiastiques et de l'éxercice de religion.

§. 9. La claufe inférée dans la paix
de religion,ᵗ) & connue fous le nom de
refervat eccléfiaftique, donna lieu à beaucoup
de difcuffions entre les Catoliques & les
Proteftansᵛ): pour les terminer le traité
de Weftphalie déclara cette claufe commune aux deux religions ˣ).

Du refervat ecclé-fiaftique.

§. 10.

r) V. liv. 4. ch. 15. §. 12.
s) Ainfi que nous l'avons expliqué au liv. 1. ch. 6
§. 6.
t) V. liv. 1. ch. 5. §. 3.
v) Ibid. ch. 6. §. 1.
x) Ibid. §. 6.

§. 10. Quelque foins qu' aient em-
ployés les Contractans du traité de Weftphalie, & quelque mefures qu' ils aient
prifes pour tranquilifer l'Empire, ils ne
purent empêcher que la paffion & la haine ne fufcitaffent dans la fuite de nouveaux troubles, & ne fiffent naître une
infinité de griefs fur des objets de religion:
Les Proteftans fe récriérent furtout contre la claufe de l'art. 4. du traité de Riswick, y) & en demandèrent la fuppreffion.

Des griefs de religion.

On a fouvent avifé aux moyens capables de tarir la fource de ces plaintes
continuelles: tantôt on a envoyé des
Commiffaires fur les lieux: tantôt on a
nommé une députation de l'Empire: mais
tous ces moyens ont été infructueux.
L'Empereur a promis par fa capitulation ꝣ), de donner fes foins pour que les
griefs tant des Catoliques que des Proteftans foient inceffammant terminés
conformément aux loix de l'Empire; de
veil-

y) Ibid. §. 12. 13.
ꝣ) Art. 1. §. 11. Art. 2. §. 3.

veiller à l'exécution des paix de religion
& de Weſtphalie, & de tout ce qui pourroit avoir été ordonné en matiére de religion.

§. 11. Enfin il faut remarquer que
le traité de Weſtphalie [a]) établit une égalité exacte & mutuelle entre les Etats de
l'une & de l'autre des deux religions; enſorte que ce qui eſt juſte pour les uns, le
ſoit auſſi pour les autres: & il défend les
voies de fait entre les deux parties.

Egalité entre les deux réli-gions.

CHAP. V.
De la Police de l'Empire en général.

§. 1.

Les Etats de l'Empire ont le droit de
faire des réglemens de police pour
leurs territoires. Ce droit, outre qu'il
eſt une ſuite de la ſupériorité territoriale, eſt puiſé dans la nature même des choſes qui en font l'objet. En effet, l'inéga-
lité de la ſituation, & des mœurs des différens

Pouvoir des Etats en ma-tiére de police.

a) Traité d'Oſnabruck, Art. 5. §. 1.

Y

férens peuples de l'Allemagne, fera tou-
jóurs un obftacle invincible à l'uniformi-
té qu' un réglement de police univerfel
voudroit introduire. C'eft donc avec raifon que les loix abandonnent entiérement
la police aux Etats de l'Empire [a]).

§. 2. Il faut néanmoins excepter de
cette régle, les cas où la tranquilité &
l'intérêt de l'Allemagne exigent des réglemens de police uniformes pour tout
l'Empire; car alors le droit de les faire
appartient à l'Empereur & à l'Empire.
Il exifte plufieurs de ces réglemens. Le
premier eft de 1530. Il a été confirmé
par plufieurs récès fubféquens [b]). L'Empereur Rodolphe II. le reforma en 1577.
& en publia un nouveau. Par le traité
de Weftphalie la reformation de la police fut renvoyée à la prochaine diéte [c]).
　　　　　　　　　　　　　　Celle

a) V. la capitul. Art. 7. §. 5. „Nous n'accorderons
„aucun privilége qui puiffe nuire aux réglemens de
„police faits par les Electeurs, Princes & Etats; &
„ne confirmerons point ceux qui pourroient avoir été
„ci-devant accordés.

b) Entre autres par celui d'Augsbourg de 1551.

c) Traité d'Osnab. art. 8. §. 3. de Münfter §. 64.

Celle - ci la remit à une députation ordinaire ^d). Mais jusqu' à préſent aucun
nouveau réglement n'a paru. En attendant l' Empereur promet ^e) „d'obſerver
„tous ceux qui ſubſiſtent actuellement,
„ou qui à l'avenir pourroient être faits
„à la diéte.

§. 3. Le réglement de 1577. traite Contenu
entre autres, des blaſphémateurs, du lu-
xe, des contrats uſuraires, des Juiſs & de
leurs uſures; du concubinage, adultere,
maquerellage; des libraires, libelles &
peintures diffamatoires & placards; des
arts & métiers ^f).

§. 4. Au reſte on peut compter par- Princi-
mi les objets principaux dont l' Empire paux ob-
s'eſt occupé en matiére de police, le droit jets.
de battre monnoie, les péages, le commerce & les poſtes. Nous en traiterons dans les Chapitres ſuivans.

d) V. au ch. I. de ce livre §. 22. ce que nous avons
dit de ces députations.
e) Dans ſa capit. art. 8. §. 1.
f) La diéte fit en 1731. un réglement particulier
ſur cet objet.

ᨒᨑᨑᨑᨒ

CHAP. VI.
Du droit de battre monnoie.

§. 1.

Originai-
rement
refervé
au fouve-
rain.

Auffitôt que l'ufage de la monnoie fut connu en Allemagne, on regarda la faculté d'en battre comme un droit dont l'exercice ne devoit appartenir qu'au Souverain: Charlemagne nous en fournit la preuve lorsqu'il défend [a]) de battre monnoie ailleurs que dans fon palais.

Com-
ment les
Etats l'ac-
quirent.

§. 2. Les Evêques & les Monaftéres furent les premiers qui obtinrent ce droit: nous trouvons quantité de diplomes qui le leur affûrent. [b])

Les

---

a) Capitul. 2. de l'an 805, ch. 18. *de falfis monetis, quia in multis locis contra juftitiam & contra edictum noftrum fiunt, volumus, ut nullo alio loco moneta fit nifi in palatio noftro, nifi forte a nobis iterum aliter fuerit ordinatum...*

b) V. *Mabillon*, de re diplomatica liv. 3. ch. 1. §. 6. *Tolnerus*, fous le même titre numer. 59. & 71. *Pfeffinger Vitriarius illuftratus* liv. 3.. tit. 4. *Le Blanc*, traité hiftorique des monnoies, pag. 90. & fuiv.

Les Princes féculiers s'embaraf-
foient moins que les eccléfiaftiques d'obtenir ce droit par des conceffions particuliéres: Ils en jouiffoient à proportion
des mines qu'ils trouvoient dans leur territoire, & à proportion de leur puiffance. L'Empereur Frédéric II. femble
leur avouer ce droit dans une efpece de
tranfaction où il dit: °)„qu' il ne feroit
„battre aucune monnoie fur les terres
„d'aucun Prince, par laquelle la mon-
„noie de ce Prince pourroit être dété-
„riorée.

Ces tems furent fuivis de près par le
grand interrégne, pendant lequel l'ambition, l'impunité, tout en un mot, enga-
geoit & favorifoit les Princes à fe rendre maitres de tels droits qu'ils jugeoient
à propos. Celui de battre monnoie leur
préfentoit trop d'avantages pour qu'ils
les négligeaffent.

Y 3 Ro-

c) *Item nullam monetam in terra alicujus Prin-
cipis cudi faciemus, per quam moneta ejusdem Prin-
cipis deterioretur.* V. toute la tranfaction dans la
dernicre collection des récès de l'Empire tom. 1. pag. 17.

Rodolphe de Habsbourg s'occupa
vainement à réduire les droits des Etats[d].
Ses fucceffeurs inveftirent les Princes du
droit de battre monnoic comme des au.
tres régaliens [e]). Charles IV. confirma [f]) ce droit aux Electeurs, ainfi que
celui de fouiller les mines.

Les autres Etats qui n'avoient en.
core aucune loi publique qui leur con-
firmât ce droit, profitérent des tems ora-
geux qui accablèrent l'Allemagne depuis
la bulle d'or jusqu'à la paix profane, pour
fe maintenir dans la poffeffion des droits
qu'ils avoient acquis jusqu'alors.

Les loix [g]) que Charles V. a faites
au fujet des monnoies, prouvent que ce
droit

d) V. *Lehmann* liv. 4. ch. 1.

e) V. *Pfeffinger Vitriarius illuftratus*, liv. 3. tit. 4.
pag. 1056. Je ne rapporterai qu'un exemple qui eft
de Louis de Baviére(1329.): *Vobis* (Henri de Reufa,)
*conferimus veftra jura regalia feu feuda qua a nobis
& Imperio habere confueviftis: judicia & jurisdic-
tiones, telonea monetæ, conductus ftratarum fe-
rarum, venationes, pifcaria mineræ, quæ omnia in
feudum vobis concedimus.* Ce font fans doute ces in-
veftitures que quelques Auteurs ont regardées comme
des priviléges.

f) Par la bulle d'or tit. X.

g) Ordonnance monétaire d'Eslingen de l'an 1524.

droit n'étoit alors point encore commun
à tous les Etats, mais à ceux feulement
qui l'avoient obtenu, foit par la poffeffion,
foit par un privilège.

On voit par là que le droit de battre
monnoie étoit au même point que toutes
les autres parties de la fupériorité territoriale, c'eft-à-dire, que les Etats n'en
jouiffoient qu'autant qu'ils s'en étoient mis
en poffeffion. Ceci prouve ce que nous
dirons plus bas[h]), fçavoir, que la fupériorité territoriale n'étoit alors point encore foumife à des régles certaines, mais
ne confiftoit que dans un amas confus
de droits, dont les Etats s'emparoient
fuivant qu'ils étoient à même d'en jouir.

Ferdinand I. [i]) continua de regarder ce droit comme un privilége qui ne
pouvoit être accordé que par l'Empereur.
Mais obfervons que toutes les ordonnances monétaires font antérieures au
traité de Weftphalie, que par conféquent
elles n'ont force de loi qu'en tant que ce

Y 4   traité

h) Liv. 5. ch. 2. §. 1.
i) Ordonnance monétaire de 1559. §. 179.

traité ne leur a point donné atteinte foit directement ou indirectement. Or voyons s'il eft appliquable au droit de battre monnoie.

Difpofition du traité de Weftphalie. Ce traité [k]) maintient les Electeurs, Princes & Etats, dans tous leurs anciens droits, prérogatives, libertés, priviléges, *libre droit territorial tant eccléfiaftique, que politique, terres, régaliens.* . . . On ne fçauroit douter, que le droit de battre monnoie ne foit compris fous les droits territoriaux & fous les régaliens, puisque les loix mêmes de l'Empire le rangent dans la catégorie de ces droits.

D'ailleurs il eft de principe que le droit territorial comprend le droit de guerre, de paix, d'alliance, de faire des loix, enfin le droit de vie & de mort . . . Se figurera-t-on que les Etats de l'Empire jouiffent de tous ces droits, qui font autant de marques effentielles de la fouveraineté, fans qu'en même tems ils aient celui de battre monnoie qui eft infiniment

au

---

k) Traité d'Ofnab, Art. 8. §. 1.

au deſſous de ceux-là, & dont des Seigneurs mêmes non-Etats, & des Villes municipales ont été ci-devant gratifiées?

Il doit demeurer pour conſtant que le droit de battre monnoie eſt une ſuite de la ſupériorité territoriale, & que tous les Etats peuvent l'exercer[1]).

Fait partie de la ſupériorité territoriale.

§. 3. Mais ce droit comme tous les autres, eſt ſubordonné aux loix de l'Empire: ainſi les Etats ne peuvent l'exercer que conformément à ces mêmes loix.

§. 4. La grande quantité d'abus que ce droit peut occaſioner, & qui ſe font effectivement presque toujours gliſſés

Ordonnance monétaire.

Y 5   dans

---

1) Notre ſiſtéme eſt adopté & très bien déduit par *Ludewig* dans ſon commentaire ſur la bulle d'or, & dans un traité intitulé: *Einleitung zu dem teutſchen Müntz-Weſen mittlerer Zeiten.* *Carrach* de jure cudendi monetam. Le *Bar. de Zech*, ſous le nom de *Franckenberg, Europäiſcher Herold.* *Thomaſius* dans ſes notes ſur Monzamb. *Seckendorf teutſcher Fürſten-Staat.* Pluſieurs auteurs regardent le droit de battre monnoie comme un privilége, & le comptent parmi les reſervats de l'Empereur; tels ſont *Maſcov, & Blinau,* dans leurs diſſertations de jure circa rem monetarium in Imper. R. G. *Müller Reichs-Theatrum. Sixtinus,* de regalibus, *Wildvogel,* de conventibus monetariis. Et pluſieurs autres.

dans son exercice, ont donné lieu à plusieurs ordonnances monétaires.

Objets de ces Ordonnances. §. 5. Ces ordonnances fixent le titre
(*Schröt und Korn* [m]) & la valeur de toutes
les especes soit d'or ou d'argent, & marquent la quantité d'alliage que les Etats
peuvent employer pour chacune. Mais
les réglemens n'ont point été observés;
& l'Allemagne a continué d'être inon-
dée des monnoies alterées par la trop
grande quantité d'alliage, & par conséquent de beaucoup au dessous de la valeur intrinséque ordonnée par les loix.

Traité de Zinna. §. 6. Les Electeurs de Saxe & de
Brandebourg firent [n]) pour leurs territoires un réglement monétaire à Zinna [o]):
(1667.) mais les changemens qu'il intro-
duisit ne firent qu'augmenter le désordre;
ce qui engagea ces deux Electeurs & le
Duc

m) *Schrot* signifie l'Alliage, & *Korn* le métal.

n) V. *Lunig, Reichs-Archiv* partis spec. part. 2.
pag. 220.

o) Appellé *Zinnaischer Müntz-Fuſs.*

Duc de Brunſwic-Lunebourg à conclurre un nouveau traité (1690.) à Leipzig. P) Traité de Leipzig.

§. 7. La diéte propoſa & délibéra ſouvent ſur les moyens néceſſaires pour détruire les mauvaiſes eſpeces fabriquées en Allemagne, & pour introduire une monnoie égale pour tous les cercles. Mais comme preſque tous les Etats transgreſſoient les loix, & profitoient de l'altération des monnoies, on ne put point parvenir à un arrêté définitif. En attendant on reçut proviſionellement (1737.) le réglement de Leipzig dont nous venons de parler. Reçu par l'Empire

§. 8. Les Electeurs délibérèrent de nouveau ſur cette matiére lors de l'élection de l'Empereur Charles VII. & voici ce qu'ils inſérèrent dans la capitulation q): Contenu de la Capitulation.

„Nous devons & voulons, aſſitôt au „commencement de notre régne, donner „nos ſoins, pour que le tout parvienne „enfin

p) V. *Reces zwiſchen Chur-Sachſen, Chur-Brandenbourg und Braunſchweig-Lünebourg, in puncto monetæ, verglichen zu Leipzig.*

q) Art. 9. §. 4.

„enfin à une décifion définitive: qu'en
„attendant, les articles décidés foient
„rendus publics par des réglemens mo-
„nétaires & des états d'évalvation y
„joints, & qu'ils foient exactement ob-
„fervés par ceux qui ufent du droit ré-
„galien de battre monnoie„. Les revers
qui accompagnèrent conftamment le régne de Charles VII. l'empêchèrent de
fonger à l'exécution de cet article. On
l'inféra de nouveau dans la capitulation
de François I. qui addreffa à l'Empire (le
16. Octobre. 1745.) un décret de commiffion à ce fujet; mais les fréquentes délibérations de la diéte n'ont point empêché
beaucoup d'Etats de continuër à refon-
dre les bonnes efpeces, pour en fabri-
quer de nouvelles de bas alloi, & à rui-
ner par là le commerce de l'Allemagne
en difcréditant fa monnoie.

Cette matiére a fait pendant plufieurs années, l'objet des délibérations
des cercles & des négociations des Cours
de l'Empire: mais on n'y a pu convenir
de rien. La guerre de 1756. augmenta

. les

les abus. On nomma enfin une commiſſion qui devoit faire l'eſſai de toutes les
monnoies; autoriſer les bonnes, & pro-
ſcrire les mauvaiſes. Cette opération
rencontre toutes ſortes d'obſtacles; & il
eſt difficile d'en prévoir l'iſſue.

§. 9. Les loix ʳ) deffendent aux Etats
de battre monnoie ailleurs que dans les
Villes que chaque Cercle a choiſſes pour
cet effet, ſous peine de privation de ce
droit: elles exceptent néanmoins les
Etats qui ont des mines à eux apparte-
nantes.

Villes monétaires.

§. 10. Les loix veulent, que toutes les monnoies nouvellement frapées,
pour avoir cours en Allemagne, ſoient
eſſaïées dans des aſſemblées particuliéres
appellées *Müntz probations - Täge, jours
d'épreuves monétaires.* Ces aſſemblées ſont
de deux ſortes: les unes ſont compoſées
de tous les cercles; les autres d'un, de
deux ou de trois Cercles ſeulement. Les
Cercles qui s'aſſemblent entre eux, ſont
appellés

Jours d'eſſais.

r) Récès de Spire de 1570. §. 133. de Ratisbonne, de
1594. §. 103.

appellés *Cercles correspondans; correspondi-
rende Craise des Römischen Reichs im Müntz-
Wesen.*

Les épreuves doivent se faire deux
fois, ou tout au moins une fois par an[s]).
On doit y employer des Essayeurs (*Müntz-
Wardein,*) qui puissent juger si la monnoie est au vrai titre (*nach wahrem Schrot
und Korn*). Mais ces épreuves sont entiérement négligées aujourd'hui, quoique l'Empereur ait promis[t]) d'en procurer le rétablissement.

**Des dif-
férentes
especes
des mon-
noies.**
§. 11. L'ordonnance monétaire d'Eslingen[v]) fait l'énumeration des différentes especes de monnoies qui à l'avenir
doivent être marquées aux armes de
l'Empire & au nom de l'Empereur: elle
prononce une peine de vingt marcs d'or
pur à payer au fisc de l'Empire, contre
les

---

s) Ordonnance monétaire d'Eslingen de 1524. §. 16.
48. 51. Celle de Ferdinand I. de 1559. §. 157. le récès
de députation de Francfort de 1571. §. 28. récès de
1654. §. 195.

t) Capitul. Art. 9. §. 5.

v) §. 1. jusqu'à 11. inclusivement.

les Etats qui contreviennent à ce réglement. Il eſt néanmoins permis aux
Etats de battre de petites monnoies pour
l'uſage & les beſoins de leurs territoires.
Mais ni l'un ni l'autre de ces réglemens
n'a été exactement obſervé; & aujour-
d'hui preſque tous les Etats marquent les
monnoies qu'ils font battre, à leurs armes
& images.

§. 12. La maniére d'obtenir ce droit
eſt préſcrite par la capitulation *): il y
eſt dit: „que l'Empereur n'accorderoit à
„l'avenir le droit de battre monnoie à qui
„que ce puiſſe être, ſans le conſentement
„des Electeurs, & après avoir ouï le cer-
„cle dans lequel l'impétrant demeure.

§. 13. L'Allemagne fourmille de loix
pénales contre ceux qui contreviennent
aux réglemens monétaires. Voici ce que
la derniére capitulation ſtatue à cet égard:
I) elle déclare ceux qui ſeront contre-
venus aux conſtitutions monétaires, privés du droit de battre monnoie de plein
droit

Comment ce drois s'obtient.

Des peines.

x) Art. 9. §. 6. 11.

droit & fans ultérieure connoiffance
de caufe ᵞ). II) Les Etats privés de ce
droit ne pourront être rétablis que du
confentement de tous les Etats ᶻ). III)
Outre cette peine, les Etats contreve-
nans doivent être fuspendus de leur droit
de voix & de féance, & ne peuvent le
recouvrer que du confentement de la
diéte, & après avoir donné fatisfaction. ᵃ)

Des Vices
des mon-
noies.

§. 14. Nous finiffons ce chapitre par
quelques remarques fur les caufes des
defordres où les monnoies fe trouvent
en Allemagne. Le premier, & le plus
nuifible au commerce, foit intérieur, foit
extérieur, eft la difproportion qui fe trouve entre les monnoies des différens territoires de l'Allemagne, & de celles-ci
avec les monnoïes étrangeres.

Le fecond vice provient de l'énorme
quantité de petites monnoïes que les
Etats fabriquent en refondant les groffes
pié-

---

y) Capitul. Art. 9. §. 7.
z) Ibid. §. 8.
a) Ib. §. 9.

piéces. Le profit que cette fabriçation produit aux Etats eſt démontré, ainſi que le préjudice qui en reſulte pour l'Empire : car les Etats doublent & triplent ſouvent, l'alliage pour les petites piéces ; de ſorte qu'ils rempliſſent l'Allemagne de piéces mauvaiſes & réjettées chez l'étranger en même tems qu'ils diminuent celles qui ſont au vrai titre. Beaucoup de loix en Allemagne ſe récrient contre cette manœuvre, & portent des peines contre ceux qui rompent & refondent les groſſes eſpeces : mais depuis qu'on a négligé les jours d'eſſais [b]), ce loix ſont entiérement mépriſées.

Troiſiéme vice : Les Etats donnent à ferme leur droit de battre monnoie, & partagent le gain avec les monnoyeurs. Les loix ont proſcrit ces ſortes de traités [c]) ; & ne permettent aux Etats que de regagner les frais de fabrication.

Le

---

b) V. ci deſſus §. 10.

c) Récès de 1551. §. 46. Ordonn. Monétaire de 1559. §. 174. Récès de Spire de 1570. §. 132. de Ratisbonne de 1594. §. 103.

Z

Le quatriéme vice eft la trop grande difproportion entre la valeur extrin-
feque des efpeces d'or & celles d'argent:
elle conduit néceffairement la monnoie
à un dépériffement certain.

CHAP. VII.

D e s   P é a g e s.

§. 1.

Défini-tion. Le droit de péage (*Zoll-Recht*) confifte dans la perception d'une certaine rédevance levée fur les paffans, mar-chandifes, chevaux, charrues &c. pour l'entretien des ponts & chauffées.

Apparte-noient aux Em-pereurs. §. 2. Les péages étoient déja en ufa-ge en Allemagne au neuviéme [a]) & au dixiéme fiécle [b]). Les Empereurs feuls avoient le droit de les percevoir[c]) à l'ex-ception de ceux qu'ils avoient aban-donnés

a) V. le réglement fait par Louis le Débonnaire à la diéte d'Aix-la-Chapelle l'an 819. chez *Eccard*, LL. Franc. Salic. pag. 187.

b) *Lehmann*, chronique de Spire liv. 2. ch. 44.

c) Speculum fuevicum liv. 1. ch. 12.

donnés par des concessions particuliéres
aux Evèques, au monastéres, aux Princes. Les premiers Empereurs accor-
doient ces concessions à leur gré. Mais
l'histoire nous administre des preuves,
que sous les Empereurs Souabes les Princes devoient consentir à l'établissement
& à la concession d'un péage d).

§. 3. Pendant les tems de troubles,
les Etats s'approprièrent les péages dans
leurs territoires sans consulter la volonté de l'Empereur, les haussèrent, & en
établirent quantité de nouveaux. Rodolphe de Habsbourg e) abolit tous ceux
qui n'avoient point été legitimement ac-

Comment parvinrent aux Etats.

Z 2

quis

d) Voici comment s'explique Frédéric I. lorsqu'il
révoque le droit de péage accordé ci-devant aux Ducs
de Clèves par l'Empereur Henri III. *Dictam conces-
sionem quæ fine conscientia & consensu Principum
Imperii facta est, cassavimus.* V. *Frédéric de San-
de*, comment. fur la coutume de Gueldres, liv. 2. ch. 5.
n. 5. Une autre constitution de Frédéric II. où il
parle également du consentement des Princes, est rapportée par *Guillaume Hedam*, Chron. d'Utrecht. Une
autre du même Empereur par *Goldast Reichs-Satzungen*, part. 2. pag. 17.
e) Dans fa paix publique publiée à la Diéte de
Würzbourg l'an 1287. §. 21.

quis, & remit les autres au taux ancien.
La bulle d'or [f]) confirme aux Electeurs
leurs anciens péages. Le traité de Weftphalie fixe le pouvoir des Etats en cette
matiére; voici comment il s'explique: [g])
„Comme il eft de l'intérêt public de faire
„refleurir le commerce, il a été conve-
„nu que tous les péages (*veftigalia & te-*
„*lonia*) qui auront été nouvellement in-
„troduits contre |l'utilité publique, d'au-
„torité privée, contre tous droits & pri-
„viléges, & fans le confentement de
„l'Empereur & des Electeurs, feront &
„demeureront abolis.„ D'où l'on peut
conclurre que les Etats ne jouiffent point
du droit de péage avec autant de liberté
que des autres droits de fupériorité territoriale: la raifon de cette différence paroit être, que les Etats ne perçoivent point les péages de léurs fujets feulement, mais auffi de tous les autres fujets de l'Empire qui paffent fur leur territoire; que ce feroit par conféquent
rendre

Limita.
tion de
l'exercice
de ce
droit.

[f]) Ch. 9. §. 2.
[g]) Traité d'Ofnab. Art. 9. §. 1.

rendre les Etats maitres de la liberté ou de l'anéantiſſement du commerce, en leur accordant un pouvoir illimité d'ordonner & de percevoir des péages.

§. 4. Quant au conſentement des Electeurs, il a été ordonné, pour la premiére fois à ce qui paroit, par la capitulation de Charles V.[h]. Celles qui la ſuivent, répetent & étendent ce droit. Par la derniére capitulation [i] l'Empereur promet: I) de n'accorder, proroger ni perpétuer aucun droit de péage ſans le conſentement unanime du collége Electoral, & ſans avoir ſuffiſamment péſé avec lui les obſervations & griéfs des voiſins & du cercle dans lequel ce droit doit être introduit ou prorogé. II) d'abolir tous ceux qui pourroient avoir été introduits ou prorogés d'autorité privée. III) d'empêcher que celui qui jouit du droit de péage, ne le transféré ſans avoir obſervé les formalités requiſes, à d'autres perſonnes qu'à ſes deſcendans,

Conſentement des Electeurs.

Z 3 &

h) Art. 18.
i) Art. 8.

& de caffer tout ce qui pourroit avoir
été fait au contraire.   IV) Et au cas
qu'un Electeur, Prince ou Etat, ait abufé
de fon droit de péage, & qu'il n'ait pas
mis fin à fes excès après en avoir été
averti par le Directeur du Cercle, l'Empereur promet d'enjoindre au juge com-
pétent de le déclarer privé de ce droit
pour toute fa vie; & fi c'eft une Communauté, pendant l'efpace de trente ans.
V) De ne point donner atteinte aux priviléges que les Etats, (y compris la Nobleffe immédiate,) pourroient avoir légitimement obtenus des Empereurs fes prédéceffeurs, ou dont ils pourroient avoir
joui paifiblement avant que le confentement des Electeurs ait été ordonné par
les loix de l'Empire.

§. 5.   Les perfonnes exemtes des
péages par tout l'Empire font: I) les
Electeurs[1]): II) tous les Etats ou leurs
envoyés, lorfqu'ils fe rendent à la diéte,
ou à quelque autre affemblée de l'Empire.

Des exemtions.

[1]) Capitulat. Art. 8. §. 26. 27.

pire. ᵐ) III) Les Juges, Préfidens, Affeffeurs, Avocats, Procureurs, Protonotai-
res, Lecteurs, Sécretaires, Meffagers,
& toutes autres perfonnes attachées foit
à la Chambre impériale ⁿ), ou au Confeil aulique. ᵒ)

§. 6. L'Empereur promet ᵖ), de n'accorder à l'avenir aucune nouvelle exemtion fans le confentement des Electeurs.

§. 7. Quant aux priviléges particuliers que les Eccléfiaftiques, la Nobleffe
immédiate, ou quelques autres fujets de
l'Empire prétendent avoir pour fe fouf-
traire aux péages, ils font étrangers à
notre objet, & rentrent dans le droit public particulier. ᑫ)

§. 8. Il eft deffendu ʳ) aux Etats de
multiplier leurs péages en les déguifant

Z 4 fous

---

m) Ibid. §. 31.
n) V. l'ordonn. de la Cambre impériale part. 1. tit.
49. §. 1. 2. 3. le dernier récès de l'Empire §. 141.
o) Capitul. Art. 25. §. 6.
p) Capit. Art. 24. 25.
q) Les Auteurs qui ont traité des péages font: *Gaf-
pard Klock*, de contributionibus. *Jean Strauch*,
de regali veftigalium jure. Et plufieurs autres.
r) Récès de 1576. §. 118. 119. 120.

fous le nom de droit, de pontenage, paffage &c. *Umgeld*, *Brückengeld*, *Weggeld*.
Il eft cependant des auteurs qui leur accordent ce droit comme une fuite de la
fupériorité territoriale.

CHAP. VIII.
Du Commerce.

§. 1.

Le commerce a une fi grande influence
fur la profpérité d'un Etat, qu'il
doit être un des principaux objets vers
lequel le législateur doit tourner fes foins.
L'état d'incertitude & de défordres dans
lequel l'Empire a flotté depuis fon origine pour ainfi dire, jufqu'au traité de
Weftphalie, a presque conftamment été
contraire à un commerce heureux & flo-
riffant. La premiére des loix qui en faf-
fe mention eft le récès de Ratisbonne de
1594.[a] Le traité de Weftphalie,[b] pour
le

a) §. 42.
b) Art. 9. §. 1. 2.

le protéger, abolit tous les péages illégi-
timement introduits & contraires à l'u-
tilité publique c), & ordonne, que le commerce & la navigation fe feroient librement dans toutes les provinces, fleuves
& ports; & jouiroient d'une entiére fécurité.

§. 2. Le refultat de l'Empire de 1671.
contient des réglemens I) fur les péages
& impôts introduits d'autorité privée;
II) fur les exactions des Receveurs des
péages; III) fur le mauvais entretien
des ponts & chauffées; IV) fur les charges extraordinaires qui font impofées fur
les marchandifes aux foires; V) fur la
procédure en matiére de change & de
négoce; VI) fur les monopoles; VII) fur
différentes efpeces de draps de laine; VIII)
fur le prix forcé des marchandifes; IX)
fur la falfification des vins & les fraudes
des voituriers; X) fur les marchands dif-
crédités & ruinés. XI) fur l'héberge-
ment des voyageurs.

Z 5   §. 3.

c) V. le chap. préced. §. 1.

§. 3. Un autre réglement de commerce de 1705. détaille les marchandifes
dont le commerce eft libre en Allemagne, & régle les vifites de celles qui font
de contrebande. L' Empereur promet
particuliérement dans fa capitulation d) de
protéger les villes commerçantes furtout
Lübeck, Brêmen & Hambourg; d'abolir les grandes fociétés de négocians, qui
ne tendent qu'à introduire le monopole;
& d'ôter tout empêchement qui pourroit
nuire à la liberté du commerce. e)

§. 4. Les Etats peuvent faire des
réglemens de commerce pour leurs territoires; pourvûqu'ils ne contredifent
point les loix de l'Empire, & ne portent
point préjudice à leurs voifins. Ils ont
auffi le droit d'inftituer des foires publiques dans leur territoire.

§. 5.

d) Art. 7.
e) V. ce qui s'eft paffé à l'égard du commerce à la
préfente Diéte, chez *Henniges*, meditat. ad inftrum.
pac. fpecimen 8. *Faber Staats-Cantzley*, tom. 2.
pag. 159. 323. *Lunig Reichs-Archiv*, part. gener.
pag. 496. & fuiv.

§. 5. Outre ces foires, il y en a encore d'autres en Allemagne qui font permifes & privilégiées par l'Empereur. Telles font les foires (*Meſſen*) de Francfort, de Leipzick, de Naumbourg & de Brun-ſwic [f]).

CHAP. IX.
D e s P o ſ t e s.

§. 1.

L'établiſſement des poftes en Allema- gne n'eſt plus ancien que dans les autres Etats. L'Empereur Maximilien I. commença à en établir une fur la route de Vienne aux Païs-bas: François de Taxis fut chargé de l'éxécution du pro- jet, & eut pour rétribution le produit des ports de lettres.

Etabliſſe-ment.

Charles V. qui s'éloignoit fouvent de l'Allemagne, établit une pofte des Païs-bas

---

f) V. l'origine des foires chez *Bœhmer* jus pro-teftantium ecclefiaftic. liv. 3. §. 54. Ajout. *Frit-ſchius.* de regali nundinarum jure ch. 11. §. 52.

bas en Italie, & en commit la direction
aux defcendans de François de Taxis.
Le nombre des poftes s'augmenta peu-à-
peu. En 1595. l'Empereur Rodolphe II.
donna la charge de Sur - Intendant des
Poftes d'Allemagne à Léonard de Taxis
pour lui & fes defcendans. Mathias érigea cette charge en fiéf mafculin, & en
inveftit Lamoral de Taxis ª). Ferdinand II. l'étendit aux fémelles.

§. 2. Outre les poftes impériales établies dans l'Empire, Ferdinand II. en
établit pour fes Pays héréditaires. Plufieurs Etats de l'Empire imitèrent fon
exemple, & en ordonnèrent pour leurs
territoires. La Maifon de Taxis, qui
croïoit avoir le droit excluſif de régler
les Poftes par tout l'Empire, fe récria
contre ces inftitutions, & fit tous fes efforts pour en obtenir l'abolition: elle alléguoit pour fon grand moïen, que le
droit d'ordonner des Poftes étoit un ré-
galien réfervé à l'Empereur; que par

con-

Préten-
tion de
la mai-
fon de
Taxis.

a) V. les lettres d'inveftiture chez *Lunig Reichs-
Archiv*, part. gen. pag. 466.

conféquent les Etats ne pouvoient aucunement l'exercer au préjudice de ceux
auxquels l'Empereur l'avoit accordé.
Les Etats en difconvenant de ce principe, foutinrent que les Poſtes étoient une
affaire de police, & que le pouvoir d'en
établir étoit une fuite de la fupériorité
territoriale: que d'ailleurs la Maiſon de
Taxis n'avoit été chargée que de la direction des Poſtes établies par l'Empereur
pour les Pays - bas & l'Autriche.

Cette difpute fut propoſée au congrès de Weſtphalie [b]): mais elle ne fut
point décidée: & elle fubfifte encore aujourd'hui.

En attendant fa décifion, la plus
grande partie des Etats puiſſans continuent d'avoir des Poſtes particuliéres
pour leurs territoires; & il y a apparence que la Maiſon de Taxis parviendra
difficilement à une décifion qui lui foit
favorable. L'Empereur promet dans fa
capi-

b) V. *Meyern*, actes de la paix de Weſtphal. tom.
4. pag. 442.

capitulation, c) de ne point fouffrir que
pour les Poftes impériales actuellement
établies dans les territoires des Etats,
on employe des perfonnes étrangéres,
& dont la fidélité ne foit pas reconnue:
d'obliger l'Intendant général des Poftes
de pourvoir exactement les Poftes de
tout le néceffaire, & de livrer fidéle-
ment les lettres moyennant une jufte
rétribution: d'empêcher les Meffagers
des Villes de fe charger d'aucune perfonne ni paquets pour des lieux autres que
ceux pour lesquels ces meffagers font
envoyez: de maintenir & conferver la
charge de Sur-Intendant des Poftes dans
fes droits & priviléges.

Tous ces articles ne doivent être
obfervés que jusqu'à ce qu'il en ait été
autrement ordonné par l'Empire. d)

§. 3.

c) Art. 29.
d) Les auteurs font très divifés fur la queftion de
droit. Les prétentions de la Maifon de Taxis font
amplement difcutées & deffendues par *Cæfareus Tur-
rianus*, dans un traité intitulé: *Glorwürdigfter Adler, das ift, Gründliche Vorftellung von dem Ihro
Kay. Maj. refervirten poft-regal im gautzen Röm.
Reich*

§. 3. L'Electeur de Mayence, comme Archi Chancelier, eft grand Infpecteur des Poftes de l'Allemagne. [e])

***

CHAP. X.
Du domaine de l'Empire.
§. 1.

Les Empereurs tiroient autrefois de l'Empire des revenus allés confidérables pour foutenir la dignité & la fplendeur du trône; on les appelloit *biens domaniaux, domaine.* [a]) ils étoient perçus des terres, éilles, villages, mines, forêts, riviéres & de plufieurs autres biens publics.

En quoi confiftoit

Outre

Reich und allen deffelben Provintzen, 1694. in 4. Cortrejus, tom. 4. de fon corps de droit publ. & dans fes obfervations hiftoriques-politiques. Les droits des Etats ont été mis dans tout leur jour par *Mulz* de Majeft. Imper. part. 2. ch. 2. §. 4. *Ludewig* de jure poftarum hereditar. à Hale 1704.

e) V. le Corps de droit de *Schmans* pag. 776. & fuiv.

a) V. *Du Frefne,* Gloffarium mediæ & infimæ latinitatis: *Domanium & Franc.* Hottomann, Franco-Gallia, ch. 9. Une collection des auteurs qui ont traité du domaine, a été inprimée à Francfort en deux Tomes in folio. Le plus fameux d'entr ceux eft *Renard Choppin,* de domanio Franciæ.

Outre cela ces revenus étoient beaucoup augmentés par les droits régaliens,
comme les tailles, péages, amandes & plufieurs autres efpeces d'impots. On prétend que les revenus de Frédéric I. montoient à foixante talens d'or, ce qui fait
environ vingt millions de   res monnoie
de France.

Ces revenus commencèrent à diminuer dans le tems du grand interrégne
tellement, que fous Rodolphe de Habsbourg ils ne montoient plus qu'à vingt
talens.

Les fucceffeurs de Rodolphe, peu
œconomes pour les droits de l'Empire,
les abandonnèrent aux Etats, & quelque fois même à des Puiffances étrangeres par des titres ou injuftes, ou fimu-
lés, ou tout aú moins trop facilement
accordés. Beaucoup de biens domaniaux pafférent aux Etats à titre de donation, de vente, & préfcription, d'engagement,[b]) de fief. Les Etats mêmes profitant

b) V. *Struve*, corps de droit pub. ch. 13. §. 47. &
Strauch, de oppignatoribus imperii.

fitant des troubles inteftins de l'Allemagne s'emparoient de ces biens d'autorité
privée.

§. 2. Ces retranchemens & ces diminutions ont réduit les revenus que l'Empereur recevoit de l'Empire, au point
qu'aujourd'hui ils ne font plus, pour ainfi dire, qu'un être de raifon; enforte
que l'Empereur pour foutenir fa dignité,
eft obligé d'avoir recours à fes revenus
patrimoniaux.

Etat actuel.

§. 3. Les titres les plus caducs des
Etats étoient les titres d'engagement (*op-
pignorationes*) parcequ'ils pouvoient être
rachetés. Mais les Electeurs, qui poffédoient quantité de terres engagées par
les Empereurs prévinrent ces rachats,
en faifant confirmer par Charles V. &
fes fucceffeurs ᶜ), tous les engagemens
faits au profit des Etats. Le traité de
Weftphalie ᵈ) en parle dans les termes fui-
vants

*Irrélui-
bilité des
engage-
mens.*

c) V. la Capitul. de Charles V. Art. 4. de Ferdin. I.
Art. 3. Maximil. II. Art. 4. Rodolphe, Mathias,
Ferdinand II. & Ferdinand III. Art. 3.
d) Traité d'Osnab. Art. 5. §. 26.

A a

vants: „à l'égard des *oppignorations* impé-
„riales, comme il eſt dit par la capitula-
„tion, que l'Empereur doit les confirmer
„aux Electeurs, Princes & autres Etats
„immédiats de l'Empire, & les mainte-
„nir en poſſeſſion tranquile & paiſible d'i-
„ceux: il a été convenu que cette diſpo-
„ſition feroit obſervée jusqu'a ce qu'il en
„ait été autrement ordonné du conſente-
„ment des Electeurs, Princes & Etats.
La derniére capitulation ᵉ) répete les termes de ce traité.

Moyens pour rétablir le domaine de l'Empire. §. 4. L'Empereur & les Etats ont ſouvent délibéré ſur les moyens néceſſaires pour rétablir le domaine de l'Empire; & les loix publiques contiennent pluſieurs diſpoſitions à cet égard: les plus eſſentielles ſe réduiſent aux points ſuivants:

I) On interdit à l'Empereur pour l'avenir, toute aliénation des biens publics de l'Empire. Ce réglement eſt contenu

---

e) V. la capitulat. de Franc. I. Art. 10. §. 4. & Art. 1. §. 9.

tenu en la capitulation de Charles V. &
celle de tous ſes ſucceſſeurs [f]). Voici
quelles ſont à ce ſujet les diſpoſitions de
la derniére capitulation : l'Empereur promet de ne plus aliéner ni engager aucuns domaines de l'Empire ſitués ſoit
en Allemagne ſoit au dehors, ſans le conſentement des Electeurs, Princes & E-
tats : de s'abſtenir de tout ce qui pourroit donner lieu à des exemtions & à des
démembremens de l'Empire, ſurtout de
ne plus accorder de priviléges & immunités exorbitantes ; de récuperer & ré-
incorporer à l'Empire toutes les Principautés, Seigneuries & Pays qui en ont
été détachés ſoit par hipotéque ou autrement, & qui ſont devenus caducs, ainſi
que tous les biens confiſqués ou non confiſqués qui ſont injuſtement poſſédés par
des nations étrangères ; de s'informer
exactement de la nature des aliénations
faites de pluſieurs fiefs de l'Empire ſitués
en Italie, d'en remettre le rapport à la

A a 2   Chan-

[f]) Ibid. Art. 9.

Chancellerie de Mayence & d'en inftruire les Etats; de confulter en tous ces
cas les Electeurs feuls, ou fuivant les
circonftances, tous les Etats de l'Empire; de réftituer fuivant l'avis de tous les
Electeurs, tous les biens que lui ou les fiens
pourroient poffléder fans titre légitime.ᵍ)

§. 5. II) Les fiefs d'un produit confidérable, comme Electorat, Principauté, Comté ou Ville, retournés à l'Empire, ne peuvent plus être donnés en
fief fans le confentement du Collége électoral, fi c'eft un Electorat; du Collége
électoral & de celui des Princes, fi c'eft
une Principauté, Comté ou Seigneurie;
enfin des Electeurs, Princes & Villes, fi
c'eft une Ville: mais ils doivent être incorporés au domaine de l'Empire & fervir à fes befoins ainfi qu'a ceux de l'Empereur ʰ). Néanmoins les expectatives
que des Etats pourroient avoir obtenus
ci - devant, doivent demeurer en vigeur
& avoir leur effet.

§. 6.

g) Ibid. Art. 10. §. 1. 2. 3. 6. 7. 8. 9.
h) Ibid. Art. 11. §. 10. 11. 12.

§. 6. L'Empereur doit retirer au profit de l'Empire les contributions des Villes (*Steuren*) perçuës par des particuliers & préscrites par eux; à moins que l'aliénation n'en ait été faite du consentement de tous les Electeurs. Aujourd'hui ces aliénations ne peuvent plus se faire sans le consentement de tous les Etats. [1]

§. 7. Outre ces moyens, on en a proposé plusieurs autres pour former un nouveau domaine à l'Empire: mais aucun n'a réussi. Et pour peu que l'on connoisse l'état de l'Allemagne, on sentira aisément combien tous les moyens dont nous venons de parler, sont éloignés; car d'un côté, il est facile à l'Empereur de s'interdire l'aliénation des biens de l'Empire, puisqu'il n'a plus le moindre domaine[1]): d'un autre coté, les

A a 3 pactes

---

i) Ibid. §. 16. 17. 18. 19. 20.

l) A moins qu'on ne veuille comprendre sous cette dénomination les amandes édictées par les Cours superieures de justice que l'Empereur perçoit, & les sommes que les Etats, excepté les Electeurs, payent lorsqu'ils reçoivent l'investiture de leurs fiefs. Mais ces deux objets sont d'un produit si modique, qu'ils ne doivent point entrer en ligne de compte.

pactes de confraternité & de fucceffions, & les expectatives fans fin qui font confirmés par l'Empereur, empêcheront pour longtems que des fiefs ne retournent à l'Empire: enfin les contributions des Villes, outre qu'elles font très modiques, ne fe païent très fouvent point à l'Empereur; plufieurs Villes d'ailleurs en font entiérement exemtes.

CHAP. XI.

Des Collectes générales de l'Empire.

§. 1.

Néceffité   L a modicité des revenus de l'Empire eft caufe que pour fournir aux befoins de l'Etat, il faut avoir recours aux refources employées dans les autres royaumes, c'eft à dire, aux collectes & contributions publiques.

Concours des Etats.   §. 2. Par une fuite naturelle des loix qui fervent de baze au gouvernement de l'Allemagne, ces Collectes ne peuvent être ordonnées fans le confentement des

Etats

Etats de l'Empire: le traité d'Osnabrück [a])
est positif là dessus, ainsi que la capitulation de l'Empereur. [b])

§. 3. Les publicistes agitent beaucoup la question de sçavoir, si pour ordonner des collectes la pluralité des suffrages fait loi, ou si l'unanimité dans chaque Collége est nécessaire. La plûpart
des auteurs sont pour l'unanimité. La
question fut proposée lors du traité de
Westphalie [c]): mais elle fut renvoyée à
la diéte, qui jusqu'à préfent n'a encore
rien décidé.

Si la plu-
ralité de
voix est
requise.

Si l'on considere la nature des colléges en général, & si l'on fait un retour
sur ce que nous avons dit plus haut [d]) sur
la maniére de délibérer à la diéte, on est
obligé d'avouer, que l'opinion de ceux
qui exigent l'unanimité, est mal fondée;
car il faut supposer que celui qui est membre d'un collége, est en même tems en-

A a 4   gagé

a) V. traité d'Osnab. Art. 8. §. 2.
b) Art. 5. §. 1. jusqu'à 5. incluf.
c) Traité d'Osnab. art. 5. §. 52.
d) V. liv. 4. ch. 1. §. 14. & liv. 4. ch. 1. §. 16.

gagé à concourir à tous les moyens né-
cessaires pour la conservation du collége.
Ce principe général est entièrement appliquable aux colléges que les Etats composent à la Diéte, & semble être puisé
dans la nature même de ces colléges.
En effet, comme il est très difficile, en
matiére de collectes ainsi que dans toutes les autres, de faire toujours céder
l'intérêt personnel à l'intérêt public, &
par conséquent d'amener toujours & sans
peine, les Etats à un suffrage unanime;
on conçoit aisément que ce seroit en quelque sorte, détruire ces colléges que de
les astraindre constamment à l'unanimité. Delà il faut conclurre que la pluralité des suffrages doit l'emporter dans ce
cas ainsi que dans tous les autres où l'u-
nanimité n'est point expressément exigée
par les loix.

Du de-
nier
commun

§. 4. La premiére façon de percevoir
des collectes usitée en Allemagne, con-
sistoit à imposer les sujets proportioné-
ment à leur revenu (*juxta communem de-
narium, Gemeiner - Pfennig*). Mais comme
cette

cette maniére d'impoſer entraînoit après
ſoi beaucoup d'embarras, les Etats de
l'Empire commencèrent à contribuer
eux - mêmes aux beſoins de l'Empire, &
répartirent enſuite ſur tous leurs ſujets,
la ſomme qu'ils avoient payée; c'eſt ce
qu'on appelloit le droit de *ſous - collecter, jus
ſub - collectandi.* L' impoſition ſuivant le
commun denier eſt hors d'uſage aujourd'hui.

§. 5. Une autre matiére de collecter
conſiſte dans la perception des mois romains. En voici l'origine. Lorsqu'autrefois l'Empereur alloit en Italie pour
ſe faire couronner, tous les Vaſſaux de
l'Empire étoient obligés de le ſuivre &
d'être accompagnés d'un certain nombre
des ſoldats qui ne pouvoit être moindre
que de quatre: on appelloit ce voïage
expédition romaine. Dans la ſuite le nombre des ſoldats de chaque Vaſſal devoit
être proportionné à l'étendue de ſon
territoire. Le total montoit à 20000.
hommes d'Infanterie & 4000. de Cava-
lerie. Les expéditions romaines aiant
ceſſé d'être en uſage, les Etats conti-

Des mois
romains,

A a 5   nuénuèrent de fournir pour les befoins de l'Empire, les troupes qu'ils ménoient auparavant à la fuite de l'Empereur.

Contribution des Electeurs.

des Etats.

Aujourd'hui, chaque Electeur fournit pour un mois Romain fimple, deux cens foixante - dix fept fantaffins & foixante Cavaliers. La quantité d'hommes que les autres Etats de l'Empire fourniffent, eft fpecifiée dans une matricule dont nous parlerons dans le chapitre fuivant,

§. 6. Il eft libre aux Etats de fournir les hommes mêmes, ou de payer à la place douze florins par Cavalier & quatre florins par fantaffin. Les Etats ont dans ce cas, comme dans celui marqué au §. 4. la faculté de *fous - collecter*, c'eft à dire, de répartir les dépenfes faites pour l'Empire, fur tous leurs fujets fans exception e)

Des Villes de remife.

§. 7. Les Etats envoyent les fommes qu'ils payent, dans les Villes nommées pour cet effet : elles ont delà le nom

de

e) V. le récés de 1543. §. 24. de 1548. §. 102. de 1555. §. 82. de 1576. §. 11. 12. 16. 13. §. 7.

de *leg-ftätte, Villes de remife*: ces Villes font
Nüremberg, Augsbourg, Francfort,
Leipzig. Les receveurs (*Pfennig-Meifter*)
à qui ces fommes font remifes, font obligés de rendre compte à l'Empire, à moins
qu'elles n'aient été abandonnées à la libre difpofition de l'Empereur. f)

§. 8. L'Empereur ne peut emplo- Emploi.
yer les collectes de l'Empire qu'aux objets pour lesquels elles ont été accordées. g)

f) V. la capitul. Art. 5. §. 4.
g) Ibid. §. 5.

CHAP. XII.

CHAP. XII.
De la Matricule de l'Empire.

§. 1.

Défini-
tion.

La Matricule de l'Empire est une lif-
te faite de l'autorité de l'Empereur
& du confentement des Etats de l'Empire, contenant les noms des Etats, & les
fommes que chacun d'eux est obligé de
contribuer aux frais & dépenfes publiques [a]). Il faut faire ici deux obfervations: la premiére, qu'aucune Matricule ne comprend tous les Etats de l'Empire, & que toutes comprennent avec
eux des perfonnes qui ne font point re-
vêtues de la qualité d'Etat. La feconde, qu'on trouve des matricules qui ne

con-

a) C'eft la définition qu'a donnée *Mauritius* dans
fon traité de la Matricule qui eft le meilleur en ce
genre. *Cortrejus* en traite auffi fort amplement dans
fon corps de droit public, tom. 1. §. 35. Nous avons
encore fur la même matiére deux auteurs plus modernes, *Wagenfeil*, de Matricula imperii; & *Mathias*
Stein, de Matricula Imperii noviffima, confenfu Im-
peratoris & ftatuum confecta.

contiennent que les noms des Etats, fans énoncer combien chacun doit contribuer aux befoins publics b).

§. 2. Il y a dans l'Empire trois ef- peces de matricules. 1) La *Matricule fim-ple*: elle contient fimplement les noms des Etats. II) *La Matricule des Collectes*: elle contient les noms des Etats & les mois romains, c'eft à dire, ce que chaque Etat contribue aux dépenfes de l'Empire. III) *La Matricule de la Chambre impériale*: elle contient les fommes que chaque Etat paye pour l'entretien de la Chambre impériale. On l'appelle dans le ftile *Matricule ufuelle*, (*Ufual-Matricul.*) Cette matricule fut dreffée pour la premiére fois en 1549. Mais les appointemens qu'elle accorde aux Officiers de la Chambre ayant paru infuffifans pour leur

Trois efpeces de matricule.

La Matricule ufuelle.

---

b) *Mauritius* nie abfolument l'éxiftence d'une pareille matricule. Il y avoit déja avant lui, une grande difpute à ce fujet entre *Limnæus* & *Goldaſt*. Mais *Cortrejus* à l'endroit cité, nous fournit tout au commencement un exemple affés clair d'une matricule fimple.

leur entretien, ils furent augmentés par
le dernier récès de l'Empire; de forte
qu'on fut obligé également de hauffer la
quotte matriculaire: Cette matricule fut
encore changée en 1720. & portée au fex-
duple.^c) Les modérations accordées à plufieurs Etats, ont jetté une telle confufion
fur cette matiére, que les Etats demandent
avec inftances une nouvelle matricule.

§. 3. Les Matricules des collectes
font les plus remarquables. On les diftingue en anciennes & nouvelles. Celles-là font antérieures à l'année 1521.
celles-ci ont été publiées depuis cette année. On répute pour la plus ancienne
de toutes, celle qui fut dréffée à la diéte
de Nüremberg en 1431. lorsque l'Empereur Sigismond demanda des fubfides
contre les Huffites^d). Cette Matricule
- fut

c) Elle fe trouve chez *Mauritius & Cortrejus*, aux
endroits cités.
d) On ne fauroit en rapporter une plus ancienne.
Quelques auteurs prétendent que l'on avoit déja fait
une matricule fous l'Empereur Frédéric III. en 1397.
Mais on fçait, que Frédéric III. a vécu au milieu du
quinziéme fiécle & non au quatorziéme. Ainfi cette
matricule eft vifiblement fuppofée.

fut fuivie de plufieurs autres[e]). La plus
célébre de toutes eft celle publiée à la
diéte de Wormbs en 1521. Les loix publiques, furtout les récès de l'Empire de
1576. de 1594. & quelques autres[f]), l'ap-
prouvent comme étant la moins fautive
de toutes.

§. 4. Cependant à peine cette Matricule fut-elle publiée qu' on entendit de
toutes parts les Etats crier à l'injuftice.
Quelques-uns s'arrêtoient à la maniere
dont elle avoit été faite[g]); d'autres atta-
quoient les défauts mêmes de la Matricule.[h]) Ces plaintes occafionèrent par
la fuite plufieurs difpofitions, par lesquelles on accorda des modérations à différens Etats[i]): mais les plaintes n'en furent

Plaintes des Etats.

e) Allégués par *Mauritius* à l'endroit cité §. 36.

f) Quant à la queftion de fçavoir fi l'infertion dans
la matricule prouve la qualité d'Etat de l'Empire,
nous en avons traité au liv. 3. ch. 1. §. 5.

g) Les Villes Impériales difoient que plufieurs d'entre elles n'y étoient point comprifes, & que leurs
députés n'avoient point été admis à fa rédaction.

h) Les Etats en général fe plaignoient d'être fur-
chargés. V. *Mauritius* ibid. §. 41. & fuiv.

i) V. le Récès de 1541. §. 17. & fuiv. 1544. §. 12. &
fuiv. 1548. §. 78. & fuiv. 1555. §. 115. & fuiv. 1582. §.
50. 1594. §. 107. 1603. §. 57. 1654. §. 184.

rent point affoupies. Le traité de Weftphalie k) les renvoya à la prochaine diéte;
& l'Empereur promet dans fa capitulation, de remédier aux griefs des Etats l).
Mais jusqu'à préfent rien n'a encore été
décidé.

§. 5. Cette matiére eft infiniment
confufe & compliquée, I) parceque plufieurs territoires qui ci-devant faifoient
partie de l'Allemagne, font aujourd'hui
poffédés par des Puiffances étrangères,
& font par conféquent exemts des charges de l'Empire. II) Parceque des territoires ont paffé d'un Etat à l'autre fans
que leur quotte matriculaire ait été changée. Enfin III) parceque les Poffeffeurs
de plufieurs territoires prétendent être
exemts des charges de l'Empire. Toutes ces raifons prouvent combien une
nouvelle matricule feroit néceffaire; mais
combien il fera difficile de la faire & de
la maintenir dans une exacte proportion.

§. 6.

k) Traité d'Osnab. Art. 8. §. 3.
l) V. la Capitul. Art. 5. §. 10. 11. & Art. 12. §. 1. 2.

§. 6. La Nobleſſe immédiate n'eſt compriſe en aucune matricule de l'Empire, parce qu'elle ne contribue ni ſuivant le denier commun ni ſuivant l'expédition romaine; elle n'accorde à l'Empereur & à l'Empire qu'un don gratuit [m]).

CHAP. XIII.

Des Cours ſouveraines de juſtice de l'Empire en général.

§. 1.

Les premiers Empereurs rendoient la juſtice eux-mêmes dans des voyages qu'ils faiſoient par toute l'Allemagne; ou nommoient des Ducs & des Comtes pour la rendre en leur nom. Les troubles inteſtins qui agitèrent de tems en tems l'Allemagne, donnèrent occaſion aux Ducs, aux Comtes & aux autres Seigneurs, de s'approprier la jurisdiction ſéculiére, & de la regarder comme

Ancienne maniére de rendre la juſtice.

m) V. liv. 3. ch. 6. §. 3.

B b

me un droit dépendant de leurs fiefs, tandis que les Evêques s'emparoient de la jurisdiction ecclésiastique comme d'un droit inséparable de l'épiscopat. Ceuxci rendirent leur droit exclusif. Mais les jugemens rendus en matiére séculiére pouvoient être reformés par l'Empereur qui outre cela, connoissoit seul des différens survenus entre les Etats. Les Empereurs faisoient l'un & l'autre par une espece de tribunal qu'ils avoient toujours à la suite de leur Cour, & que l'on nommoit indifféremment chambre impériale, ou Conseil aulique.

§. 2. Mais ce tribunal attaché à la Cour impériale & ambulant comme il rendoit rarement une exacte & promte justice; parceque toujours sous les yeux de l'Empereur, il n'osoit s'écarter de sa volonté, & que souvent très éloigné du centre de l'Allemagne, il ne pouvoit apporter que des remédes tardifs à des maux pressans: il étoit donc nécessaire, pour mettre fin aux désordres que la justice mal administrée causoit dans l'Empire

Motifs de l'institution des Cours souveraines

pire, de créer des Cours souveraines qui fussent stables, & auxquelles on donnât le pouvoir de juger en dernier ressort. C'est à la fin du quinziéme siécle que l'on commença à exécuter ce projet; & c'est depuis ce tems là qu'il y a dans l'Empire deux Cours souveraines de justice, la Chambre impériale, qui dépend de l'Empereur & de l'Empire; & le Conseil aulique qui dépend de l'Empereur seul.

Outre ces deux Cours, il y a en Allemagne différents autres tribúnaux remarquables, mais dont l'autorité ne s'étend que sur des Provinces en particulier, & dont les jugemens peuvent être reformés par la voïe de l'appel: tel est le Jugement des Austregues, le Conseil aulique de Rothweil, & quelques autres en Souabe & en Franconie. Nous parlerons de chacun séparément.

CHAP. XLV.

CHAP. XIV.

De la Chambre impériale.

§. 1.

Origine. Les Etats de l'Empire las de pourfuivre leurs droits par les moyens vio-
lens que l'ufage avoit introduits, & que
le deffaut d'un tribunal bien réglé rendoit
en quelque façon néceffaires, commencèrent enfin à penfer férieufement aux
remédes convenables pour abolir ces défordres. Leurs premiers foins fe tour-
nèrent vers le maintien de la paix publique ; c'eft dans cette vuë qu'en 1467. ils établirent un tribunal dont les fonctions furent bornées à cet objet a). Mais l'Empereur & les Etats voyant que ce tribunal étoit peu fuffifant pour affûrer le repos intérieur de l'Allemagne, trouvèrent
qu'il étoit néceffaire de créer une Cour
de

a) L'opinion de ceux qui foutiennent que la chambre impériale, telle qu'elle fubfifte aujourd'hui, avoit
déja été établie avant le tems de Maximilien I. eft
donc fans fondement. V. *Datt* de la paix publ. liv.
4. ch. 1. §. 27. & fuiv.

de justice dont l'autorité s'étendit non seulement sur les causes d'infractions de paix
publique, mais encore sur toutes les causes civiles de quelque nature qu'elles pus-
sent être: c'est ce qui les engagea à éri-
ger en 1495. la Chambre impériale, dont
il s'agit ici.[b])

§. 2. Ce tribunal dépend de l'Empereur & de l'Empire, tellement, qu'il
n'interrompt point ses fonctions à la mort
de l'Empereur, mais les continue sous le
nom de l'Empire & des deux Vicaires.
Il ne peut également point être aboli que
du consentement de l'Empereur & de
l'Empire.[c])

Dépend
de l'Em-
pereur &
de l'Em-
pire.

§. 3. La chambre impériale est com-
posée d'un Juge, de Présidens & d'Assesseurs. L'Empereur nomme le Juge[d])

Des per-
sonnes
qui la
compo-
sent,

Bb 3   &

b) On l'a nommée chambre impériale, parcequ'
elle devoit tenir ses assemblées dans un appartement,
au lieu qu'auparavant la justice se rendoit *sub dio*;
V. *Datt* à l'endroit cité, liv. 4. ch. 1. §. 15. & *Lehmann*, dans sa chronique de Spire liv. 7. ch. 118.

c) V. la Capitul. Art. 16. §. 3. 4. 6.

d) Il doit être d'une naissance illustre; v. l'ordonnance de la chamb. imp. de l'an 1495. Art. 1. §. 1. &
celle de l'an 1555. part. 1. tit. 1. §. 1. *pourvoira la*
Cham-

& les Préſidens. ᶜ) Il n'y en a jamais
eû que deux. La paix de Weſtphalieᶠ)
ordonne qu'à l'avenir ils feroient quatre,
deux Catoliques & deux Proteſtans: mais
ce nombre n'a jamais été rempli, & ils
ſont demeurés au nombre de deux, un
Catolique & un Proteſtant, conformément au reſultat de l'Empire de 1719. ᵍ)

Fonc-
tions des
Préſidens

§. 4. Les Préſidens préſident à la
chambre; & le plus ancien d'entre eux
fait les fonctions du Juge, lorsque celui-
ci eſt abſent. ʰ).

§. 5.

*Chambre impériale d'un Juge (Cammer - Richter,)
qui ſoit Prince eccléſiaſtique ou ſéculier, ou Comte,
ou Baron.*

c) Ils doivent être ou Comtes ou Barons. Les
Comtes du banc de Souabe preſentèrent en 1665. une
requête à l'Empereur, par laquelle ils demandèrent,
que l'on n'admît que des membres immédiats de
l'Empire. V. *Lunig,* Grundveſte part. 2. pag. 507.

f) V. le traité d'Oſnabruck, Art. 5. §. 53.

g) Lorsqu'il fut queſtion de ſçavoir, ſi l'Empereur étoit en droit de dépoſer à ſon gré les Préſidens
de la Chambre impériale, parcequ'ils les nommoit,
les Etats s'y oppoſèrent en ſoutenant, que cette Cour
de juſtice ne dépendoit pas de l'Empereur ſeul, mais
de l'Empereur & des Etats conjointement. V. *Faber
Staats - Cantzley,* tom. 9. pag. 209. & *Hacke* de vi-
ſitatione camerali §. 18. 19.

h) V. l'Ordonnance de la Chambre impériale part.
1. tit. 12.

§. 5. Les Aſſeſſeurs ou Conſeillers
ſont préſentés en partie par l'Empereur,
& en partie par les Electeurs & les cercles de l'Empire.   Au commencement
leur nombre étoit de ſept; enſuite de trei-
ze; de ſeize; & par la paix de Weſtphalie[i]) il fut porté à cinquante, dont deux
préſentés par l'Empereur, deux par chaque Electeur, & les autres par les cercles, en obſervant toujours l'égalité entre
les deux religions[k]).   Au reſte, il faut
remarquer que le nombre d'Aſſeſſeurs
fixé par la paix de Weſtphalie n'a jamais
été complet, & qu'il n'y en a jamais eû
plus de dix - ſept, parceque la lenteur &
l'inexactitude des Etats à payer leur contingent pour l'entretien de la chambre
impériale[l]) à rendu la ſubſiſtance d'un

Bb 4   plus

i) Traité d'Osnabruck Art. 5. §. 53. & 57.
k) V. la répartition de cette préſentation dans l'endroit cité du traité d'Osnabruck.   Ajoutez *Plitter*
dans ſon droit pub. liv. 4. ch. 3. §. 21. p. 369.   *Struve*, corps de droit pub. ch. 26. §. 20. & ſuiv.   *Kreſs*
dans ſa diſſertation de jure præſentandi Aſſeſſorem cameralem in génere & in circulo ſaxonico inferiore.
l) V. *Ludolf* de jure camerali, appendix 7.   Electa
juris publ. tom. 13. pag. 273. & *Faber, Staats-
Cantzley* tom. 62. ch. 12.

plus grand nombre impoſſible. Ils ſont
aujourd'hui au nombre de vingt quatre,
dont dix - ſept perçoivent des appointemens; les ſept autres ne ſont qu'honoraires & n'ont qu'une expectative pour
les places vacantes, qu'ils occupent ſuivant l'ordre de leur reception, ou ſuivant
qu'il plait à la Chambre de les appeller
en fonctions.

§. 6. Quant aux qualités requiſes
pour être Aſſeſſeur, les loix veulent,
qu'il ſoit d'une origine legitime & hon-
nête, Allemand de nation, noble ou gra-
dué. ᵐ)

De la   §. 7. La Chancellerie de la Cham-
Chancel- bre dépend entiérement de l'Electeur de
lerie.
Mayence comme Archi - Chancelier de
l'Empire. Il a le droit de nommer les
Officiers, comme le Procureur & l'A-
vocat

m) Autrefois pour pouvoir être nommé Aſſeſſeur,
il falloit ou avoir enſeigné le droit dans une Univer-
ſité, ou au moins l'avoir étudié pendant cinq ans:
mais depuis le dernier récès de l'Empire ce *quinquen-
nium* n'eſt plus abſolument néceſſaire; & le récipien-
daire n'eſt aujourd'hui ſoumis qu'aux formalités d'un
examen.

vocat du fifc, le Tréforier, le Directeur de la Chancellerie &c. ⁿ) Le Directeur nomme aux emplois inférieurs.
Toutes les perfonnes qui font en charge
à la Chambre impériale, y ont leurs caufes commifes, jouiffent de différents priviléges, & font exemts de toute forte
de charges perfonnelles, d'impots, de
péages &c. º)

§. 8. Dans les commencemens, la Réfiden-
Chambre impériale fiégoit à Francfort; ce.
mais elle n'y refta que pendant deux ans.
Elle changea enfuite fouvent de demeure pendant deux fiécles, jusqu'à ce qu'
en 1692. ᴾ) elle ait été transférée de Spi-

Bb 5   re

n) V. la capitul. art. 25. §. 1.

o) V. l'ordonnance de la Chamb. Imper. de l'an 1555.
part. 1. tit. 49. & le dernier récès de l'Empire §. 141.

p) De Francfort elle fut transférée à Wormbs (1497.)
à Augsbourg (1500). à Nüremberg (1501.) à Ratisbonne
(1507.) de là encore à Wormbs; de Wormbs à Spire;
& de Spire encore à Wormbs. En 1521. Charles V.
l'établit deréchef à Nüremberg; d'où elle fut transférée à Eslingen (1524.); à Spire (1527.); où conformément au règlemenr fait à la diéte d'Augsbourg (1530)
elle devoit être fédentaire: elle y réfida effectivement
presque toujours jusqu'en 1689. que cette ville fut dé-
vaftée. Après bien des déliberations on l'établit à
Wetzlar; les premiéres audiences y furent tenues le 25
May 1692.

re à Wetzlar, où elle a été fixée jusqu'à préfent, malgré les proteftations &
les prétentions de la première de ces villes. q)

Pour affûrer la ftabilité de ce tribunal, les Empereurs promettent dans
leurs capitulations: „qu' ils ne change-
„ront plus aucun ancien tribunal de l'Em-
„pire, & n'en établiront point de nou-
„veaux fans le confentement des Elec-
„teurs, Princes & Etats de l'Empire ').

Entre-
tien.

§. 9. Les Etats de l'Empire font o-
bligés de contribuer à l'entretien de la
chambre impériale. La taxe de chacun,
(appellée *Cammer - Zieler,*) eft réglée par
une matricule particuliére. Mais comme d'ordinaire le payement s'en fait très
lentement, & que plufieurs Etats, fous
prétexte de furcharge, ont obtenu des
diminutions, de façon que le reftant étoit
insuffi-

q) V. le mémoire que la ville de Spire a préfenté
pour cet effet chez *Faber*, Staats-Cantzley, tom. 16.
ch. 3. & tom. 4. pag. 622.

r) Capitul. de Charles VI. Charles VII. & de François I. art. 16. §. 3.

insuffisant pour l'entretien de la chambre, l'on proposa différents projets pour rectifier la matricule, & pour imposer une taxe proportionnelle; mais ni l'un ni l'autre n'a encore été effectué jusqu'à présent s).

§. 10. La chambre impériale rend la justice tant en première instance, qu'en cause d'appel. Elle connoit en première instance des causes des membres immediats de l'Empire, à moins que le droit d'Austregues n'y mette obstacle t). Elle reçoit les appels de tout juge subalterne de l'Empire, à moins que la nature de la cause, ou quelque privilége, comme celui *de non appellando*, ne fasse une exception à la régle.v)

§. 11. Il faut encore remarquer que la chambre impériale a la jurisdiction con-

Juge en première instance & en cause d'appel.

Concourt avec le Conseil aulique.

s) Voy. *Ludolf*, historia sustentationis judicii supremi cameralis, & electa juris publici tom. 9. pag. 495. 793. tom. 15. pag. 331. & 621.

t) V. l'Ordonnance de la Chambre impériale P. 11. tit. 30. ce que &c.

v) Ce privilége est illimité ou restraint, suivant les titres particuliers de chaque Seigneur.

concurremment avec le Conſeil aulique,
& que la prévention a lieu; de façon que
chaque demandeur ou appellant a la liberté de porter ſa cauſe par devant celui
des deux tribunaux qu'il juge à propos.
Mais une cauſe une fois pendante dans
une de ces Cours ne peut plus être évo-
quée à l'autre"): & c'eſt pour prévenir
les abus qui pourroient être introduits
contre cette régle que l'on fait promettre à l'Empereur ˣ) „qu'il n'évoquera
„point au Conſeil aulique impérial les af-
„faires pendantes & indéciſes à la cham-
„bre impériale . . . & que dans le cas
„qu'une cauſe pandante à la Chambre im-
„périale donnât lieu à des incidens qui
„par leur liaiſon avec la cauſe principale
„ne pourroient être décidés ſans elle, le
„Conſeil aulique ne les recevra pas . . .
„& la chambre impériale regardera com-
„me

u) Voy. l'ordonn. de la chambre imp. part. 2. tit.
37. Ordonn. du Conſeil aulique tit. 2.§. 8. & le dernier récès de l'Empire §. 165. 166.

x) V. la capitul. de François I. art. 16. §. 7. 17.

„ne nul & fans valeur tout ce qui aura
„été fait au contraire,ʸ).

§. 12. La concurrence entre ces
deux tribunaux ceffe pour les caufes qui
dépendent de l'Empereur feul, & qui
par là font de la compétence du Confeil
aulique privativement à la Chambre impériale. Nous les détaillerons dans le
chapitre fuivant.

Cas où la concurrence cef. fe.

§. 13. A l'égard de la forme de procéder à la Chambre impériale, comme
elle fait plutôt partie du droit privé, nous
la croyons étrangère à notre objet. Ceux
qui voudront la connoitre & l'aprofon-
dir, peuvent confulter les livres qui en
traitent fpécialement, ᶻ) & l'ordonnance
de

De la forme de procéder

---

y) En 1706, on agita la queftion de fçavoir, fi au
cas que la Chambre impériale fut fermée, le Confeil
aulique feroit en droit d'évoquer les caufes y pendantes. La négative paroit plus conforme à l'efprit des
loix, d'autant plus, que ces évocations ne font que
troubler & arrêter le cours de la juftice, & que d'ailleurs la Chambre impériale ne refte jamais longtems
fermée.

z) Il eft cependant des publiciftes qui en ont donné
quelque idée dans leurs livres fur le droit public, comme *Schmaus*, dans fon droit public liv. 2. ch. 11.
Pütter

de la chambre impériale, qui a été dreſ-
ſée de l'autorité de Maximilien I. & du
conſentement des Etats, à la diéte de
Wormbs l'an 1495.

**De l'or-
donnan-
ce.**   §. 14. Cette ordonnance a été changée pluſieurs fois. Celle qui fut publiée
ſous Ferdinand I. à la diéte de Wormbs
(1555.) eſt plus ample & plus correcte que
toutes celles qui l'ont précédée: elle a été
confirmée par les capitulations; & elle
ſert de régle à ce tribunal. Il eſt vrai
qu'on a penſé pluſieurs fois à la renouveller, ſurtout en 1613. à la diéte de Ratisbonne, où l'on a pour cet effet propoſé
un nouveau projet, mais qui n'a point
été reçu a). En attendant, le dernier
récès de l'Empire a introduit quelques
change-

Pütter dans ſon droit public liv. 4. ch. 3. §. 5. 27. &
ſuiv. Il faut outre cela conſulter là deſſus les auteurs
qui en ont donné des traités particuliers comme *Blu-
mius*, proceſſus cameralis; *Ludolf* delineatio ſyſtema-
tica juris cameralis; *Taſinger*, inſtitutiōnes jurispru-
dentiæ cameralis, & pluſieurs autres.

a) Ce projet a été publié par *Ludolf*, ſous le titre: *Neue Kayſerliche und Reichs - Cammer - Ge-
richts Ordnung.*

changemens quant à la forme de la procédure, qui font en plein ufage aujour-
d'hui [b]).

§. 15. La chambre impériale, ainfi *Juge fui-*
que le Confeil aulique, eft obligée de *vant les*
juger fuivant les réc··s de l'Empire, la
paix publique & celle de religion, les
traités de Münfter & d'Ofnabrück, la
capitulation de l'Empereur, les réglemens, ftatuts & coutumes [c]) de chaque
Principauté, Seigneurie, & des tribunaux y établis. A leur deffaut elle
doit juger fuivant le droit commun[d]), l'ordonnance de la Chambre impériale

b) V. *Lunig Reichs-Archiv*, part. gener. pag. 163.
& fuiv. où l'on trouve un écrit intitulé: *Kurtzer Be-*
grif des Kayferlichen Cammer-Rechts, was durch
den Weftphælifchen Frieden und den jüngern Reichs-
Abfchied de An. 1654. weiter vor Veränderungen
darinnen gefchehen.

c) La conftitution de Frédéric II. de l'an 1232. chez
Schilter, dans fes inftitutions de droit public tom. 2.
tit. 16. prouve, que l'on confultoit, dans les tems même les plus reculés, les coutûmes de chaque Province
pour la décifion des caufes.

d) On entend par là le droit de Juftinien, qui dans
les loix de l'Empire eft toujours indiqué par les termes
gemeine Rechte; au lieu que les loix de l'Empire
font indiquées par les termes *Reichs-Rechte.* Voy.
Datt de la paix publique liv. 4. ch. 1. §. 233.

périale, celle du Conseil aulique., & suivant les anciens usages. e)

En dernier ressort.

§. 16. La Chambre impériale juge
en dernier ressort. Il n'y a moyen de se
pourvoir contre ses arrêts que par la voie
de la restitution en entier, du sindicat,
& de la révision. f) L'effet des révisions
étoit autrefois suspensif: il n'est que dé-
volutif aujourd'hui. g) La forme suivant
laquelle elles doivent être demandées &
accordées est distinctement expliquée
dans les loix mêmes h).

Moyens pour faire reformer ses jugemens.

§. 17.

e) Voy. ce qui est ordonné pour en assûrer l'execution dans l'ordonn. de la chambre impér. part. 1. tit.
19. tit. 71. & tit. 1. §. 15. tit. 7. §. 21. 24. & le dernier récès de l'Empire §. 105.

f) V. la capitul. art. 17. §. 2.

g) Outre le dernier récès de l'Empire & l'ordonn.
de la Chamb. impériale, qui en parlent aux endroits
que nous citerons plus bas, l'Empereur promet dans
sa capitulation de ne leur point donner d'effet rétroactif. art. 17. §. 2,

h) V. le dernier récès de l'Empire §. 124.-127. &
l'ordonn. ds la Chambre impér. part. 3. tit. 63. Voy.
aussi sur la révision *Hertius*, dans sa dissertation de
judicio revisorio in camera imperiali; ajoutez *Coccejus*, dans sa dissertation de judiciis, revisoriis cum in
genere, tum in specie statuum imperii.

§. 17. Pour que la justice fût bien visite. rendue la chambre impériale étoit ci devant visitée par des Commissaires nommés par l'Empereur, & accompagnés de quelques Etats de l'Empire i) ; mais ces visites ont cessé dès l'an 1582. ou selon quelques auteurs, en 1587. l) ce qui a suspendu les révisions. Pour les rétablir, on a ordonné par le dernier récès de l'Empire m) une députation extraordinaire; mais elle n'eut pas lieu; ce qui a donné occasion à plusieurs Etats d'avoir recours à la diète n). Enfin on a tâché d'y remédier par la capitulation de Charles VII. & celle de François I. o) qui

s'ex

i) Ordonn. de la Chambre impériale, de Constance de l'an 1507. tit. 14. Récès de l'Empire de 1510. §. 15. & suiv. Ordonn. de la Chambre impér. part. 1. tit. 64.

l) V. *Rodingius* in pandectis cameralibus tit. 61. §. 1009. *Nicolas Cisner*, ad ordinationem cameralem pag. 257. & suiv.

m) §. 124. & suiv.

n) En vertu de l'art. 43. de la capitul. de Ferdiand IV. & des suivantes. Ajoutez *Struve*, dans son corps de droit pub. ch. 24. & suiv. & *Moser* traité de recursu ad Comitia.

o) Art. 17. §. 2. jusqu' à 12. inclusivement.

s'explique en ces termes: (§. 2.) „Quoi-
„que le bénéfice de révifion & de fuppli-
„cation ait lieu dans l'Empire. . . cepen-
„dant pour ne point faire revivre les
„procès déja terminés, ni perpétuer à
„la Chambre impériale ou au Confeil au-
„lique impérial les conteftations encom-
„mencées & rendre par là la juftice
„fans effet, Nous tâcherons non feule-
„ment d'accélérer les dites révifions, &
„d'y engager les révifeurs par des man-
„demens, chaque fois qu'il en fera befoin;
„mais auffi, pour abréger ces révifions,
„Nous obferverons exactement le régle-
„ment contenu au récès de l'Empire de
„1654. & tous les autres qui pourroient en-
„core être faits à cet égard . . . (§. 4.) Et
„comme par l'article 12. Nous Nous fom-
„mes engagés à veiller avec toute l'at-
„tention poffible au rétabliffement de la
„députation ordinaire de l'Empire, & en
„conféquence de faire revivre les vifita-
„tions & révifions accoutumées de la
„Chambre impériale; mais vû, qu'en at-
„tendant, la confervation de la Chambre
„im

„impériale & la juſtice ne peuvent ſouf-
„frir un plus long délai, & qu' il s' agit
„de preſcrire des bornes *aux recours à la*
„*diéte,* devenus fréquens dans ces der-
„niers tems par le défaut du remède de
„réviſion, (pour à quoi remédier le der-
„nier récès de l'Empire §. 130. avoit déja
„ordonné une députation extraordinaire
„de l'Empire;) nous veillerons à ce que
„ledit reſultat de l'Empire ſoit exécuté
„ſans retard. De plus Nous ferons, au
„commencement de notre regne, & au
„plûtard dans trois mois, les diſpoſitions
„néceſſaires, pour que nos Commiſſaires
„ainſi que les Etats nommés pour la dé-
„putation de l'Empire par le ſusdit der-
„nier récès, & compris en la premiére
„claſſe y jointe, comparoiſſent, (par des
„Conſeillers habiles & ſuffiſamment in-
„ſtruits,) au premier de May de l'année
„1746. à l'effet de quoi ils ſeront due-
„ment & à tems convoqués par l'Elec-
„teur de Mayence, comme Archi-Chan-
„celier de l'Empire. (§. 6.) Et en atten-
„dant d'ultérieures inſtructions de Nous

„& de l'Empire, les dits députés font
„renvoyés à ce qui eſt contenu à cet
„égard dans les loix de l'Empire, parti-
„culiérement dans le dernier récès de
„l'Empire, dans les anciens & nouveaux
„récès de viſitations, & dans tout ce qui
„y a rapport, ainſi que dans les inſtruc-
„tions données par l'Empire à la der-
„niére députation extraordinaire de
„l'Empire. (§. 7.) Au cas que l'un ou
„l'autre des Etats députés envoyât tard,
„ou point du tout, à la dite députation,
„ſans qu'il ſe ſoit excuſé à tems & par
„des raiſons légitimes, Nous laiſſerons
„ſubſiſter les peines portées contre eux
„par loix, jusqu'à ce que la diéte ait or-
„donné de les aggraver. L'Electeur de
„Mayence aura dans ce cas principale-
„ment ſoin d'appeller à la place de l'Etat
„négligent, celui qui ſuit immédiate-
„ment. (§. 8.) Et le ſusdit dernier récès
„de l'Empire portant, que la députation
„extraordinaire de l'Empire s'occupera
„en partie des anciennes réviſions, (au
„ſujet desquelles les parties ſe ſont ad-
dreſ-

„drefsées à la Chancellerie de Mayence,
„conformément au même récès de l'Em-
„pire (§. 130.)ainsi que nouvelles; pour
„quel effet les vingt quatre Etats com-
„pris dans chaque classe doivent être di-
„visés en quatre Sénats; en conséquen-
„ce les dits Etats, ainsi que nos Com-
„missaires, se diviseront, & formeront
„les Sénats, de façon, que le premier
„entreprendra avant toutes chofes, la
„vifitation; des trois reftants deux tra-
„vailleront aux anciennes affaires de ré-
„vifion, le quatriéme aux nouvelles; &
„ils les décideront fuivant les régles de
„la juftice. (§. 10.) A l'égard des révi-
„fions, nous donnerons un édit, (dans
„trois mois à compter du commence-
„ment de notre regne,) par lequel Nous
„enjoindrons à tous ceux qui pourfui-
„vent des révifions, de s'addreffer à l'E-
„lecteur de Mayence & à la Chambre
„impériale dans le courant de quatre
„mois, à peine d'être déclarés non re-
„cevables. (§. 11.) La Chambre impériale
„ne fera point troublée par ces vifita-

tions

„tions & révifions; mais elle continuera
„fes fonctions.

L'Empereur addreffa un décret de
commiffion à la diéte, pour l'exécution
de tous ces articles, le 16. Octobre 1745.
Mais le projet falutaire pour le bien de
la juftice a été infructueux jusqu'à préfent; & l'Empire n'a encore fait aucune
démarche pour reformer les abus qui fe
font gliffés dans l'adminiftration de la
juftice. p)

———————✦———————

CHAP. XV.
Du Confeil aulique.
§. 1.

Origine. **L**es auteurs ne font point d'accord fur
l'origine du Confeil aulique. Quel-
ques-uns^a) la font remonter jusqu'au tems

des

p) L'hiftoire de l'erection de la Chambre impériale
eft très bien écrite par *Datt*, dans fon droit public
à l'endroit cité, & par les commentateurs cités en la
note 2. de ce chapitre.

a) C'eft le fentiment de *Mauritius*, dans fon traité *du Confeil aulique*, qui fe trouve parmi fes œuvres.

des premiers Empereurs d'Allemagne;
parceque ceux-ci avoient toujours à leur
Cour un tribunal qui, ſous le nom de
Conſeil aulique, rendoit la juſtice: mais
nous avons deja fait voir plus haut que
ce tribunal, qui tantôt étoit appellé Conſeil aulique, tantôt chambre impériale,
étoit, quant à ſa forme, entiérement
différent tant du Conſeil aulique actuel
que de la Chambre impériale. Le Conſeil aulique, tel qu'il ſubſiſte aujourd'hui,
n'a été établi que ſous Ferdinand I. Il
publia pour cet effet (1559.) une ordonnance à peu près ſemblable à celle qui
exiſte encore de nos jours. Ses ſucceſſeurs donnèrent inſenſiblement à ce tribunal l'autorité dont il eſt revêtu aujourd'hui. b)

§. 2. Le Conſeil aulique exerce la *Son chef.*
jurisdiction au nom de l'Empereur qui

Cc 4　　　　　en

b) V. *Jean Jacq. Moſer,* *Einleitung zum
Reichs-Hoff-Raths Proceſs: Reichs-Hoff-Raths
Concluſa: Grundſätze des Reichs-Hoffraths Pro-
ceſs-Ordnung.* Et *Fred. Charl. Moſer, pragmati-
ſche Geſchichte und Erläuterung der Kayſerlichen
Reichs-Hoff-Raths Ordnung.*

en eft feul le chef, °) & qui feul en porte
le nom dans les actes publics:ᵈ) C'eft par
cette raifon que toutes les requêtes font
addreffées à l'Empereur & qu'il figne feul
les jugemens.   Les Etats de l'Empire,
jaloux de ce pouvoir exclufif, faifoient
fouvent, avant le traité de Weftphalie,
naitre des différens, pour lui porter atteinte: ce n'a été que par ce traité &
par les capitulations fuivantes que l'ordre fut retabli, & l'autorité du Confeil
aulique fixée.

Police &
diftribu-
tion des
charges.
§. 3. Depuis ce traité l'Empereur a
toujours continué de veiller à la police
de ce tribunal, & à diftribuer les charges.°)   Il faut en excepter celles qui
compofent la chancellerie; la nomination en appartient à l'Electeur de Mayence

c) L'Empereur nomme un Préfident, pour en faire les fonctions en fon nom.

d) V. Reichs-Hoff-Raths-Ordnung, tit. r.

e) Les fonctions de ceux qui en font pourvus, cef-
fent à la mort de l'Empereur, ainfi que nous l'avons
dit au liv. 2. ch. 6.

ence, ainsi que la direction de la chancellerie même.[f])

§. 4. Un autre effet de l'autorité de l'Empereur sur le Conseil aulique, est que pour les causes d'une grande importance, ce tribunal ne suit point ses propres lumiéres, mais il présente son avis à l'Empereur, (*votum ad Cæsarem*) dont la résolution fait loi. Les Empereurs abandonnoient souvent le droit de décider à leurs Conseillers intimes, dont la plûpart étant étrangers, ne connoissoient point suffisamment les affaires politiques de l'Allémagne, & rendoient par là des jugemens aussi contraires aux intentions du Conseil aulique qu' aux intérets de l'Empire; ce qui engagea les Electeurs de faire promettre à l' Empereur par la capitulation:[g]) qu'en cas que le „Conseil aulique renvoyât à sa décision „une cause d'importance, il ne la feroit „proposer, n'en delibereroit & ne la dé„cideroit qu'en présence & de l'avis du

Consultent l' Empereur.

Cc 5   „Pré-

f) Capit. art. 25. §. 1. 2. 3. 4.
g) Art. 16. §. 15.

„Préſident du Conſeil aulique, du Vice-
„Chancelier de l'Empire, des Re-& Co-
„référendaires & d'autres Conſeillers
„auliques des deux religions, ſurtout ſi
„les parties ſont de différentes religions.

§. 5. L'Empereur (ſuivant ce que
nous avons déja dit,) nomme le Préſident,
le Vice-Préſident & les Conſeillers.[h]
Le Préſident & le Vice-Préſident doivent être Allemands de nation, Princes,
Comtes ou Barons de l'Empire, poſſé-
dant des terres ſoit médiates, ſoit immédiates.[i]

§. 6.

h) V. toute la conſtitution du Conſeil aulique à
l'art. 24. & 25. de la capitul.

i) V. la capitul. art. 24. §. 11. L'on agita, il y a
quelque tems, la queſtion de ſçavoir, ſi un Eccléſias-
tique pouvoit occuper cette charge. (V. la'deſſus un
mémoire chez *Lunig*, Staats-Conſilia, tom. 2. pag.
1702. ſous le titre: *Bedenken ob der Abt zu Kempten die Reichs-Hoff-Raths Preſidenten Stelle zu be-
kleiden fähig ſey.*) Les Proteſtans ſoutinrent la négative, ſous pretexte, que les cauſes féodales & criminelles, dont le Conſeil aulique eſt ſouvent dans le
cas de connoître, rendoient les eccléſiaſtiques incapa-
bles de l'exercer. Cette raiſon étoit juſte dans le tems
où les Eccléſiaſtiques ne ſe mêloient des affaires temporelles qu'autant qu'elles avoient une liaiſon inſépa-
rable avec les devoirs du ſacerdoce. Mais depuis
qu'à l'exemple des autres Princes ſéculiers, ils jouiſſent

§. 6. Le nombre des Conseillers au-liques dépend de la volonté de l'Empe-reur. La paix de Westphalie ne l'a point fixé, ainsi que quelques publicistes le pré-tendent: tout ce que ce traité ordonne, est, que le nombre des Conseillers pro-testans doit être égal à celui des catoli-ques pour les causes qui intéressent des protestans ou des parties de différentes religions. k) Suivant l'ordonnance du Conseil aulique l) le nombre des Conseil-lers doit être de dix-huit: il fut augmen-té par l'Empereur Léopold, Il y a au-jurd'hui vingt-quatre Conseillers ordi-naires; m) parmi lesquels six sont pro-testans

sent de tous les droits de supériorité territoriale, leur pouvoir de connoitre des causes féodales & criminel-les doit être regardé comme incontestable. Ce prin-cipe a été adopté pour la Chambre impériale, où Philipe Christophe Électeur de Trèves a fait les fonc-tions de grand juge.

k) V. le traité d'Osnabruck art. 5. §. 54. Ce ré-glement n'a point prévenu les griefs qui ont été pro-posés depuis. V. *Henniges,* meditationes ad instru-mentum pacis; où il rend compte de tout ce qui s'est passé à ce sujet en 1666. & 1668.

l) Tit. 1. §. 2.

m) Il y a aussi des Conseillers honoraires, que l'Empereur charge quelquefois de commissions particu-lières.

teſtans, [n]) dans les caufes où il faut un
nombre égal de Conſeillers des deux religions : les derniers font cenſés égaler le
nombre des catoliques. Mais ſi l'un des
proteſtans eſt de l'avis des catoliques,
ou un catolique de l'avis des proteſtans,
alors cette voix eſt préponderante & décide le Jugement. [o])

**Sont di-
viſés en
deux
bancs.** §. 7. Les Conſeillers auliques font
diviſés en deux bancs : I) celui des Comtes, Barons & Nobles, (die Grafen, Herren und Ritter-Banck) : [p]) II) le banc
des *ſavans*, (der Gelehrten Banck) fur
lequel les nobles nouvellement créés ont
auſſi féance. Les places font réglées
fuivant l'ordre de leur reception. [q])

**Qualités
réquiſes.** §. 8. Les qualités requiſes pour être
Conſeiller aulique, font expliqués dans
la Capitulation. [r])

§. 9.

n) L'Empereur Leopold reçut, en 1694. parmi ceux
ci un reformé nommé Baron de Danckelmann.

o) V. l'ordonnance du Conſeil aulique de Ferdinand III. tit. 1. §. 4. & tit. 5. §. 21.

p) Art. 24. §. 9. 10. de la capitul.

q) V. l'Ordonnance. du Conſ. aul. de Ferd. III.
tit. 1.

r) Art. 24. §. 1. 2. 3.

§. 9. Ces Confeillers ont les mêmes privileges & immunités, que ceux de la Chambre impériale. Nous en avons parlé dans le chapitre précédent.[1])

Privilé-ges.

§. 10. Le Confeil aulique fuit tou-jours la Cour de l'Empereur. Il réfide à Vienne depuis que la maifon d'Autri-triche occupe le trône impérial.

Réfiden-ce.

§. 11. Il juge en premiére inftance & en caufe d'appel, en obfervant les mê-mes reftrictions qui ont lieu pour la chambre impériale. Il a réguliérement avec celle-ci une jurisdiction concur-rente: il faut excepter les caufes qu'il juge privativement à la Chambre impé-riale; telles font:

Juge en premiére inftance & en cau-fe d'ap-pel.

Juge pri-vative-ment à la cham-bre im-périale.

I) Les caufes féodales, lorsqu'elles ont pour objet un fief de l'Empire. Le Confeil aulique ne juge privativement que le pétitoire: le poffeffoire peut être porté pardevant la Chambre impériale, ainfi que le pétitoire des fiéfs médiats.

Les

---

[1]) V. la capit. art. 25. §. 7.

Les fiéfs d'Italie font auffi de la feule compétence du Confeil aulique.[t]

II) Toutes les caufes refervées à l'Empereur, comme la conceffion du bé néfice d'age, les difputes de rang entre Etats &c.

III) L'intreprétation d'un privilége. S'il ne s'agit que de fa violation, la cham bre impériale a la concurrence.

IV) Quelques auteurs comptent auffi parmi ces caufes celles que portent au Confeil aulique les parties qui font ou exemptes de la jurisdiction de la chambre impériale, ou qui ont le droit d'élire, pour toutes caufes, tel de ces deux tribunaux qu'elles jugent à propos (*jus electionis et exemptionis fori.*[v]) Venons aux matiéres eccléfiaftiques & criminelles.

Caufes eccléfia- ftiques. §. 12. Les caufes eccléfiaftiques font de deux efpeces: I) celles qui font pu- rement

t) V. l'ordonn. de la Chamb. impér. part. 2. tit. 7. Ajoutez la lettre écrite par le collège électoral à l'Em pereur Charles VII. elle eft raportée par *Mofer*, dans le fuplement à fon commentaire fur la capitulation de Charles VII.

v) V. la capitul. art. 18. §. t. 2.

rement eccléfiaftiques, par exemple, les caufes matrimoniales, le pétitoire des dixmes. II) Celles qui ont pour fource une caufe eccléfiaftique, mais qui, en elles-mêmes, font purement féculiéres; comme lorsqu'il n'eft queftion que de la fimple poffeffion des biens eccléfiaftiques, d'un fimple fait, par exemple: fl le mariage a été contracté ou non; quand il s'agit de la dote, des alimens d'une femme féparée, de la donation en faveur de mariage, &c. Ces caufes font de la compétence des juges féculiers.ˣ)

Il n'en eft pas de même des caufes purement eccléfiaftiques:ʸ) Celles des Catoliques font jugés par les Evêques & le Pape; & celles des Proteftans par leurs Seigneurs territoriauxᶻ)

§. 13. Quant aux caufes criminelles des Etats, il femble que, fuivant le principe de droit public qui envifage chaque Etat

Caufes criminelles.

x) V. le dernier réeès de l'Empire §. 193. capitul. art. 19. §. 1. 2. & fuiv.

y) V. l'ordonn. de la Chamb. imp. part. 2. tit. 1. §. 3.

z) V. liv. 4. ch. 4. §. 6. 7. et liv. 5. ch. 3.

comme fujet de l'Empereur & de l'Empire, elles devroient être jugées par les
Cours fouveraines de juftice.   Néanmoins la plûpart des publiciftes foutiennent qu'elles font incompétentes à cet
égard: effectivement l'on ne trouve guè-
res d'exemples dans l'hiftoire ª) qu'un
Etat y ait été jugé.   Il faut excepter le
cas, où il s'agit de mettre quelqu'un au
ban de l'Empire; la capitulation ᵇ) contient à cet égard des difpofitions particuliéres; les voici: L'Empereur ne peut
mettre au ban de l'Empire perfonne de
quelque condition qu'il puifle être, fans
le Confeil & confentement des Electeurs
Princes & Etats.

    Lorsqu'il s'agit de prononcer le ban,
foit à la requête du Procureur fifcal de
l'Empire, foit à celle de la partie lezée;
lesquels pour cet effet fe feront addreffés au Confeil aulique impérial ou à la
                                   Cham-

a) Il n'en eft pas de même pour les crimes des Princes appanagés.   V. *Struve*, corps de droit pub. chap.
25. §. 20.
    b) Art. 20.

Chambre impériale, l'Empereur doit
veiller à ce qu'on observe exactement les
loix & l'ordonnance de la Chambre impériale, tant pour les citations et man-
dats que pour la procédure nécessaire
pour parvenir à un jugement diffinitif;
afin que l'accusé ne puisse se plaindre de
précipitation, mais qu'il soit suffisamment entendu en ses deffenses.

Lorsque le procès est instruit, les
actes en doivent être rapportés à la diète
pour être examinés par quelques Etats
assermentés, qui seront pris des trois
colléges, (y compris les Prélats & Comtes,) en observant l'égalité de religion.
Ces Etats présentent leur *bon plaisir*,
(*Gutachten*,) aux autres Etats; & ceux-
ci rendent ensuite le jugement diffinitif.

Ce jugement ayant été approuvé
par l'Empereur, ou en son nom par son
Commissaire, & après avoir été publié,
l'exécution s'en fait conformément à l'ordonnance d'exécution par le Cercle dans
lequel le condamné est établi, & duquel
il dépend.

Dd   Tous

Tous les biens enlevés au condamné ne tombent point à l'Empereur, mais à l'Empire, en satisfaisant préalablement la partie lézée.

Les fiefs particuliers du condamné qui ne relevent pas immédiatement de l'Empereur & de l'Empire, retournent à leur Seigneur direct.

Les délits du condamné ne nuisent point au droit de succession de ses agnats, ni de tous autres qui pourroient avoir des expectatives sur ses biens, s'ils n'ont participé de fait à ses délits : ainsi le principe : *que les agnats innocens doivent être privés des fiefs enlevés pour cause de félonie* n'a point lieu.

Si celui qui a été dépossédé demande, durant l'instruction du procès, à être réintégré, l'Empereur doit, pour cet effet, lui donner des secours suffisans & efficaces.

La Déclaration au ban par contumace est abolie.

Causes criminel-les des sujets.

§. 14. Il est également deffendu aux cours supérieures de connoitre des cau-

ses

ſes criminelles des ſujets des Etats de l'Empire. c)

§. 15. Nous avons remarqué au commencement du §. 11. que ces deux tribunaux jugent en premiére inſtance & en cauſe d'appel. Mais pour que l'appel puiſſe être vallablement porté à un de ces tribunaux, il faut obſerver les conditions ſuivantes: I) Que le juge, dont eſt appel, reſſortiſſe immédiatement aux Cours ſouveraines. d) II) Que la cauſe ſoit ſusceptible d'appel; par exemple: qu'elle ſoit civile ſéculiére. III) Que la ſomme, dont il s'agit, ſoit telle que les loix l'exigent pour pouvoir en interjetter appel. Cette ſomme eſt de quatre cens écus d'Empire de principal e) & de deux cens pour un appellant pauvre. f)

Conditions requiſes pour que l'appel ſoit recevable.

§. 16. Il faut, outre ces conditions, encore avoir égard aux priviléges *de non appellando*. que pluſieurs Etats ont obtenus

Priviléges de non appellando.

Dd 2   nus

c) V. liv. 5. ch. 3. §. 7.
d) V. l'ordonn. de la chambre impér. part. 2. tit. 32.
e) V. le dernier récès de l'Empire §. 112.
f) Ibid. §. 114.

Illimités ou bornés.

nus de l'Empereur. Ces priviléges sont ou illimités ou bornés, soit à une certaine somme, soit à certaines caufes. Les Archi-Ducs d'Autriche, les Ducs de Saxe & de Würtemberg, le Roi de Suéde g) & tous les Electeurs en général, ont des privileges illimités. h) Quelques-uns n'en jouiffent que jusqu'à la concurrence d'une certaine fomme. i)

Forme de la procédure.

§. 17. La forme de la procédure est préfcrite par l'ordonnance du Confeil aulique. Il y en a trois. La premiére a été publiée par Ferdinand I. (1559.), la feconde

g) Qui pour cet effet a établi une Cour fouveraine à Wismar.

h) *Ludewig*, dans fon commentaire fur la bulle d'or, prétend, que ce privilége eft plus ancien que la bulle d'or, & qu'il eft une fuite de la fupériorité territoriale, qu'il foutient avoir été introduite immédiatement après l'extinction de la race Carlovingienne. Nous refuterons cette derniére opinion plus bas (liv. 5. ch. 2.) La premiére a été refutée par *Frédéric Efaias Puffendorf*, dans fon traité de privilegiis Electorum, & in fpecie de non appellando, ch. 3. §. 8. & fuiv.

i) V. *Blum*, proceffus criminalis, tit. 47.

conde par Mathias; (1615.) mais celle-ci n'a jamais été reçuë. La troisiéme par Ferdinand III. (1654.) à la diéte de Ratisbonne. Cette derniére a été reçue & approuvée par les capitulations. Le Conseil aulique est obligé réguliérement, de suivre la forme établie à la Chambre impériale. k) Ceci n'est pourtant pas exactement observé; & l'on peut dire en général, que la procédure est plus abregée & plus simple au Conseil aulique, qu' à la Chambre impériale. On peut consulter là dessus les auteurs qui ont donné des commentaires sur l'ordonnance du Conseil aulique. l)

§. 18. L'on peut demander la reforme d'un jugement du Conseil aulique, Supplication.

Dd 3

par

k) V. le traité d'Osnabruck art. 5. §. 54.

l) Outre les auteurs cités en la notte b, p. 407. l'on peut consulter *Deckher*, concordia summorum tribunalium imperii : *Cramer*, manuale processus imperialis: & un auteur anonime, qui surpasse les autres par la briéveté & la précision de son traité intitulé; Principia processus imperialis aulici hodierni cum differentiis processus cameralis. L'auteur doit être *le Baron de Neuhoff*.

par les moyens établis pour la chambre
impériale, fçavoir la reftitution en entier, le findicat & la révifion. Mais comme ce tribunal repréfente la perfonne de
l'Empereur, la paix de Weftphalie[m]) a,
par égard, introduit la voïe de la fupplication; au moyen de laquelle celui qui
fe croit lézé par un arrêt rendu au Confeil aulique, peut préfenter requête à
l'Empereur, & demander, que les actes
foient relus, & le procès de nouveau
examiné & décidé. On s'apperçoit aifément, qu'au fond ce moyen eft le même
que celui de la révifion.[n]) La fupplication doit être faite dans les quatre mois
à compter du jour, où l'arrêt a été rendu. Et l'objet du procès doit exceder
2000. flor. d'Empire.[o]) Mais nonobftant
la

m) ibid.

n) V. la deffus l'ordonn. du Confeil aul. tit. 5. §. 7.
et ¹ ,capitul. art. 17. §. 2. 14.

o) V. *Mofer*, mifcellanea juridico-hiftorica, tom.
2. n. 22. pag. 320. où il y a un traité fpecial *Von der
am Kayferlichen Reichs-Hoffrath üblichen revifion
oder fupplication.* Et *Coccejus* de judicio reviforio.

la ſupplication, l'arrêt peut être mis à
exécution par proviſion, après que celui, en faveur duquel il a été rendu, a
donné la caution *de reſtituendo*, en cas qu'
il ſuccombe par le nouveau jugement.
Ceci eſt obſervé régulièrement. Cependant les auteurs remarquent, que l'on
accorde quelquefois à la ſupplication un
effet ſuspenſif malgré l'offre de donner
caution ſuffiſante. p)

§. 19. Outre ces moyens, il y en a Recours
à la diéte.
encore un autre; mais qui n'a lieu que
lorsqu'il s'agit d'interpréter les loix de
l'Empire; ou pour les cauſes eccléſiaſtiques ou politiques, agitées entre perſonnes de différentes religions; c'eſt *le recours à la diéte.* Ce moyen ſert quelque
fois de voïe extraordinaire aux Etats,
qui ont des griefs contre les Cours ſouveraines de l'Empire: C'eſt ainſi que le
Landgrave de Heſſe - Caſſel, croyant être

Dd 4   mal-

p) Par exemple, dans les cauſes de religion, la
ſupplication a un effet ſuspenſif.

maltraité par un mandat pénal que le
Baron d'Ingelheim avoit obtenu contre
lui (1711.) à la Chambre impériale, a eu
recours à la diète. q)

Vifite du Confeil aulique. §. 20. Suivant le traité de Weftphalie, r) l'Electeur de Mayence a le droit de
vifiter le Confeil aulique chaque fois que
cela eft néceffaire. On a paru fonger
plufieurs fois, depuis ce traité, à établir des régles fixes pour ces vifites: mais
rien n'a encore été arrêté. En attendant l'Electeur de Mayence doit faire fes
vifites de trois ans en trois ans. s)

**De l'exé-
cution
des juge-
mens.** §. 21. On demande fi l'Empereur
peut charger de l'exécution des jugemens des Cours fouveraines qui bon lui
femble, ou fi le droit de les exécuter
appartient au Cercle dans lequel le condamné

q) V. les actes de ce procès dans un livre intitulé:
jus circa facra, imprimé à Wetzlar en 1708. in fol.
Ajout. *Struve*, corps de droit pub. ch. 24. §. 49.

r) Art. 5. §. 55.

s) Capit. de Franc. 1. art. 24. §. 6. 7.

damné est compris? Il faut dire, que réguliérement ce droit appartient au Cercle ;
à moins que les Chefs du Cercle ne foient
interreffés à l'exécution du jugement ; auquel cas le juge qui l'a prononcé, peut
nommer un ou plufieurs des Cercles voifins pour le mettre à exécution.[t])

t) Capit art. 17. §. 1. 16. art. 19. §. 8. dernier récès
§. 159. 160.
Cette queſtion fut pluſieurs fois diſcutée. *Mulz*
dans fon traité de officio Directorum et Ducum Circulorum in executione ſententiarum, deffend les droits
de l'Empereur à cet égard. Ajout. *Faber, Staats-
Cantzley*, tom. 3. p. 91. *Samuel Stryk*, dans ſon
traité, de jure exequendi ſententias imperiales Dire-
ctoribus Circulorum competente, deffend les droits
des Cercles. Au reſte on peut voir les écrits qui ont
paru a ce ſujet, chez *Moſer*, dans ſon *Reichs-Hoff-
Raths-Proceſs.* part. 2. p. 320. Les argumens allégués de part & d'autre ſont raſſemblés chez *Pfeffinger Vitriarius illuſtratus*, liv. 2. tit. 6.

Dd 5 CHAP. XVI.

CHAP. XVI.

De la Cour de juſtice de Rothweil & des autres tribunaux particuliers de l'Empire.

§. 1,

Il y a en Allemagne, outre les tribunaux dont nous venons de traiter, quelques autres, qui font remarquables par leur ancienneté & les droits que les Empereurs leur ont ci devant accordés, quoiqu'ils ne jugent point en dernier reſſort & n'aient point jurisdiction par tout l'Empire,

Origine du Conſeil de Rothweil, §. 2. Le plus connu de tous eſt le Conſeil aulique de Rothweil, (*das Hoff-Gericht zu Rothweil,*) dont l'origine, ſuivant une tradition presqu'univerſellement reçue, remonte jusqu'à Conrad III. qui ayant en 1146. fixé ſa réſidence en cette ville, a dit on, érigé ce tribunal, pour recompenſer les citoyens des ſervices qu'ils lui avoient rendus dans la guerre contre Lothaire de Saxe. Mais on a peine à croire

re la vérité de cette tradition, dont on
ne trouve aucun vestige dans l'histoire
de Souabe; d'autant moins qu'avant le
tems de Charles IV. on ne trouve dans
aucun monument des traits qui y aient
raport.ª)

§. 3. Ce Conseil est composé d'un
Juge, (Erb-Hoff-Richter) & de plusieurs
Assesseurs. Le Juge, en cas d'absence,
nomme à sa place un Vicaire, ou Lieutenant, appellé *Amts-Statthalter.* Il le choi-
sit parmi les Comtes & les Barons.b)

Sa con-
stitution.

§. 4. La dignité de Juge ou de Pré-
sident est depuis longtems héréditaire
dans la famille des Comtes de Sultz. Ils
en reçoivent l'investiture des mains de
l'Em-

Du Pré-
sident.

a) *Wehner*, dans ses notes, suit l'opinion commune, en attribuant la première ordonnance de cette Cour de justice à Conrad III. Mais outre que cette ordonnance est dressée en allemand, idiome, qui
alors n'étoit point encore en usage pour les affaires
publiques, & que d'ailleurs le stile de cette ordonnance est beaucoup plus moderne, que celui qui étoit
en usage du tems de Conrad III. on trouve, qu'il
y est fait mention, entre autres, du collége électoral,
qui cependant étoit absolument inconnu sous cet Empereur.

b) V. *Schilter*, institutions de droit pub. liv. 4. tit. 9.
§. 2.

l'Empereur. Le filence des anciens auteurs & le défaut de documens eft caufe,
qu'il eft très difficile de fixer l'époque où
ces Comtes ont acquis ce droit héréditaire [c]): tout ce que nous pouvons affûrer à cet égard, eft, qu'ils en jouiffoient
déja du tems de l'Empereur Frédéric III.
Jean Louis dernier mâle de cette famille,
étant décédé en 1687. fa fille ainée, Marie - Anne, époufe de Ferdinand Prince de Schwartzenberg, & héritiére du
Comté de Sultz, tranfmit cette dignité
à fes fils. [d])

Des Af- §. 5. Les Affeffeurs font nommés
feffeurs. par le Senat de Rothweil; ils font reçus après avoir fubi un examen pardevant le Juge & les Affeffeurs.

§. 6.

c) L'on ne fçauroit difconvenir que, dans des anciens documens, l'on ne trouve des Comtes de Sulz
juges du Confeil de Rothweil, ni que Charles IV. ne
les en ait revêtus en 1360. Mais ceux qui font remonter leur droit féodal jufqu'à Conrad III. ou tout
au moins jufqu'à Robert, n'ont en leur faveur ni té-
moignages ni documens dignes de foi.

d) V. *Imhoff*, notitia Procerum liv. 7. ch. 14. §. 5.

§. 6. Le reſſort du Conſeil de Roth-
nance;°) Il comprend les Cercles d'Autriche, de Franconie, de Baviére, de
Souabe & une partie du cercle du haut-
Rhin. Mais pluſieurs membres de l'Empire ſont exemts de ſa jurisdiction en
vertu de priviléges particuliers, par
exemple, tous les Electeurs, l'Archi-
Duc d'Autriche, les Evêques de Bamberg, de Würtzbourg, de Strasbourg;
les Comtes Palatins, les Marggraves
de Brandebourg, les Ducs de Würtemberg, pluſieurs Prélats, Comtes,
Villes Impériales & Nobles immédiats. Il eſt cependant des cas reſervés par les loix ou par des priviléges
de l'Empereur (appellés *Ehehafften*,)
dont la connoiſſance eſt particuliérement
affectée à ce tribunal: en ſorte que ceux
qui ne jouiſſent que d'une exemtion in-
définie, ſont, dans ces cas, obligés de
comparoitre devant lui. Mais quelques
Etats de l'Empire ſont également exemts

de

e) part. I. tit. 6.

de ces cas, par exemple, les Electeurs, l'Evêque de Strasbourg, la maison d'Autriche, le Duc de Wurtemberg.

Forme de la procédure. §. 7. Ce Conseil a une ordonnance qui préscrit la forme de la procedure. Elle a été changée & rendue conforme à celle de la Chambre impériale, avec cette différence, qu'elle n'est ni si étendue ni sujette à tant de formalités que celle-ci. Il n'y avoit vraisemblablement autre fois point d'appel des jugemens de ce tribunal: mais depuis l'établissement des Cours souveraines de justice, il leur a été subordonné, de façon, que l'on peut appeller de ses jugemens soit à la Chambre impériale, soit au Conseil aulique. [f]

Du Conseil provincial de Weingarten. §. 8. Le Conseil provincial de Souabe ou de Weingarten, (*das Land - Gericht in Ober und Nieder-Schwaben*, ou *das Weingar-*

---

[f] V. le récès de 1570. §. 71. la capitul. art. 18. §. 10. Les auteurs qui ont traité de ce tribunal, sont *Ericus Mauritius*, dans un traité particulier. *Paul Mathias Wehner*, observationes ad ordinationem jud. Rothweil, *George de Zimmern*, Manuale Caesareo-dicasteriale &c. *George André Mayern*, de Camoræ Rothwilensis jurisdictione.

gartische Gericht,) a sa résidence dans les Villes impériales Ravensbourg, Wangen, Isny & dans le Bourg Altorf, appellé communément Weingarten. Ce Conseil dépend de la Maison d'Autriche, qui prétend l'avoir acquis à titre d'engagement de l'Empereur Wenceslas. Mais plusieurs Etats, & même quelques Etats exemts, s'y opposent. La maison d'Autriche, pour soutenir son droit, présenta en 1658. un mémoire à la diéte, sous le titre *d'information*. Les Etats de l'Empire situés en Souabe y répondirent par une autre information, g) dans laquelle ils reprirent plusieurs erreurs glissées dans le mémoire de la Maison d'Autriche, et ont surtout rendu douteux le prétendu titre d'engagement.

§. 9. Ce tribunal est composé des Consuls & des Sénats des Villes où il réside, & du Baillif du Bourg d'Altorf. *Constitution.*

§. 10.

g) V. *Jacq. Othon Ilias*, nux casuum exceptorum seu causarum reservatarum, inprimis judicii provincialis Suevici. *Ludewig* de Sueviæ tribunali S. R. I. Austriaco. Pour la forme de la procédure consultez *Scheider*, processus juris & judicii provincialis Sueviæ.

Reſſort. §. 10. L'étenduë de ſon reſſort eſt marqué dans l'ancienne ordonnance, [h]) & dans un traité particulier ſur ce ſujet [i]). Les Ducs de Wûrtemberg, pour prouver leur exemtion de ce tribunal, ſe fondent ſur ces termes de l'ordonnance: *bis an Wûrtemberg: jusqu' à Wûrtemberg.* [k])

Juriſdiction. §. 11. Ce tribunal a la juriſdiction concurremment avec les tribunaux des Etats de l'Empire, qui ſont dans ſon reſſort, de façon que les ſujets des Etats ont le choix de porter leurs cauſes ou devant les juges de leur Seigneur territorial, ou devant le Conſeil de Souabe. Il faut excepter les Etats qui, tant pour leur perſonne que pour leurs ſujets, ſont exems de ſa juriſdiction.

Appel. §. 12. La Maiſon d'Autriche ſoutenoit autrefois que ce tribunal avoit le droit

---

h) Se trouve chez *Befold*, theſaurus practicus, au mot *Landgericht*.

i) Intitulé Beſchreibung des Schwæbiſchen Land-Gerichts-Bezircks, chez *Burgermeiſter*, codex diplomat. Equeſtr. tom. 2. pag. 4. pag. 1351.

k) V. *Ludewig*, de prærogativis Ducatus Wûrtenbergici.

droit de juger en dernier reſſort : I) parcequ' elle jouit du privilége *de non appel-*
lando, tant pour elle même que pour ſes
ſujets : II) parceque ce droit eſt expreſſément porté par l'ordonnance de ce tribunal : [l]) enfin III) parcequ'il a été confirmé par un privilége de Charles V.
Malgré ces moyens, il eſt certain aujour-
d'hui, que l'on peut appeller de ce tribunal aux Cours ſouveraines de l'Empire.

§. 13. Le tribunal provincial du Burggraviat de Nüremberg eſt fort ancien.
En 1273. l'Empereur Rodolphe de Habsbourg en inveſtit Frédéric Burggrave de
Nüremberg, ainſi que du Burggraviat. [m])
Ce tribunal réſidoit premiérement à Nüremberg, de là à Carlsbourg, à Neu-
ſtadt, & enfin à Anſpach. Le Bourg-
grave exerce cette jurisdiction au nom de
l'Empereur ; & il étoit obligé autrefois
d'y préſider en perſonne : mais Charles
IV lui accorda (1352.) le privilége de ſe
nommer un Lieutenant. Aujourd' hui le

Marg-

Du Con-
ſeil pro-
vincial
du Bourg-
graviat
de Nü-
remberg.

l) Part. 3. tit. 12.
m) V. *Limnæus* dans ſon droit pub. liv. 5. ch. 6.

Marggrave nomme un Préſident & des
Aſſeſſeurs.

Appel. §. 14. L'on appelle de ce tribunal,
ainſi que des autres, aux Cours ſouveraines de l'Empire. L'on y connoiſſoit autrefois ſurtout, d'une certaine eſpece de procès, que l'on appelloit *die Kampf-Gerichte.* [n])

Autres tribunaux. §. 15. Outre ces tribunaux, il y en
a encore quelques autres de moindre importance, comme celui de Würtzbourg
(das Kayſerliche Land-Gericht des Stifts
Würtzburg:) Celui qui étoit autrefois
dans le Bourg de Haguenau en Alſace, appellé *das Kayſerliche Land - Gericht auf der
Lauben zu Hagenau:* [b]) mais ces tribunaux n'ont point de rapport à notre objet.

Griefs des Etats contre ces tribunaux. §. 16. Tous ces tribunaux particuliers de l'Empire ont beaucoup perdu de
leur ancienne autorité, tant par l'établiſſement des Cours ſouveraines auxquelles ils reſſortiſſent, que par les exemtions

n) V. *Faber* Staats - Cantzley, part. 31. pag. 169.
Ajoutez un traité ſpecial de ce tribunal donné par
Pachhelbl à Gehag, et quelques autres écrits citez
par *Struve* dans ſon droit pub. ch. 25. §. 74. not. 93.

o) V. *Hertzog*, chronique d'Alſace liv. 9. ch. 4.
le tribunal de Haguenau eſt ſous la domination françoiſe.

tions fréquentes accordées aux Etats de
l'Empire. On les regarde même depuis
longtems comme superflus, & quelquefois
même comme nuisibles à l'ordre de judica-
ture établi dans l'Empire & préjudiciables
aux droits des austregues& à la supériorité
territoriale des Etats. C'est par ces raisons que les États ont très souvent pres-
sé l'Empereur de les abolir entiérement:
mais les protestations de ceux qui sont
intéressés à leur maintien, en ont toujours empêché la révocation. Par le
traité de Westphalie cette affaire a été
remise à la diéte prochaine P); où l'on en
a effectivement délibéré: mais les Comtes de Sultz & le Sénat de Rothweil s'y
étant opposé pour le Conseil établi en
leur Ville, en disant qu'ils avoient acquis
leur droit q) de Conrad III. à titre oné-
reux, les délibérations devinrent infruc-
tueuses.

En attendant l'éxécution du projet des Etats, on se contente de remé-

E e 2   dier

p) Nous avons dit plus haut, combien peu il est
fondé.

q) Traité d'Osnab. Art. 5. §. 56.

dier par la capitulation, aux abus qui regnent dans ces tribunaux, particuliérement à l'égard de l'extenſion énorme des cas reſervés. [r]

CHAP. XVII.
Des Auſtregues.

§. 1.

La chambre impériale & le Conſeil aulique, ne peuvent juger en premiére inſtance les cauſes des Membres immédiats de l'Empire, que lorsqu'elles ne ſont point portées pardevant des Austregues.

Définition.　§. 2. Le mot *Auſtregue*, eſt allemand, & vient du verbe *Austragen*, qui dans l'ancien ſtile ſignifioit autant que *entſcheiden*, décider. Ainſi un Auſtregue eſt un arbitre, (Schiedes - Mann, Mittel-Mann [a]) ou pour en donner une définition

[r] V. la Capit. art. 18. §. 8. 9. 10. 11.
[a] V. le récès de l'an 1555. §. 22.

tion conforme à ſes fonctions d'aujourd'hui; c'eſt un juge établi ou par une convention ou par les loix, pour décider en premiére inſtance, les cauſes des Membres immédiats de l'Empire. [b])

§. 3. L'origine des Auſtregues eſt incertaine: la plûpart des auteurs la ſixent au tems du grand interregne, tems auquel l'on renvoyoit ſans ſcrupule toutes les inſtitutions, dont l'on ne connoit point la véritable époque. Quoiqu'il en ſoit de cette origine, il eſt certain que les Auſtregues ne ſont point entiérement hors d'uſage aujourd'hui. *Origine.*

§. 4. Il n'y a proprement que deux eſpeces d'Auſtregues: I) les Auſtregues conventionels: II) les Auſtregues légitimes, c'eſt à dire, établis par les loix. [c]) Quelques publiciſtes ajoutent comme *Différentes eſpeces.*

E e 3 troi-

b) Voici comment la capitulation (art. 18. §. 4.) s'explique: „Nous maintiendrons tous & chacun dans „leur immédiateté . . . droit d'Auſtregues tant légiti-„mes que conventionels ou familiers, pour la premié-„re inſtance . . .

c) V. l'ordonnance de la chamb. impér. §. 25. où il n'eſt fait mention que de ces deux eſpeces.

troifiéme efpece, les Auftregues familiers,d) c'eft à dire, conftitués par des
anciens pactes de famille;e) mais cette
efpece fe rapporte entiérement aux Austregues conventionels: & ceux qui tirent leur naiffance de la préfcription, ou
de l'obfervance, ou d' un privilége de
l'Empereur,f) peuvent à leur tour être
envifagés comme Auftregues légitimes.g)

§. 5.

d) La capitulation en fait mention à l'endroit cité;
mais elle les confond, comme nous, avec les Auftregues légitimes.

e) Par exemple, les Ducs de Saxe ont de pareils Austregues: chaque partie nomme quatre Nobles & deux
Jurisconfultes. Les Landgraves de Heffe en ont depuis 1562. Ils homment de part & d'autre quatre Nobles, quatre Villes, un Confeiller aulique & un Pro-
feffeur de droit de Marbourg. Voy. le pacte d'union
paffé entre Guillaume Philippe, & George, l'an 1568.
chez *Lunig*, Reichs-Archiv, fupplement à la deuxiéme continuation, pag. 782. 789.

f) Par exemple les Ducs de Würtemberg, les Villes de Nüremberg, Ratisbonne, Eslingen, Reutlingen, Northufen, & anciennement la Ville de Strasbourg. Voy. *Ludewig* dans fon traité de prærogativis Ducatus Würtembergici, & *Jofeph. Seb. Gambs*
de tribus privilegiis vrbis Argentoratenfis, de non
evocando, de non appellando, de Auftregis.

g) La jurisdiction des Auftregues conventionels eft
fort étendue. V. *Chriftophe Frédéric Geiger*, de
amplitudine fori conventi Auftregalis S. R. I. Procerum.

§. 5. Les Auſtregues légitimes ont été introduits par les loix de l'Empire en faveur des Etats, qui n'en ont point de conventionels. L'Empereur Albert II. en fraya le chemin 1437. Maximilien les confirma 1495. par l'ordonnance de la Chambre impériale [h]) & Charles V. en 1521. & 1555. Et comme il s'agiſſoit ſouvent de ſçavoir, ſi les Auſtregues n'avoient lieu que pour les cauſes que l'on portoit par appel à la chambre impériale, & non pour celles portées au Conſeil aulique; il fut ordonné par la paix de Weſtphalie[l]) qu'ils auroient également lieu pour l'un & l'autre de ces deux tribunaux. Cette déciſion fut expreſſément confirmée par le dernier récès de l'Empire,[k]) par l'ordonnance du Conſeil aulique de Ferdinand III.[l]) par la capitulation de Charles VI. & par toutes les ſuivantes.[m])

Des légitimes.

E e 4 §. 6.

h) §. 28. & ſuiv.
i) Art. 5. §. 56.
k) §. 168. & récès de Viſitation de 1713. §. 9.
l) Tit. 2. §. 2.
m) V. la notte b.

§. 6. Les Etats, qui ont des Auſtregues légitimes, ſe diviſent en deux claſ-
ſes. Dans la premiére ſont, les Electeurs, les Princes, & tous ceux qui ſont
ornés de la dignité de Prince, (*fürſtenmä-
ſig.*) .Dans la ſeconde claſſe ſont, les
Prélats, Comtes, Barons & Nobles immédiats, (*nicht fürſten-mäſig.*) Lorsque
ceux de la premiére claſſe s'intentent
procès, le demandeur propoſe quatre
Princes, parmi lesquels le deſſendeur
choiſit un Auſtregue.[n]) Mais ſi le demandeur n'eſt que de la ſeconde claſſe,
il y a huit maniéres différentes pour choiſir des Auſtregues: elles ſont diſtinctement expliquées dans l'ordonnance de
la chambre impériale.[o]) La troiſiéme &
la quatriéme ſont les plus uſitées.

§. 7. Quant à ceux de la ſeconde
claſſe, il faut diſtinguer trois cas: ou le
demandeur eſt d'un rang ſupérieur à celui du deſſendeur; ou il eſt ſon égal, ou
il eſt d'un rang inférieur. Dans les deux

pre-

n) V. l'ordonn. de la chamb. impér. part. 2. tit. 2.
o) Ibid. tit. 2. 3. 4. 5.

premiers cas le demandeur nomme trois
Princes; & le deffendeur a le droit, ou
d'en choiſir un, ou de demander un Com-
miſſaire à l'Empereur. P) Si le demandeur eſt d'un rang inférieur, le droit
d'Auſtregues ceſſe. q)

§. 8. Les autres uſages à obſerver,
ſoit en jugeant, ſoit pour la forme de l
procédure, ſont clairement expliqués
dans l'ordonnance de la Chambre impériale, à laquelle nous renvoyons ceux
qui veulent s'en inſtruire. Nous nous
contenterons d'obſerver ici, que la procédure eſt à peu près la même que celle
de la chambre impériale, à l'exception,
que celle-là eſt ſouvent plus courte &
moins ſuſceptible de détours. r)

E 5 §. 9.

p) ibid.

q) Les Comtes d'Empire ont pretendu pluſieurs fois,
qu'is devoient être jugés par des Auſtregues, quoiqu'ils fuſſent cités par des ſujets médiats; & ils ſe font,
pour cet effet, addreſſés à la diéte. Mais ils n'ont
jamais été écoutez. V. *Gail Obſerv.* practicæ liv. 1.
n. 17. *Blum,* proceſſus cameralis tit. 27. n. 168.

r) V. *Pütter,* dans ſon droit public liv. 4. ch. 3.
§. 392. & ſuiv. *Schmaus* ibid. liv. 2. ch. 2. §. 33. &
ſuiv. *Samuel Stryck,* diſſertation, de foro Auſtre-
garum. *Coccejus,* de Auſtregis.

§. 6. Les Etats, qui ont des Auſtregues légitimes, ſe diviſent en deux claſ-
ſes. Dans la premiére ſont, les Electeurs, les Princes, & tous ceux qui ſont
ornés de la dignité de Prince, (*fürſtenmä-
ſig.*) .Dans la ſeconde claſſe ſont, les
Prélats, Comtes, Barons & Nobles immédiats, (*nicht fürſten-mäſig.*) Lorsque
ceux de la premiére claſſe s'intentent
procès, le demandeur propoſe quatre
Princes, parmi lesquels le deffendeur
choiſit un Auſtregue.[n]) Mais ſi le demandeur n'eſt que de la ſeconde claſſe,
il y a huit maniéres différentes pour choiſir des Auſtregues: elles ſont diſtinctement expliquées dans l'ordonnance de
la chambre impériale.[o]) La troiſiéme &
la quatriéme ſont les plus uſitées.

§. 7. Quant à ceux de la ſeconde
claſſe, il faut diſtinguer trois cas: ou le
demandeur eſt d'un rang ſupérieur à celui du deffendeur; ou il eſt ſon égal, ou
il eſt d'un rang inférieur. Dans les deux
pre-

n) V. l'ordonn. de la chamb. impér. part. 2. tit. 2.
o) Ibid. tit. 2. 3. 4. 5.

premiers cas le demandeur nomme trois
Princes; & le deffendeur a le droit, ou
d'en choifir un, ou de demander un Commiffaire à l'Empereur. P) Si le demandeur eft d'un rang inférieur, le droit
d'Auftregues ceffe. q)

§. 8. Les autres ufages à obferver,
foit en jugeant, foit pour la forme de 1
procédure, font clairement expliqués
dans l'ordonnance de la Chambre impériale, à laquelle nous renvoyons, ceux
qui veulent s'en inftruire. Nous nous
contenterons d'obferver ici, que la procédure eft à peu près la même que celle
de la chambre impériale, à l'exception,
que celle - là eft fouvent plus courte &
moins fufceptible de détours. r)

E 5 §. 9.

p) ibid.

q) Les Comtes d'Empire ont pretendu plufieurs fois,
qu'is devoient être jugés par des Auftregues, quoiqu'ils fuffent cités par des fujets médiats; & ils fe font,
pour cet effet, addreffés à la diéte. Mais ils n'ont
jamais été écoutez. V. *Gail Obferv.* practicæ liv. 1.
n. 17. *Blum,* proceffus cameralis tit. 27. n. 168.

r) V. *Pütter,* dans fon droit public liv. 4. ch. 3.
§. 392. & fuiv. *Schmaus* ibid. liv. 2. ch. 2. §. 33. &
fuiv. *Samuel Stryck,* differtation, de foro Auftregarum. *Coccejus,* de Auftregis.

Appel
& exécu-
tion des
fentences

§. 9. De ce que nous venons de dire, il s'enfuit, que l'appel des fentences auftregales eft porté aux Cours fouveraines de l'Empire, ce qui doit fe faire avec les mêmes folemnités, qui font
réquifes pour tous les autres appels. s)
L'appel doit être interjetté dans les dé-
lais ordinaires, lesquels paffés il n'eft plus
recevable, & le jugement auftregal peut
être pleinement exécuté. Les publiciftes ne font point d'accord fur la queftion
de fçavoir, à qui appartient le droit d'e-
xécuter ces jugemens. Quelques-uns
prétendent, que c'eft aux Auftregues
mêmes t); d'autres foutiennent, que
l'exécution doit être ordonnée par une
des Cours fouveraines de l'Empire. u)
Cet-

---

s) Ordonn. de la chamb. imp. tit. 24. & tit. 26. §. 1.

t) Parcequ'il eft dit dans l'ordonn. de la Chamb.
imp. tit. 4. §. 14. *Vor denen die Haupt-Sach und
Execution in erfter Inftantz gehört:* à qui appartient *l'affaire principale & l'exécution en première
inftance.*

u) C'eft le fentiment de *Coccejus,* qui dans fa differtation *de notione & executione Auftregarum,* fait
voir que l'endroit cité en la notte précédente, ne doit
s'entendre point de l'exécution du jugement, mais feulement

Cette derniére opinion eſt reçue dans la pratique.ᵛ)

§. 10. Les Auſtregues peuvent juger généralement toutes les cauſes, qui peuvent, par appel, être portées aux Cours ſouveraines de l'Empire, & qui ne ſont point ſpécialement exceptées.ˣ) Ainſi les Auſtregues ne connoiſſent point des cauſes, dont il ne peut y avoir d'appel, comme des cauſes criminelles, matrimoniales &c. Ils ne connoiſſent également point des cauſes que les loix de l'Empire exemtent expreſſément de leur jurisdiction ʸ) *De la nature des cauſes.*

§. 11. Au reſte l'uſage des Auſtregues n'eſt point fréquent aujourd'hui à cauſe *Rarement uſités.*

lement de l'exécution du droit de première inſtance (Von Ausübung der erſten inſtanz,) d'ou il conclut, que les Auſtregues n'ont point le droit d'exécution, à moins qu'il ne leur ſoit expreſſément accordé par le Juge ſupérieur.

v) V. *Europaiſcher Herold*, part. 1. p. 923.

x) Ordonn. de la Chamb. impér. part. 2. tit. 2.

y) Ces cauſes ſont détaillées dans l'ordonnance de la Chamb. impér. part. 2. tit. 2. §. 21 - 28. Ajoutez *Schmaus*, dans ſon droit public, liv. 2. ch. 11. §. 32.

caufe des grandes dépenfes qu'ils entraî-
nent²) Il faut cependant, pour s'y fouf-
traire, le confentement des deux parties.²²)

CHAP. XVIII.

Des Refervats de l'Empereur. a)

§. 1.

**Défini-
tion.** Les Refervats, (*Kayferliche Refervata*)
font les droits que l'Empereur exer-
ce feul, conformément aux loix publiques. Il eft difficile d'en fixer le nom-

bre

z) Au fiécle paffé l'Electeur Palatin y a provoqué
pour la fameufe caufe du *Wildfangiat*. V. Diarium
Europæum, appendix tom. 13. pag. 605.

22) V. *Struve*, droit public ch. 25. §. 63.

a) Il faut lire avec beaucoup de précaution les auteurs qui ont écrit fur cette matiére. Ceux qui flat-
tent l'Empereur augmentent les refervats; & les partifans des Etats ne cherchent qu'à les diminuer. V.
l'introduction à la 3me. fection, & le ch. 12. du liv. 1.
§. 4. *Sixtinus*, de regalibus; *Reincking*, de eccle-
fiaftico regimine; *Stammler*, de refervatis; *Lyncker*, de plenitudine fummæ poteftatis, & beaucoup
d'autres exaltent les droits de l'Empereur. *Hippolytus a Lapide* & fes fectateurs, embraffent le parti
des Etats. *Leusler* de réfervatis Imperat. *Sueder*,
de Auguft. Imperat. refervatis, ont plus modéré leurs
principes. Ajout. *Titius*, fpecimen jur. publ. liv. 5.
ch. 3. 4.

bre, On exigea lors du traité de Weſtphalie, que les Miniſtes de l'Empereur
en donaſſent une ſpécification: [b]) mais
on ne put point l'obtenir.

Les loix publiques de l'Empire doivent ſervir de régle lorsqu'on veut examiner quels ſont les droits pour l'exercice desquels la concurrence des Etats a
lieu; & quels ſont ceux que l'Empereur
peut exercer ſeul. On peut voir dans
les chapitres précédens ceux de la premiére eſpece: nous examinerons ici ceux
de la ſeconde.

§. 2. Le plus conſidérables de ces
droits peuvent être réduits à ſix: I) l'Empereur eſt le Chef de l'Empire & a les
marques extérieures de la Majeſté: elle
lui donne différentes prérogatives lorsqu'il exerce des droits de Majeſté con-
cur-

*l'Empe-
reur a
les mar-
ques ex-
térieures
de la Ma-
jeſté.*

---

b) Les Miniſtres de l'Empereur demandèrent que
l'on ajoutât une limitation au §. 2. de l'article 8. en
faveur de l'Empereur & de ſes reſervats.. Les Etats
n'y voulurent pas conſentir, à moins que ceux-là ne
fiſſent une ſpécification des reſervats. Mais les Miniſtres de l'Empereur aimérent mieux ſe déſiſter de leur
demande, que de faire cette ſpécification.

curremment avec les Etats de l'Empire ᶜ); on en a vû des exemples dans le
Chapitre de la Conſtitution des loix, dans
celui des Tribunaux de l'Empire & dans
pluſieurs autres.

§. 3. II) L'Empereur a encore quelques droits ſur les affaires eccléſiaſtiques.
Il eſt Avocat & Protecteur de la Chrêtienté en général, ᵈ) et en particulier du
Siége de Rome. Les premiers Empereurs Chrêtiens confirmoient, en cette
qualité, les Elections des Papes ᵉ). Charlemagne & ſes ſucceſſeurs jusqu'à Henri
IV. ᶠ) exercèrent ce droit paiſiblement.

Les

c) Il faut bien conſidérer ce que nous en avons
dit au liv. 1. ch. 12.

d) V. le récès de 1518. §. 1. de 1529. §. 1. de 1530.
§. 9. dr 1641. §. 19. & la capitul. art. 1. §. 1.

e) La formule dont ſe ſervoient les Papes pour demander des Empereurs d'Orient ou des Exarches de
Ravennes, la confirmation de leur élection, ſe trouve dans le tit. 4. du *livre diurnal*, qui traite du ſtile
de la Chancellerie romaine au 7. & 8. ſiécle, publié par
le *P. Garnier.* Ajout. *Majcov Geſchichte der Teutſchen*, tit. 2. obſerv. 17.

f) Lorsqu'au Concile de Rome de 1046. Benoît
IX. & Silveſtre III. furent dépoſés, & que Grégoire
VI. eut renoncé volontairement, l'Empereur Henri
III. nomma Pape Suidger, Evêque de Bamberg, ſous
le nom de Clement II.

Les différends qui s'élevèrent alors, dé-
gagerent les Papes de l'obligation d'obtenir cette confirmation. Il ne reſte plus
aujourd'hui à l'Empereur que la liberté
de donner, lors de l'élection d'un Pape,
l'excluſive à celui des Candidats qu'il juge à propos. Au reſte l'Empereur, comme Avocat de l'Egliſe & du St. Siége,
promet 8) „de protéger, durant ſon re-
„gne, la Chrêtienté, le Siége de Rome,
„Sa Sainteté le Pape, & l'Egliſe chrêtienne.„   Cette protection ne doit point
tourner au prejudice de la paix de religion ni du traité de Weſtphalie. h)

§. 4. Nous avons marqué au chapitre 4. de ce livre, les droits dont les Empereurs jouiſſoient aux Conciles. Depuis le regne de Frédéric Barberouſſe
nous ne trouvons plus de Conciles

Pouvoir à l'égard des Conciles univerſels.

con-

g) V. la capitul. art. 1. §. 1.

h) Ibid. art. §. 10. à la fin.   Ajout. *Slevogt,* de
Advocatia Imperat. eccleſiaſt.   *Beck,* de Advocatia
eccleſiaſt. triplici.   *Müldener,* de protectione ab Im-
peratore eccleſiis utriusque religionis in Germania
equaliter debita.

convoqués par les Empereurs, à l'exception de ceux de Basle & de Conftance.
Les loix de l'Empire[1]) fixent leurs droits
à cet égard.

Lors des
Elec-
tions des
Evêques
& Prélats §. 5. L'Empereur a encore aujour-
d'hui le droit d'envoyer un Commiffaire
aux Elections des Evêques & des Prélats.[k]) Il a de même, par une ancienne obfervance,[l]) le droit de premiéres
priéres: ce droit l'autorife à préfenter
dans toutes les Abbayes, & Chapitres de l'Empire, foit immédiats, foit
médiats, une fois durant fon regne, un
Candidat au premier bénéfice vacant, foit
majeur ou mineur.[m]) L'Empereur exerce ce droit dans toute fon étendüe dans
les Abbayes & Chapitres immédiats[n]).

Mais

i) V. le récès de 1530. §. 61. 1532. tit. r. §. 5. 1541.
§. 19. 22. 1551. §. 3. & fuiv.

k) V. la tranfaction de 1122. entre Calixte II. &
Henri V. dans le corps de droit pub. de *Schmaus* p. 2.

l) L 'Empereur Rodolphe provoqua déja à l'obfervance. V. *Goldaft Reichs Satzungen*, tom. 3. §. 406.

m) *Struve*, corps de droit pub. ch. 11. §. 21.

n) Traité d'Osnab. art. 5. §. 26.

Mais à l'égard des médiats, il ne l'exerce que dans ceux où il l'a exercé en 1624.°)

Les Empereurs ont rarement demandé l'Indult du Pape pour l'exercice de ce droit ᴾ): ceux qui l'ont demandé, l'ont fait par des raiſons politiques. En 1705. l'Empereur Joſeph uſa de ce droit ſans Indult. Le Nonce du Pape qui ſe trouvoit alors à Cologne, proteſta d'abord, & le Pape même déclara nulles toutes les premiéres priéres accordées par Joſeph. Les mouvemens du Pape furent inutiles, & le Candidat préſenté par l'Empereur demeura en poſſeſſion du bénéfice. ᑫ)

§. 6.

o) Ibid. §. 16.

p) V. à l'égard d'Othon IV. *Conrad d'Urſperg*, pag. 239. & à l'égard de Charles IV. *Goldaſt Reichs-Satzungen* tom. I. pag. 343. Ajout. *Griebner* de primariis precibus Imper. & *Adam Cortrejus* corps de droit public, tom. 2.

q) Les auteurs cités à la note précédente ont embraſſé le parti de l'Empereur. Les prétentions du Pape ont été deſſendues par *Conrad Oligenius* de primariis precibus; le nom de l'auteur eſt ſuppoſé: ce traité doit avoir été compoſé par *Juſtus Fontaninus* alors Profeſſeur de Rhétorique à Rome.

Ff

Accorde la No-
blesse, les
dignités.

§. 6. III) L'Empereur est la fource de la Noblesse & des dignités dans
l'Empire. ') Il accorde les titres; les ar-
moires; il décide des disputes de préséé-
ance & de rang.')

L'Empereur a consenti') plusieurs
fois à ce que ce reservat fut restraint; Il
a promis surtout de ne conférer de dignités qu'à des personnes de mérite, & d'empêcher que ces dignités ne portent préjudice aux droits du Seigneur dans le
territoire duquel les biens de ceux qui
les ont obtenues, sont situés &c.

Des gra-
des Aca-
demi-
ques.

§. 7. Les grades accordés par les
Universités, sont conférés au nom de
l'Empereur; ce qui leur donne effet par
tout l'Empire.')

§. 8.

r) Frédéric I. dit: *de fulgore throni Cæsarei vel-
uti ex sole radii, ita cæteræ prodeunt dignitates,
et primæ lucis integritas minorati luminis non sen-
tiat detrimentum.* Dans *Goldast, Reichs-Satzungen,* pag. 305.

s) V. le Récès de 1500. tit. 52. de 1545. §. 14. de
1559. §. 84. de 1570. §. 161. de 1576. §. 113. de 1603. §. 66.

t) V. tout l'article 22. de la derniére capitul.

v) Chaque Etat peut établir des Universités dans
son territoire: mais les grades qu'on y reçoit ne sont
pas reconnus par tout l'Empire sans privilége de
l'Empereur.

§. 8. IV) L'Empereur a de plus le droit de créer des Notaires, de légitimer, de réhabiliter, d'accorder des lettres de bénéfice d'âge, en un mot, d'exercer plusieurs autres actes de jurisdiction volontaire ayant effet par tout l'Empire.[x]) Ces droits ainsi que la concession de quelques dignités inférieures, s'exercent aussi par les Comtes Palatins.

Ces Comtes font de deux especes; I) ceux qui ont une *grande Commission*, (*comitivam*): Elle leur donne le droit d'annoblir & de créer des Comtes Palatins de la seconde espece. Cette charge est toujours occupée par des Etats de l'Empire.

De la seconde espece font, ceux qui n'ont qu'une *petite commission*: elle ne leur accorde que le droit de créer des Notaires, des Docteurs, Licentiés, Maitres ès arts, Bacheliers, Poëtes; de légitimer, d'accorder des lettres de bénéfice

Actes de jurisdiction volontaire.

Des Comtes Palatins.

F f 2   d'âge

x) Chaque Etat peut exercer les mêmes droits sur ses sujets: mais il n'ont proprement d'effet que dans leur territoire.

d'âge &c. Ces *Comtes Palatins* n'ont pas
tous le même pouvoir: il eſt ordinairement réglé par leur commiſſion.

Pluſieurs des droits des *Comtes Pala-*
tins ne peuvent plus avoir lieu aujour-
d'hui à cauſe de la ſupériorité territoriale des Etats: au moins ſont-ils la plûpart très bornés.ʸ)

En ma-
tiére féo-
dale.   §. 9. V) L'inveſtiture des fiéfs immédiats eſt donnée par l'Empereur qui
eſt Seigneur direct de tous les fiéfs de
l'Empire, & jouit, en cette qualité, de
pluſieurs prérogatives. ᶻ)

Des Pri-
viléges.   §. 10. VI) Le droit d'accorder des
priviléges qui aient effet par tout l'Empire, a toujours été regardé comme un
reſervat de l'Empereur: l'obſervance
conſtante eſt uniforme, les loix & les termes même dans lesquels ces priviléges
ſont

---

y) V. *Schubart*, de Comitibus Palatinis Cæſareis.
George Mund de Rothbach, de Comitibus Palat.

z) On peut conſulter là deſſus les paſſages de la capitulation qui en traitent, comme l'art. 10. §. 10. art.
11. art. 16. §. 2. art. 17. §. 18. 19. art. 20. §. 86. art.
26. §. 1. 2. 3.

font conçus, en fourniſſent la preuve.[a])
Cependant ce droit eſt aujourd'hui limité
à pluſieurs égards : I) l'Empereur ne peut
pas accorder une entiére exemtion des
loix de l'Empire; II) ni des privilèges
qui portent exemtion des droits dus à
l'Empire;[b]) III) qui excluent, ou reſ-
traignent la Jurisdiction de l'Empire;
IV) qui portent préjudice à un tiers;[c])
Enfin l'Empereur doit ſurtout faire attention de ne pas accorder des privilèges qui puiſſent porter atteinte à la ſupériorité territoriale des Etats.

a) V. le dernier récès §. 115. le privilége accordé
par Lothaire II. en 1135. rapporté par *Tolner*, dans
ſon Codex palatinus, n. 47. Ajout. *Struve*, corps
de droit publ. ch. 13. §. 1. N. 1.

b) V. la capitul. art. 10. §. 2.

c) V. le dernier récès §. 116. la Capitul. art. 1. §.
9. art. 15. §. 5. & art. 18. §. 6.

LIVRE V.

CHAPITRE I.
Des territoires des Etats de l'Empire.

§. 1.

Défini-
tion.
Nous appellons ici territoire, une certaine étendue de pays ou de terres (*bezirck oder Land*), à laquelle la supériorité territoriale est attachée. [a]) Dans ce sens tout territoire est immédiat; parceque régulièrement les Etats de l'Empire seuls jouissent de la supériorité

a) V. le chap. suivant.

Quelques auteurs tirent la définition du territoire, de la loi 239. §. 8. ff. de verbor. significat. qui est conçuë en ces termes: *territorium est universitas agrorum intra fines cujusque civitatis, quod ab eo dictum quidam aiunt, quod Magistratus ejus loci intra ejus fines terrendi, id est, summovendi jus habet.* Mais on voit aisément, qu'en adoptant le sens de cette loi, on confondroit les Seigneurs territoriaux d'Allemagne avec les Magistrats des Villes municipales de l'ancien Empire Romain.

riorité territoriale; & qu'avant que de pouvoir obtenir la qualité d'Etat; il faut posséder un bien immédiat. ^b)

§. 2. Tout territoire peut être ou allodial ou fiéf. On trouve aujourd'hui fort peu de territoires entiérement allodiaux: plusieurs sont composés d'allodiaux & de fiéfs. *Struve* en fait l'énumétion dans son traité de *allodiis Imperii.* ^c)

Allodial ou fiéf.

§. 3. On divise les territoires I) en purs & en mixtes. Ceux-là ne reconnoissent qu'un Seigneur: ceux-ci en ont deux ou plusieurs, qui jouissent de tous les droits soit par indivis, soit qu'ils en aient fait le partage de façon, que l'un jouisse de la jurisdiction civile, l'autre de la jurisdiction eccléssiastique &c. ^d) on en trouve des exemples en Franconie.

Pur ou mixte.

II) En territoires eccléssiastiques et séculiers. De la premiére espece sont

Eccléssiastique ou séculier.

F f 4   les

---

b) V. liv. 3. ch. 1.

c) Et dans son corps de droit publ. ch. 29. §. 4.

d) V. *Goldast,* Reichs-Handlehn pag. 989. *Frommann,* de condominio territorii. *Henri Coccejus,* de concursu plurium jurisdictionum in eodem loco.

les Archévêchés, Evêchés, Abbayes:
ils font compofés de deux fortes de terres; celles qui forment la menfe archi-
épifcopale, épifcopale &c. & celles qui
leur ont été jointes dans des tems pof-
térieurs. ᵉ)

§. 4. Les territoires féculiers font
ou des Duchés, Principautés, Comtés &c. parmi lesquels il faut compter
les Evêchés & Abbayes fécularifées.

Des territoires
clos &
non clos.

§. 5. Beaucoup de Publiciftes divi-
fent les territoires *en clos* & *non clos* (ge-
fchloffen und ungefchloffen;) ils nomment
territoires *clos* tous ceux qui n'ont jamais fouffert de changement dans leur
gouvernement & leur adminiftration
publique, & qui ont de tout tems confervé les mêmes chefs; comme la Bohême, la Baviére, l'Autriche, la Heffe,
la Thuringe, le Duché de Brunfwic, le
Marggraviat de Brandebourg, & toutes
les Provinces foumifes à l'Electeur &
aux

e) De cette efpece eft le Comté d'Arensberg pof-
fédé par l'Archévêque de Cologne.

aux Ducs de Saxe. ᶠ) Et ils nomment
territoires *non-clos* ceux dont l'adminiftration & l'état public ont fouffert du
changement, comme le bas Palatinat,
la Souabe, la Franconie, & une partie
de la Weftphalie. ᵍ) A l'égard des
premiers ces Publiciftes ont inventé
l'axiome de droit fuivant: *tout ce qui eft*
dans le territoire fait partie du territoire; d'où
il fuit que tous ceux qui l'habitent, foit
Nobles ou autres, font cenfés être fujets du Seigneur territorial.

A l'égard de ceux-ci ils difent, qu'ils
n'ont point de limites tellement propres
que tout ce qui y eft enclavé fafle partie du territoire; mais qu'il peut y avoir
des portions des terres entiérement
exemtes du pouvoir territorial.

De cette diftinction ils tirent deux
fortes de jurisprudence pour ces deux
efpeces de territoires: ceux enclavés

F f 5 dans

ᶠ) V. *Menkenius*, de vi fuperioritatis territoria-
lis §. 8. *Leyfer*, de Landfaffiis, Schrifft & Ambt.
Saffiis. §. 28.

ᵍ) V. *Menkenius* ibid.

dans un territoire *clos* doivent prouver
leur exemtion; & dans les territoires
non-clos le Seigneur territorial doit prouver le Landſaſſiat (la qualité de Sujet.)

Mais cette jurisprudence ainſi que
le principe d'où on la fait naitre, ſont
ſujets à bien des inconvéniens & des
difficultés; car il n'y a preſqu' aucune
Province en Allemagne qui n'ait éprouvé
des viciſſitudes & des changemens dans
ſon adminiſtration: ainſi l'on en doit tirer la même conſéquence pour toutes,
& leur attribuër à toutes la même nature rélativement à ces changemens. [h])
D'ailleurs cette jurisprudence n'eſt fondée ni ſur la loi ni ſur l'uſage, qui pourtant en devroient être, la véritable
ſource.

§. 6. Ainſi l'on peut tout au plus
regarder cette diſtinction comme vraie
dans le fait, c'eſt à dire, qu'il y a effectivement des territoires dont tous les
habitans ſont ſujets du Seigneur territorial;

h) V. *Kemmerich* liv. 7. ch. 1. §. 12.

torial; & qu'il y en a d'autres dont tous les habitans ne font pas fujets. Mais ces deux vérités de fait dépendent du même principe, fçavoir: que tout ce qui eft compris & enclavé dans un territoire, eft préfumé faire partie du territoire. Ainfi ceux qui reclament l'exemtion, foit dans les territoires clos, foit dans les territoires non-clos, font obligés d'en rapporter la preuve; & font en attendant préfumés Landfaffen. [1])

§. 7. Les territoires d'Allemagne font fufceptibles de fervitudes; on les appelle fervitudes publiques; telles font les droits *de fuite*, de *collectes*, de *patronage*, de *Dixmes* &c. lorfqu'un Etat de l'Empire les exerce dans le territoire d'autrui. Ces fervitudes ne donnent aucun droit de co-propriété. [1])

Des fervitudes de droit public.

[1]) V. *Thomafius*, de inutilitate brocardici vulgaris, quæ funt in territorio præfumuntur etiam effe de territorio.

[1]) V. *Conrad Engelbrecht* de fervitutib. jur. publ. Sect. 2. §. 1. *Stryck*, de jure principum extra territorium.

❦❧❀❧❦

CHAP.

CHAP. LI.
De la supériorité territoriale en général.

§. 1.

Définition. Les publicistes entendent par supériorité territoriale, (*Landesfürstliche Hoheit, Gerechtigkeit, Landeshoheit,*) le pouvoir qu'ont les Etats de l'Empire, d'exercer dans leur territoire, les droits de souveraineté, en tant qu'ils ne font point limités par les loix de l'Empire.

Origine du nom. §. 2. Ces droits étoiènt anciennement appellés *Régaliens, Priviléges, Jurisdiction* &c. Charles IV. employa le premier le terme de *supériorité*, dans les lettres d'inveftiture qu'il donna en 1377. à Guillaume Duc de Gueldres. [a]) Enfin on comprit tous ces droits fous la dénomination générale de *supériorité territoriale;* dénomination que les loix ont adoptée,

a) V. ces lettres chez *Pontanus*, hiftoir. de Gueldres à l'an 1377. où il eft dit. *Wilhelmum Ducem de Gueldria .. cum superioritatibus, juribus, teloniis, feudis, homagiis .. investimus.*

adoptée, & qui est la seule en usage aujourd'hui.

§. 3. Quant à l'origine des droits mêmes de supériorité, elle est plus ancienne et plus obscure; parceque ces droits n'ont point été le fruit de quelque révolution subite arrivée dans le gouvernement de l'Allemagne; chaque Etat les aiant acquis insensiblement et à mesure qu'il croyoit les circonstances favorables pour s'approprier un droit qui jusques là n'avoit appartenu qu'à l'Empereur. On peut en considérer l'origine & l'aggrandissement sous quatre époques. La première se rapporte au tems des Empereurs Carlovingiens & de leurs successeurs immédiats, qui frayèrent aux Princes le chemin à la grandeur, en continuant le fils dans l'emploi du pere; & en accordant à leurs officiers beaucoup de privilèges & de droits particuliers. b)

Origine des droits de supériorité.

La

b) V. *M. de Thou*, dans la vie de Louis le Débonnaire.

La feconde époque, & qui nous préfente la vraie origine de la fupériorité territoriale, fe rapporte aux troubles qui fous les Henris divifèrent le Clergé & l'Empire, & qui occupèrent trop les Empereurs, pour qu'ils puffent veiller aux anticipations des Etats.

La troifiéme époque eft fixée au grand interregne, pendant lequel les feigneurs d'Allemagne, fans Chef réel, pouvoient à leur gré augmenter leur pouvoir & leur indépendance. Mais la fupériorité territoriale n'avoit point encore jusques là de forme certaine; elle ne confiftoit que dans un amas confus de droits que chaque Etat ufurpoit fuivant qu'il étoit à portée d'en jouir.

La paix de Weftphalie qui confirma les droits des Etats, détermina l'étenduë des droits que la fupériorité territoriale devoit comprendre. Cette paix eft la quatriéme & derniére époque: voici comment elle s'explique: „Tous & „chacun les Electeurs, Princes & Etats „de l'Empire Romain font établis & con-
„firmés

„firmés en leurs anciens droits, préro-
„gatives, libertés, priviléges, libre droit
„territorial tant en matiére ecclésiasti-
„que que politique, seigneuries, réga-
„liens, & dans la possession d'iceux, tel-
„lement, qu'ils ne puissent y être trou-
„blés par personne ni sous quelque pre-
„texte que ce puisse être. c)

§. 4. De cet article on peut tirer Deux
deux principes de droit public: I) que princi-
tous les Etats de l'Empire jouissent de
droit de la supériorité territoriale. II)
Que la supériorité territoriale comprend
tous les droits de souveraineté, entant
qu'ils ne sont point limités soit par les
loix de l'Empire, soit par des conventions particuliéres; d'où il resulte qu'un
Etat de l'Empire est censé jouir de tous
ces droits; & que les sujets qui récla-
ment l'immunité, sont obligés de la
prouver.

§. 5. Tous ces droits appartiennent Tous les
également à tous les Etats. Il est vrai Etats jouissent de
que droit de

c) trait. d'Osnab. art. 8. §. 1.

la fupé-
riorité
territo-
riale.

que les Etats puiſſans en jouiſſent avec
plus d'éclat que les Etats foibles: mais
les différens degrés de puiſſance qu'on
rencontre chez les Princes de l'Allemagne, n'augmentent ni ne diminuent
les devoirs qui les tiennent tous envers
l'Empereur & l'Empire; & la prétendue
fuprématie de *Furſtenerius* ᵈ) ne peut être
vraye qu'en ſuppoſant que les Etats
font plus ou moins exemts des loix de
l'Empire, ſuivant qu'ils font plus ou
moins en état de les enfreindre; ſuppo-
ſition qui tiendroit l'Allemagne dans un
état de contrainte perpétuelle; donneroit atteinte à ſa liberté, à ſon harmonie
interieure, et ſapperoit les fondemens
de ſa conſtitution. Il eſt vrai que bien
des faits prouvent combien des Etats
puiſſans inclinent vers cette opinion:
mais l'indépendance n'eſt point acquiſe
par le ſeul déſir qu'on peut avoir de
ſécouer le joug des loix.

§. 6.

d) Dans ſon traité de jure ſuprematus ac legationis
ſtatuum ch. 9. 10.

§. 6. Les parties qui composent la supériorité territoriale, font de deux especes et comprennent deux fortes de droits. Les uns qui entrent dans l'effence même du pouvoir territorial, et qu'on appelle pour cette raifon inféparables, ne peuvent manquer, fans qu'en même tems ce pouvoir foit anéanti: tels font le pouvoir législatif, le droit de défenfe &c. La feconde efpece de ces droits comprend ce qu'on appelle régaliens, nom emprunté du droit féodal Lombard. e)

Des parties de la supériorité territoriale.

§. 7. Dans ce fens, les régaliens font les droits utiles qui augmentent le revenu du feigneur territorial & qui font néceffaires pour exercer les droits inféparables & effentiels; tels font le droit de battre monnoye, de fouiller les mines, d'impofer les fujets &c.

Régaliens.

Il

e) La plupart des anciens auteurs donnoient auffi ce nom aux droits inféparables de la fupériorité; Ils les appelloient régaliens majeurs, pour les diftinguer de ceux que nous nommons fimplement régaliens & qu'ils nommoient régaliens mineurs.

Gg

Il eft impoffible de fixer la nature,
l'étenduë & le nombre de ces droits: l'un
& l'autre ont leur fource dans les befoins de chaque pays, dans fa fituation,
fes moeurs: voici ce qui peut fervir de
régle générale: *Un Etat de l'Empire peut*
exercer tous les droits qu'il croit néceffaires pour
la fécurité & le falut de fes fujets, entant qu'il
n'en eft point empéché par les loix de l'Empire,
ou qu'il n'y a pas renoncé par des conventions
faites avec fes fujets.

Des Etats Provinciaux. §. 8. Dans beaucoup de territoir
de l'Allemagne le pouvoir du Seigneur
territorial eft tempéré par le concours
des Etats Provinciaux, fans le confentement desquels il ne peut vallablement
ni faire des loix, ni impofer fes fujets,
ni, en un mot, faire aucun changement
dans le gouvernement & la police de
fon territoire. Ces Etats ne font point
de la même efpece & n'ont point le même pouvoir dans tous les territoires;
il en eft même où ils font abfolument
hors d'ufage: l'un & l'autre dépendent
de

de la conftitution & des loix particuliéres de chaque territoire. f)

CHAP. III.
De la puiſſance législative des Etats de l'Empire.

§. 1.

La puiſſance législative par tout l'Em- pire appartenoit autrefois indif- tinctement aux Empereurs. Elle dimi- nua à mefure que les Etats de l'Empire profitant de la foibleſſe ou des befoins de leur chef, fe l'attribuérent par la force, ou l'obtinrent par des conceſſions volontaires. a) Les Etats eurent cette puiſſance longtems avant le traité de Weftphalie; mais les loix n' en avoient point encore fixé l'étenduë, & ne lui avoient point encore préfcrit de ré-

Comment les Etats obtinrent la puiſ- fance lé- gislative.

Gg 2   gles

---

f) V. différentes efpeces de ces Etats provinciaux chez *Struve*, dans fon Corps de droit public ch. 30. §. 8.

a) V. *Hertius*, de fuperioritate territoriall §. 23.

gles certaines: ce n'eft que depuis ce traité, qu'on peut donner pour principe

Principe. conftant: Que les Etats de l'Empire ont de droit, un pouvoir illimité de publier dans leur territoire, telles loix, qu'ils jugent à propos, foit publiques, foit civiles; pourvû qu'elles ne foient point contraires ni aux Loix publiques ni au falut de l'Empire.

En quel fens les Etats peuvent faire des loix contraires aux récès de l'Empire. §. 2. La réftriction ajoutée à ce principe, a fait naitre une queftion importante, fçavoir: fi les Etats de l'Empire peuvent publier dans leurs territoires, des loix contraires aux décifions des récès de l'Empire.

Pour décider cette queftion, il faut diftinguer les loix publiques d'avec les loix privées: Les Etats de l'Empire n'ofent point changer les premiéres, parcequ'en le faifant ils porteroient atteinte au gouvernement de l'Allemagne, ou tout au moins, empiéteroient fur les droits qui n'appartiennent qu'aux Etats affemblés.

Quant

Quant aux loix privées contenues dans les récès, il est vrai de dire qu'elles lient les Etats mêmes pour leurs caufes perfonnelles; mais à l'égard de leurs Sujets, les Etats de l'Empire peuvent non feulement conferver leurs anciennes loix, quoique contraires aux récès de l'Empire, mais ils peuvent encore en publier de nouvelles qui leur foient également contraires; à moins que la difpofition du récès de l'Empire ne comprenne expreffément les Sujets des Etats, & qu'on y ait ajouté la claufe dérogatoire; auquel cas les Etats de l'Empire ne peuvent entreprendre aucun changement. b) Il n'y a aujourd'hui prefqu'aucun territoire où l'on ne trouve des loix contraires aux difpofitions des récès. Elles font vallables fans la confirmation de l'Empereur, laquelle eft aujourd'hui entiérement hors d'ufage.

Gg 3 §. 3.

b) V. fur cette queftion *Hertius* ibid. §. 25. *Coccejus*, jur. publ. prudentia ch. 23. *Titius*, dans fon droit publ. liv. 1. §. 59. *Spener*, dans fon droit publ. liv. 1. ch. 9. §. 11. 12. *Chrétien Thomafius*, de poteftate ftatuum Imp. legislatoria contra jus commune.

§. 3. De cette puiſſance législative naît le droit de juger: ainſi les Etats de l'Empire ont ſur leurs Sujets la juris- diction civile & criminelle.

§. 4. Les Seigneurs territoriaux nomment, pour exercer la jurisdiction, des Magiſtrats qui jugent, ſoit en pre- miére inſtance, ſoit en cauſe d'appel. Tous les Electeurs, à l'exception de quelques-uns qui l'ont reſtraint par des conventions paſſées avec leurs Sujets, ont le droit de juger en dernier reſ- fort,c) en toute cauſe & pour toute ſomme.

Suivant l'ordonnance de la Chambre impériale, d) les autres Etats de l'Em- pire n'avoient le droit de juger ſans appel, que dans les cauſes dont l'objet étoit au deſſous de cinquante florins: mais le dernier récès étendit ce droit ſur toutes celles qui ſont au deſſous de quatre cens écus d'Empire: celles qui paſſent

c) V. la bulle d'or ch. 11. §. 3. & ſuiv & liv. 3. chap. 2. §. 12.

d) De 1555. art. 28. §. 4.

paſſent cette ſomme, ainſi que toutes
les autres cauſes énoncées en l'ordonnance de la Chambre impériale, ſont ſujettes à l'appel.

§. 5. Ces appels n'ont point lieu Des ap-
pour tous les Etats de l'Empire; car pels.
beaucoup ont obtenu le droit *de non ap-*
pellando, par des conceſſions particuliéres: enſorte que pour recevoir les
appels, les tribunaux ſupérieurs doivent
toujours avoir égard aux droits èt priviléges de chaque Etat de l'Empire. ᵉ)

§. 6. Le droit de jurisdiction de Eſt ex-
tous les Etats de l'Empire eſt excluſif; cluſive,
& ni l'Empereur ni les tribunaux de
l'Empire, ne peuvent évoquer à eux,
ni connoitre des cauſes des Sujets médiats; ᶠ) ſi ce n'eſt dans le cas où les juges inférieurs leur auroient dénié la
Gg 4   jus-

e) V. la notte précédente, & le dernier récès
§. 112.

f) V. le dernier récès §. 164. & la capitul. art. 18.
§. 3. 4.

juſtice ᵍ) ſoit formellement, ſoit par des lenteurs injuſtes.

Crimi-
nelle.
§. 7. Tous les Etats de l'Empire ont la jurisdiction criminelle en dernier reſſort. ʰ) L'appel ne peut être reçu par la Chambre impériale, que lorsque l'accuſé ſoutient avoir été condamné ſans qu'on ait admis ſes moyens de juſtification; ou lorsqu'il y a nullité dans la procédure; auxquels cas la Chambre examine la procédure, & la renvoye au premier juge pour la recommencer.

Obſer-
vance des
loix &
ſtatuts.
§. 8. Dans tous les cas où l'appel eſt recevable, les tribunaux ſupérieurs de l'Empire doivent juger ſuivant les loix, ſtatuts & coutumes de chaque territoire, ainſi que nous l'avons déja dit plus haut. ⁱ)

§. 9.

---

g) V. l'ordonn. de 1555. part. 2. tit. 1. §. 2. v. auſſi tout le titre 26.

h) V. le récès de 1530. §. 95. & l'ordonn. de la Chambre imp. part. 2. tit. 31. §. 14. Au lieu de l'appel on accorde une nouvelle deſſenſe. V. *Carpzov* praxis criminalis, queſt. 139. n. 3.

i) V. l'ordonn. de 1555. part. 1. tit. 13. §. 1. le dernier récès §. 105. 137. & liv. 3. ch. 11.

§. 9. Enfin la jurisdiction civile don- ne aux Etats le droit d'accorder des diſ- penſes d'âge, des lettres de répit, des priviléges, de rélever du ferment &c. & la jurisdiction criminelle leur donne celui d'accorder des lettres de grace, de modérer les peines, de réhabiliter &c. *Suites de la juris- diction civile & criminel- le.*

§. 10. Les Etats de l'Empire ont la jurisdiction civile & criminelle ſur leurs femmes & ſur les Princes appa- nagés demeurans dans leur territoire.[1]) Ils ont auſſi la jurisdiction civile ſur des membres immédiats de l'Empire pour les cauſes qui concernent des terres fai- ſant partie de leur territoire. *Des fem- mes des Princes, & des Princes appana- gés.*

[1]) V. *Struve* dans ſon corps de droit publ. ch. 25. §. 20. Et *Linck* de foro proteſtantium in cauſis ma- trimonialibus. ſect. 1. §. 38.

Gg 5   CHAP. IV.

CHAP. IV.

Du pouvoir des Etats de l'Empire en matiére eccléfiaftique.

§. 1.

Nous avons fait voir au livre précédent[a]) en quoi confiftoit le pouvoir des Empereurs en matiére eccléfiaftique, & comment la plus grande partie de ce pouvoir paffa aux Evêques & au Pape. Ce chapitre contiendra les droits principaux dont chaque Etat de l'Empire jouit à cet égard dans fon territoire. Ces droits font fixés par la paix de religion & par le traité de Weftphalie.

Eft une partie de la fupériorité territoriale. Par ce traité, la jurisdiction eccléfiaftique eft regardée comme étant une partie de la fupériorité territoriale: en voici les termes: „les Electeurs jouiront „du libre droit territorial tant en matié-„re eccléfiaftique que politique.[b])

§. 2.

a) Ch. 4. §. 1. & fuiv.
b) Art. 5. §. 30. art. 8. §. 1.

§. 2. Suivant ces termes, chaque Etat de l'Empire a dans son territoire le droit que les Publicistes appellent *jus reformandi*; droit de réformer. Ce droit leur donne le pouvoir d'introduire & de tolérer dans leur territoire telle des trois religions reçues par le traité de Westphalie qu'ils jugent à propos.

§. 3. Ce pouvoir n'est point illimité; car les Etats sont obligés de se conformer aux réglemens qui concernent l'année décrétale; ᶜ) d'où il suit, qu'un Etat de l'Empire ne peut point exercer ce droit contre ceux de ses sujets qui pendant une partie de cette année ont eu l'exercice de leur religion, soit public, soit privé; il doit au contraire les y maintenir, & empêcher qu'ils n'y soient troublés. ᵈ)

§. 4. A l'égard de ceux qui n'ont eu pendant cette année, aucun exercice de leur religion, ou qui en ont changé depuis le traité de Westphalie; ᵉ) il est libre

Du droit de réformer.

Limitation.

De la tolérance.

c) V. liv. 4. ch. 4. §. 8.
d) V. le traité d'Osnab. art. 5. §. 31.
e) Ibid. art. 5. §. 34. 35.

bre aux Etats, ou de les tolérer, ou de leur accorder le bénéfice de l'émigration. En cas qu'ils les tolerent, les Etats doivent leur accorder tout ce que la nature de la tolérance exige; c'eſt à dire, ne leur faire aucune violence à l'égard de leur religion, & leur permettre de ſe procurer les inſtructions néceſſaires pour la connoiſſance de leur culte.

Droit d'émigration.

§. 5. Si au contraire ils refuſent de les tolérer, alors les ſujets peuvent quitter le pais; & le Seigneur territorial eſt obligé de leur accorder pour cet effet un terme de cinq ans, s'ils ont exercé leur religion avant la paix de Weſtphalie, & de trois ans s'ils l'ont embraſſée après ce traité. Au reſte le Seigneur territorial ne peut pas les empêcher, ou de vendre leurs biens, ou de les adminiſtrer eux mêmes, & de venir de tems en tems ſur les lieux pour régler leurs affaires. f)

Du ſimultaneum.

§. 6. Les Etats ont encore, comme une ſuite du droit de réformer, le poi-

voir

f) Ibid. §. 36. 37.

voir d'accorder ce qu'on appelle le *simul-
taneum*, qui confiste à permettre que l'
exercice de plusieurs religions se fasse dans
la même église. g)   Les Etats en accordant cette permission ne peuvent aucunement gêner la religion qui étoit en
possession des 1624. car en le faisant ils
agiroient contre le traité de Westphalie. h)

§. 7. L'Etat de la religion dans les
païs soumis à la maison d'Autriche, &
spécialement dans la Siléfie, n'est point
sujette à l'année décrétale: le traité de
Westphalie contient à leur égard des dispositions particuliéres. i)

Des Etats de la maison d'Autriche.

§. 8.

g) Les Protestans ont prétendu que le *Simultane-
um* étoit contraire au traité de Westphalie & aux décisions de l'Empire, par exemple, au récès de 1555.
§. 7. à la paix d'Osnabruck art. 7. à la fin, art. 5. §. 2.
On a tout de suite après ce traité, disputé sur ce
point; & cette dispute est devenue très sérieuse après
la paix de Ryswick.   L'histoire de cette dispute & les
divers mémoires qui ont paru, se trouvent dans les
auteurs allégués par *Mascov,* dans son droit publ. liv.
6. ch. 2. §. 10. not. 1. 2.

h) V. le traité d'Osnab. Art. 5. §. 32.

i) Ibid. §. 41. 38.

Du droit de réformer entre les Réformés & ceux de la Confession d'Augsbourg.

§. 8. L'année décrétale, ni le droit de réformer, n'ont point lieu entre ceux de la Confession d'Augsbourg & les Réformés : voici ce que le traité de Westphalie ordonne à cet égard.[1]) Si un Prince de la confession d'Augsbourg ou de la religion reformée change de religion, ou s'il entre en possession d'un territoire où celle de ces deux religions qui est reçue soit contraire à la sienne, il lui sera permis d'avoir à sa Cour des Prédicateurs de sa religion : mais il ne pourra point changer l'exercice public de la religion ni les loix & constitutions reçues jusqu'alors ; il ne pourra point enlever les revenus ecclésiastiques pour les remettre aux Ministres attachés à sa religion ; en un mot, il ne pourra rien faire qui puisse gêner ou porter préjudice à la religion actuellement reçue dans ce territoire. Et au cas qu'une Communauté ait embrassé la religion de son Seigneur, celui-ci peut lui en confirmer l'exercice en telle sorte, que ses successeurs

1) Ibid. art. 7. §. 1. 2.

feurs ne pourront point l'interdire: mais les Vifiteurs eccléfiaftiques & les Profeffeurs des Academies doivent demeurer attachés à l'ancienne religion.

§. 9, Les Etats proteftans, en fuivant les principes de leur religion conformes au traité de Weftphalie, font Chefs & Directeurs de cette fociéte qui a la religion pour objet, & qu'on nomme *Eglife*. Ils la confiderent du même œil que toutes les autres focietés;[m]) & la croyent comme elles, foumifes à l'Etat.

En vertu de ce pouvoir les Etats ordonnent & dirigent le culte divin; nomment & confirment les Miniftres de l'églife; exercent toute jurisdiction eccléfiaftique fur leurs fujets: cette partie de leur jurisdiction eft confiée à un Confiftoire, dont les jugemens font portés

De la jurisdiction eccléfiaftique des Etats proteftans.

---

m) Les Membres de ces Confiftoires font quelque fois tous eccléfiaftiques. Il y en a cependant où ils font eccléfiaftiques & féculiers, & même où ils font tous féculiers.

tés par appel au Conſeil de Régence; & de là au Prince même.[n])

Des E-tats ca-toliques. §. 10. Les Etats catoliques ont le même pouvoir ſur leurs ſujets proteſtans. Mais ils ne l'exercent point vis-à-vis de leurs ſujets catoliques: leurs cauſes eccléſiaſtiques ſont portées par devant le Juge d'Egliſe.

Desbiens eccléſiaſtiques. §. 11. Le terme fixé par le traité de Weſtphalie[o]) pour les biens eccléſiaſtiques immédiats, s'applique également aux biens médiats. Les Proteſtans ne les enviſagent que comme des choſes publiques; & c'eſt par cette raiſon qu'ils en ont employé une grande partie à des uſages purement ſéculiers; & en ont accordé d'autres aux Egliſes, Hopitaux, Ecoles &c.

Des Avo-caties. §. 12. Beaucoup d'Etats de l'Empire avoient autrefois le droit de protéger & de deffendre des Egliſes, Abbaïes Cou-

n) V. liv. 4. ch. 4. §. 8.

o) Cet établiſſement a probablement tiré ſon origine des tems où le droit manuaire étoit en uſage.

Couvents &c. on appelloit ce droit *Avoca-*
tie, Kasten-Vogtey ᵖ) ils l'obtinrent ou par des
priviléges, ou par des conventions, ou en
s'en emparant comme Seigneurs territoriaux. Ces différentes maniéres d'obtenir
ce droit produisoient aussi une différence
dans le droit même. On trouve encore aujourd'hui quelques-unes de ces Avocaties.
Mais la plûpart des Abbayes & Couvents s'en sont délivrés. Il en est fait
mention au traité de Westphalie. �q)

§. 12. Il y a des Etats catoliques &
des Protestans qui exercent le droit de
premiéres prieres dans des Monastéres
situés dans leur territoire. Les Publicistes ne sont point encore convenus, sur
quel fondement ce droit leur appartient.

p) V. *Griebner* de precibus primariis.
q) Art. 5. §. 6.

Hh   CHAP. V.

CHAP. V.

Du droit de guerre, de Paix & d'Alliances des Etats de l'Empire.

§. 1.

Nous avons expliqué dans un chapitre particulier, par qui & comment le droit de contracter des Alliances, de faire la guerre & la paix, s'exerce dans les affaires qui concernent le corps de l'Empire. C'est ici le lieu de faire voir, en quoi consistent les droits de cette espece dont les Etats jouissent dans leurs territoires & dans les affaires qui les touchent personnellement.

Est une suite de la supériorité territoriale.

§. 2. On sent assez que l'espece de Souveraineté qui leur est propre, emporte la faculté d'user pour leur conservation, de tous les moyens autorisés par le droit des gens. Aussi est-il de principe, que le droit de former des alliances, celui de guerre & de paix, celui d'avoir des Ministres publics, font autant

tant de parties de la fupériorité territoriale, avec laquelle elles ont une fource
commune. [a]

§. 3. Les anciens défis étoient de Origine.
véritables déclarations de guerre, conformes au genie de ces fiécles de licence &
de barbarie. L'h oire de presque tous
les âges de l'Empire nous préfente des
exemples d'alliances contractées par les
Etats ntre eux ou avec les étrangers.[b]   Les Empereurs cherchèrent à
la vérité à réprimer ce pouvoir, ou peut-
être, l'abus qu'on en faifoit: La liaifon
qui fe trouvoit entre les réglemens de
la paix publique, & le pouvoir des Etats
fur cette matiére, leur en fournit un
prétexte dont ils furent fe prévaloir.[c]
Mais les révolutions qu'entrainerènt les

Hh 2   guer-

a) *Pfeffinger ad Vitriar* tom. 2. tit. 3. pag. 400.

b) V. pour exemples, les alliances faites par différens Princes avec la Couronne de France dans une
brochure intitulée: Die Freundfchaft der Teutfchen
mit den Frantzofen 1756.

c) Réformation de Frédéric III. 1441. art. 12.
L'Empereur Maximilien I. avoit demandé en 1495.
que

guerres de religion & celle de trente
ans, ayant enfin démêlé le cahos de la
conftitution politique de l'Allemagne,
les Etats affermirent leurs droits à cet
égard par des loix formelles. Dès 1555.
le récès d'Augsbourg leur affûra le droit
de faire des alliances, foit entre eux,
foit avec les étrangers.[d] La paix de
Weftphalie acheva de leur affûrer cette
belle prérogative; c'eft à l'article 8. §. 2.
dont la difpofition eft repétée dans la capitulation de François I.[e] en ces termes: „Quant à ce qui concerne les Etats
„de l'Empire, le droit de contraƈter des
„alliances, foit entre eux, foit avec des
„étrangers, pour leur confervation &
„fûreté, demeurera librement à tous &
„à chacun d'eux, de maniére néanmoins,
„que ces alliances ne foient point faites

„con-

que les alliances des Etats fuffent portées à l'affemblée annuelle: mais cet article n'eft point parvenu
à fa maturité. V. ce qui s'eft paffé à ce fujet, dans
Pfanner hift. de la paix de Weftphalie p. 95.

d) V. ce récès dans la colleƈtion nouvelle.

e) Art. 6. § 4.

„contre l'Empereur Romain régnant ou
„l'Empire, & ne foient pas contraires
„à la paix publique univerfelle, ou aux
„traités de Münfter & d'Osnabruck;
„mais que le tout foit fait en conformi-
„té de ces mêmes traités, & fans bleffer
„le ferment qui lie chaque Etat envers
„l'Empereur régnant & l'Empire.„

§. 4. Le droit d'alliance, fi clairement
établi par cette loi, fuppofe celui d'envoyer & de recevoir des Miniftres avec ca-
ractere public, qui aient charge de les
conclure. Nous commencerons par ce
qui regarde cet objet.

*Reçoi-
vent &
envo-
yent des
Miniftres*

Les Electeurs & les Princes exercent cette prérogative fans contradiction;
& leurs Envoyez reçoivent dans l'Empire & chez les Puiffances étrangeres,
les honneurs & jouiffent des immunités
que le droit des gens attache au caractére public. f)

Hh 3 §. 5.

f) V. dans *Meyern*, acta pac. Weftph. & *Bougeant* hift. de la paix de Weftph. fous les années 1641.
42. & 45. les peines que les Couronnes de France &
de Suéde fe donnèrent pour faire reconnoître ce droit.

Des Elec-
teurs.

§. 5. Les Electeurs font en poffeffion d'envoyer aux diétes d'élection, des
Miniftres du premier ordre, avec caractére pleinement repréfentatif, en un
mot, de vrais Ambaffadeurs. La Capitulation g) paroit leur donner le même
droit à l'égard de la Cour impériale; car
en décidant que leurs Miniftres auroient
le pas fur ceux des Républiques qui ont
les honneurs des têtes couronnées, elle fuppofe que cé foit à caractére égal;
& par conféquent que les Electeurs peuvent le donner. Cette prérogative n'eft
pas fi clairement établie vis-à-vis des
Puiffances étrangéres.

Des Prin-
ces.

§. 6. Les Electeurs cherchent à
s'arroger ce droit feuls, comme un effet de leur prééminence: mais les Princes, & furtout ceux d'ancienne maifon,
prétendent de leur côté une entiére égalité de droit, à l'exception de la diéte
d'élection & de la préféance; h) on voit

en

g) V. la capitul. art. 3. §. 21.
h) C'eft le fiftéme en faveur duquel a paru le fameux traité *de jure fuprematus ac legationis Principum Germanie*, attribué à *Leibnitz.*

en effet que la Cour impériale, de même que les Puiſſances étrangeres, reçoivent également de la part des Princes, des Réſidens, des Miniſtres & des Envoyés.

§. 7. Les Publiciſtes refuſent la même prérogative aux Prélats, Comtes, Barons & aux Villes; on veut qu'elle n'appartienne qu'au banc, parceque c'eſt dans le banc que réſide la qualité d'Etat de l'Empire. La Capitulation n'exprime point cette diſtinction: elle donne à tous ceux que les Electeurs, Princes & Etats chargent de leurs pouvoirs, le titre commun d'Envoyez, (*Geſandte, Abgeſandte.*) Celui de *Abgeordnete, Députés,* n'eſt attribué qu'à ceux de la Nobleſſe immédiate. Tous les auteurs veulent auſſi, qu'elle ne peut en nommer qu'en corps, ou du moins par Canton. Ses Députés jouiſſent néanmoins du droit des gens; & il faut ſe garder de les confondre avec les Députés des Etats Provinciaux, ſoit en Allemagne, ſoit dans les autres Gouvernemens.

Des Comtes, Barons &c

De la Nobleſſe immédiate.

Hh 4　　　　Nous

Nous ne pouvons en dire davanta-
ge sur cette matiére sans toucher le droit
cérémoniel que nous nous sommes fait
une loi de ne pas traiter. Ce que nous
avons dit suffit pour notre objet. Nous
passons au pouvoir même qu'ont les E-
tats de faire des alliances & des conventions.

Pouvoir des Etats en matiére d'alliances. §. 8. De ce que nous avons dit plus
haut il resulte, que les Etats de l'Em-
pire ont en général dans cette matiére
le même pouvoir que les Etats indépendans. L'éxercice en est néanmoins ré-
straint aux bornes qu'exigent les loix de
la constitution germanique. Nous redui-
sons ces réstrictions à trois chefs.

I) Les alliances des Etats ne peuvent jamais être dirigées contre la personne de l'Empereur; c'est à dire, qu'on
ne peut point attaquer sa dignité; car
s'il s'agissoit d'un démêlé d'interrêt particulier, la raison & l'expérience mettent en évidence, que la deffense cel-
feroit.

II) Les

II) Les conftitutions de l'Empire ne doivent fouffrir aucune atteinte par ces alliances; & les Etats non feulement n'ofent en conclurre aucune directement contre l'Empire; mais doivent, aux termes des loix, s'abftenir de celles qui pourroient lui porter préjudice. [1])

La III) limitation eft, qu'un Etat ne peut point faire une alliance offenfive contre un *Co-Etat.* La raifon en eft qu'il n'ofe pas lui faire la guerre; les tribunaux de l'Empire, & à leur défaut la Diete générale, devant connoitre des différends qui peuvent s'élever entre eux. [m])

§. 9. Il eft néanmoins des cas où En cas de cette derniére limitation n'a pas lieu: violence. tel eft celui d'une violence commife, & que l'auteur refufe pendant trois ans de réparer. Le traité de Weftphalie

H h 5 non

[1]) V. le traité d'Ofnabruck, art. 8. §. 2. & l'art. 6. §. 4. de la capitul.

[m]) Ceci eft une conféquence de la paix publique.

non feulement permet alors à l'offenfé
de fe faire juftice par la voie des armes;
il impofe encore à tous ceux qui ont
eû part au traité, l'obligation de lui prêter fecours à fa premiére réquifition. ")

Ce cas n'eft pas le feul que les loix
aient prévû; mais l'ufage en a encore
beaucoup augmenté le nombre. On a
imaginé le terme fpécieux de *Selbfthülfe*,
(*fecours qu'on fe prête à foi même*), pour
colorer ce que cette nouveauté contient
d'injufte & de dangereux. °)

§. 10. D'après ce qui a été dit, les
Etats peuvent contracter entr'eux telle
alliance, ligue, fociéte &c. qu'ils jugent
à propos, foit pour leur confervation
réciproque, foit pour la garantie de
leurs Etats, foit même pour des objets
qui concernent le gouvernement &
l'état public de l'Empire; témoins les
famcu-

n) Traité d'Ofnab. art. 17. §. 7. 8.
o) V. la differtation de *Struve*, intitulée, *von
der Selbfthülfe*, 1756.

fameufes unions Electorales, l'affociation des maifoins corréfpondantes &c.

§. 11. A l'égard des alliances avec les puiffances étrangeres, les limitations marquées cy-deffus lient également les Etats de l'Empire. Ils ne peuvent con-tracter aucune alliance offenfive contre l'Empire ni contre fes Membres; mais bien des Alliances deffenfives, foit de leur perfonne ou de leur dignité, foit pour la garantie de leurs poffeffions, droits & prétentions.

Des alliances avec les puiffances étrangeres.

§. 12. Lorsque les Etats traitent avec une Puiffance étrangere pour des objets qui ne regardent pas l'Empire, il leur eft libre de prendre dés engage-mens de quelque efpece que ce foit: Ils peuvent garantir les poffeffions, di-gnités & prétentions de leurs alliés, & le cas échéant, prêter fecours comme auxiliaires, ou même agir offenfivement & comme partie principale. Le droit de fournir dés troupes aux Puiffances étran-

étrangeres a été regardé de tout tems par les Allemands comme l'apanage précieux de leur liberté & de leur valeur. La capitulation fuppofe évidemment ce droit des Etats d'envoyer des fecours & celui d'en recevoir. ᴾ) Par une fuite naturelle de ces principes, les Etats font en droit de permettre aux Puiffances étrangeres de faire des recrues dans leurs territoires.

Du droit de guerre.

§. 13. On voit que la liaifon naturelle des matiéres nous a conduits à toucher le droit de faire la guerre. Il eft en effet une conféquence néceffaire de celui de faire des alliances; car elles feroient fans fruit fi on ne pouvoit faire ufage de moyens coactifs contre les réfractaires; or ce moyen c'eft uniquement la guerre; & c'eft fur ce fondement, analogue aux principes particuliers reçus dans l'Empire, que porte le droit de guerre des Etats. Suivant les con-

p) la Capitul. art. 6. §. 5.　Récès de 1570. §. 4.

conftitutions & le fentiment de tous les auteurs, il emporte, en leur faveur I) le droit de lever & d'entretenir tel nombre de troupes qu'ils jugent à propos pour leur fûreté & celle de leurs fujets. II) Celui de bâtir des forterefles, d'établir des Magazins, des Arfenaux, des places d'armes &c. dans leurs territoires. III) Le droit de garnifon dans toutes les villes & places foumifes à leur fupériorité; celui de logement de gens de guerre, d'étapes, quartier d'hiver &c. q)

Il feroit fuperflu d'infifter davantage fur cette énumération. Le droit des gens enfeigne quel pouvoir donne le droit de la guerre qui eft de fon reffort. Il fuffit donc de dire, que les Princes de l'Empire en jouiffent autant que la conftitution ou les priviléges de leurs Etats le permettent.

§. 14.

q) V. le récès de 1555. §. 54.

De la
paix.

§. 14. Il nous refte à parler du droit de faire la paix & de celui des répréfailles.

Le premier eft une dépendance du droit de faire la guerre, de même que celui-cy eft une fuite du droit de contracter des alliances; car ainfi que la guerre n'eft qu'un moyén pour foutenir fes droits par la force, la paix n'eft qu'un moyen pour terminer la guerre en compofant fur les interêts qui l'a-voient allumée. Cet objet rentre donc dans celui des alliances & conventions que nous avons traité au commencement de ce chapitre.

Des Ré-
préfail-
les.

§. 15. Les répréfailles font de différentes efpeces. Ce mot pris dans fa fignification ftricte & propre, ne défigne que la liberté qu'a une partie belligérante de violer à fon tour les régles du droit des gens ou de la guerre que fon ennemi aura violé le premier. Les Princes

ces d'Allemagne n'ont la deſſus que les principes ordinaires.

§. 16. Mais le terme de répreſailles eſt ſouvent pris en Allemagne dans un ſens tout différent, & ſignifie la rétor-ſion qu'un Prince fait d'une loi établie chez un autre Etat. Ainſi par exemple, lors qu'en Franconie un certain ordre de ſucceſſion n'eſt pas reçu, les Fran-coniens dans un autre territoire où les loix reconnoiſſent ce même ordre de ſuc-ceſſion, ne feront pas admis à le réclamer. Toute répréſaille eſt défendue entre les Etats de l'Empire. ʳ) Ils ſe permettent néanmoins un uſage très fréquent de cette derniére eſpece. Je ne connois aucun Publiciſte qui n'exalte la juſtice de cet uſage, ˢ) & qui ait ſoupçonné,

qu'il

ʳ) V. la capitul. art. 16. §. 1.

ˢ) On prétend la prouver par des inductions de l'art. 17. §. 5. & 6. art. 16. §. 16. du traité d'Oſnab. du §. 3. du récès d'exécution de la paix publique, & l' Edit d'exécution du 7. Octobre 1648.

qu'il pourroit bien être au moins déplacé dans un Etat tel qué l'Empire. ')

') Les auteurs qui ont écrit sur les matiéres de ce chapitre font, outre ceux qu'on a déja cités, *Henniges*, de jure legationis principum Imperii; *Ziegler*, de juribus Majeftatis; *Lyncker*, de represaliis; *Müller*, de jure represaliarum.

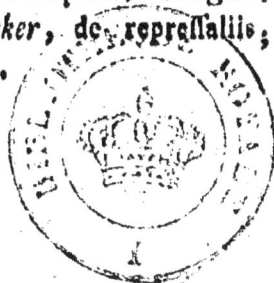

Errata.

Pag. 8. l. 24. romano - germanium, lifez, romano-germanicum

11. l. 17. puiſſent, liſ. puſſent

14. l. 4. quelques ſages liſ. quelque ſages

16. l. 8. de traités liſ. des traités

33. l. 24. Northoſt liſ. Northoſſ

34. l. 8. point encore introduite liſ. pas encore ſeule adoptée

116. l. 7. Cerle liſ. Cercle

210. l. 6. §. 15. liſ. §. 13.

231. l. 5. eſt c'eſt liſ. & c'eſt

238. l. 13. à décider liſ. à décéder

245. l. 3. tuteur eſt liſ. tuteur &

320. l. 11. diſtrubution liſ. diſtribution

367. l. 11. éilles liſ. villes

408. n. e. l. dern. l. 2. ch. 6. liſ. l. 2. ch. 7. §. 12.

445. l. 14. Le plus liſ. Les plus

464. l. 6. qui les tiennent liſ. qui les lient

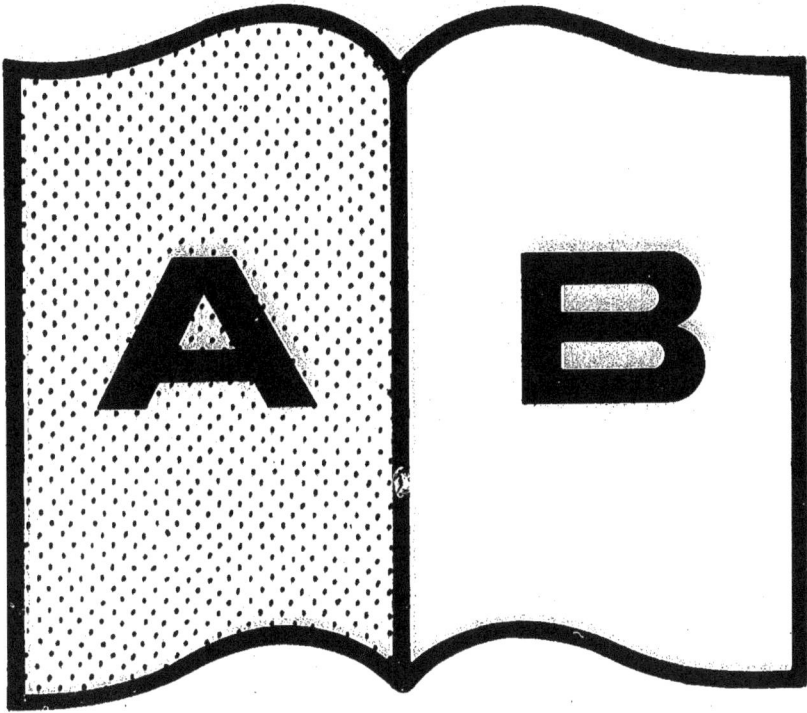

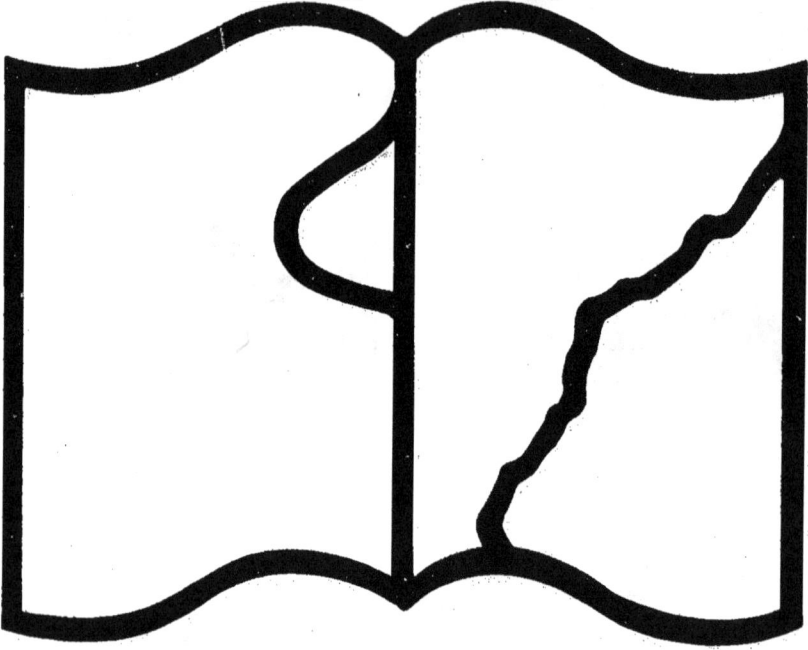

www.ingramcontent.com/pod-product-compliance
Lightning Source LLC
Chambersburg PA
CBHW060913220326
41599CB00020B/2951